教育部人文社会科学研究青年基金项目（15YJC820023）

MINGQING "GUGONGREN" YANJIU
——FALÜ SHENFEN YU SHEHUI SHENFEN DE
SHUANGCHONG SHIJIAO

明清"雇工人"研究

——法律身分与社会身分的双重视角

李冰逆 著

四川大学出版社

项目策划：王　冰
责任编辑：王　冰
责任校对：高庆梅
封面设计：墨创文化
责任印制：王　炜

图书在版编目（CIP）数据

明清"雇工人"研究：法律身分与社会身分的双重视角 / 李冰逆著. — 成都：四川大学出版社，2020.3
ISBN 978-7-5690-3701-2

Ⅰ.①明… Ⅱ.①李… Ⅲ.①雇佣劳动－法制史－研究－中国－明清时代 Ⅳ.①D922.502

中国版本图书馆CIP数据核字（2020）第038033号

书　名	明清"雇工人"研究——法律身分与社会身分的双重视角
著　者	李冰逆
出　版	四川大学出版社
地　址	成都市一环路南一段24号（610065）
发　行	四川大学出版社
书　号	ISBN 978-7-5690-3701-2
印前制作	四川胜翔数码印务设计有限公司
印　刷	成都市金雅迪彩色印刷有限公司
成品尺寸	170mm×240mm
印　张	10.75
字　数	202千字
版　次	2020年3月第1版
印　次	2020年3月第1次印刷
定　价	43.00元

版权所有 ◆ 侵权必究

扫码加入读者圈

◆ 读者邮购本书，请与本社发行科联系。
　电话：(028)85408408/(028)85401670/
　(028)86408023　邮政编码：610065
◆ 本社图书如有印装质量问题，请寄回出版社调换。
◆ 网址：http://press.scu.edu.cn

四川大学出版社
微信公众号

目 录

绪 言 ··· (1)
第一章 明清时代的"雇工人"律及基本问题 ······················ (6)
  一、明清时代关于"雇工人"的律条 ··································· (6)
  二、学术史上的基本问题 ·· (11)
  三、本书的研究视角 ··· (21)
第二章 明代的奴仆与雇工人法律身分 ······························ (26)
  一、奴仆的法律身分 ··· (26)
  二、奴仆的社会身分 ··· (30)
  三、万历"雇工人"新题例与奴仆身分 ······························· (42)
  四、奴仆与旧主人之关系 ·· (45)
第三章 明代的雇佣人与"雇工人"身分 ···························· (65)
  一、万历十六年"雇工人"新题例发布之前 ······················· (66)
  二、万历十六年"雇工人"新题例颁行之后 ······················· (76)
第四章 清代奴仆法律身分的变化 ····································· (82)
  一、财买奴仆的法律身分与社会身分 ································· (83)
  二、义男之仆的法律身分与社会身分 ································· (97)
第五章 清代的雇佣人与"雇工人"身分 ··························· (117)
  一、清初的法律规定与司法实践 ······································· (117)
  二、关于乾隆二十四年条例 ··· (123)
  三、关于乾隆三十二年条例 ··· (133)
  四、乾隆五十三年条例之规定及其历史意义 ···················· (141)
结 论 ··· (155)
参考文献 ··· (159)
后 记 ··· (167)

绪　言

中国古代是身分①制社会。从秦汉帝国建立到20世纪初清帝国彻底解体，身分制度在漫长的历史过程中几经变迁，却始终存续，在日常生活、社会交往和司法裁判等多个方面发挥着巨大的作用。因此，官与民、良与贱、主与仆等对立的身分关系在制度上的具体规定和在实践中的运用情况，一直都是学界关注的焦点课题，还曾经发生过几次旷日持久、影响深远的论争。

在这三组最为重要的身分关系之中，良贱关系和主仆关系显然具有重合的部分。与主人相对应的奴仆，是范围很庞大的社会群体，他们不仅对主人而言处于从属地位，在普遍社会观念中，也常常是被轻贱的对象。但其法律身分的良贱性质，在历史中却处于不断变动的状态。比如唐、元和清代的法律都承认私奴婢的存在，而宋代和明代则完全禁止买卖良民为私奴婢的行为。由于这种复杂性，围绕历代与各种奴仆相关的问题，学界积累了众多研究成果。以研究的时代进行划分，可以分为唐代以前、唐宋元时期和明清时期三个阶段。

关于唐代以前的研究由于受到史料的限制，多集中在典章制度方面。少数成果还涉及思想文化领域，但对于社会中奴仆的生活实态则少有论述。现有研究之中，以堀敏一的《中国古代的身分制：良与贱》②一书最为详细。此书主要讨论了秦汉时代的奴隶身分、六朝隋唐时代部曲和客女身分的产生及发展等问题。

相比之下，关于唐宋元三代的研究则要细致深入得多。围绕唐代各类奴仆的身分性质及良贱的判断标准问题，滨口重国与滋贺秀三等研究者各自提出了不同的见解。③此外，作为唐宋变革论的重要主题之一，京都学派和东京学派

---

① 因古代文献中均采用"身分法"的表述，因此本书使用"身分"而非"身份"一词来表述此概念。另外，本书中的引文，部分标点做了修改，而原始文献中的通假字等一仍保留，特此说明。
② 堀敏一：《中国古代の身分制：良と賎》，汲古書院，1987年版。
③ 参见滨口重国：《唐王朝の賤人制度》，東洋史研究会，1966年版；滋贺秀三：《浜口重国「唐の官有賎民、雑戸の由来について」》，载于《法制史研究》第十一册，第256页。

在与佃户和雇佣人相关的诸多问题上展开了长期而激烈的论争，从20世纪50年代开始到70年代，宫崎市定、周藤吉之、草野靖、仁井田陞、柳田节子和高桥芳郎等几代学者先后参与讨论①，成就了载入学术史册的经典论战。

明清时代的史料是三个时段中最为丰富的，也积累了一定的成果。明清时期身分法领域最为重要的特点，即在于《大明律》中首次规定了"雇工人"法律身分。尽管有不少相关律条，法典却未对"雇工人"加以明确定义。此外，由于《大明律》严格限制了私奴婢的来源和保有主体，导致社会上的大多数奴仆在法律上都只能作为"雇工人"论处。这种暧昧的规定使得明代的官员和学者对于"雇工人"的相关问题进行了大量的讨论。进入清代之后，"雇工人"身分法又进行了多次重大修改，以至于最终完全偏离了明初立法者的构想，彻底改变了"雇工人"法律身分的性质。因此，目前学界关于明清身分法领域的研究多围绕着"雇工人"律的制定和修改过程展开。国内学界关于明清身分法的早期研究，多立足于马克思主义经典理论，在资本主义萌芽的视角下进行解读。经君健是其中较具代表性的人物，他认为经典作家曾多次指出雇佣短工的特别地位，而明代"雇工人"身分法强调日雇、短工以凡人论处，是对经典理论的重要验证。到了清代，"雇工人"律经过多次修改，发展出了乾隆五十三年条例，这一条例"不论是对中国农业雇佣劳动者法律上人身隶属关系的解放，还是对中国农业资本主义的发展，都是具有重要历史意义的"②。他的论文发表之后，刘永成、罗苍及日本的高桥芳郎等学者均曾撰文回应。此外，李

---

① 参见宫崎市定：《宋代以後の土地所有形体》及《部曲から佃戸へ——唐宋間社会変革の一面》，收入宫崎市定《宫崎市定全集》第十一卷，岩波書店，1992年版；周藤吉之：《中国土地制度史研究》，東京大学出版会，1954年版；草野靖：《宋代民田の佃作形態》，载于《史艸》第十卷，1969年，及草野靖：《宋代奴僕婢妾問題の一斑》，收入《青山博士古稀紀念宋代史論叢》，省心書房，1974年版；仁井田陞：《中国法制史研究——奴隷農奴法·家族村落法》，東京大学出版会，1962年版，及仁井田陞：《中国身分法史》，東京大学出版会，1983年版，第八章；柳田節子：《宋元社会経済史研究》，創文社，1995年版；高桥芳郎：《宋至清代身分法研究》，李冰逆译，上海古籍出版社，2015年版。

② 经君健：《明清两代农业雇工法律上人身隶属关系的解放》，收入李文治、魏金玉、经君健《明清时代的农业资本主义萌芽问题》，中国社会科学出版社，2007年版，第247页。该论文原载于《经济研究》1961年第6期，署名欧阳凡修。

文治、魏金玉、蒿峰、黄冕堂、吴量恺等学者也曾先后参与相关讨论。① 总体而言，学者们在对身分法规的理解、雇佣劳动的性质、农业和手工业雇工的身分性质等问题上多有分歧，未能取得较为一致的结论。需要指出的是，第一，80年代的研究成果有些已经走出了资本主义萌芽的研究框架，但对明清"雇工人"律修改过程的看法却依然延续了身分解放的思路。例如黄冕堂认为，明律中的"雇工人"与唐代的部曲相仿，清初承明制，经过雍正、乾隆时期的多次修改，"使得'雇工人'身份依循渐进解放的趋势获得了某种有意义的进展"②。第二，罗苍的观点较为与众不同，他认为并不存在生产性雇工的解放过程；反之，"明清时期受雇'官民之家'的服役性长短工的身份地位，分别经历了被'雇工人'绳索越套越紧的历史过程和从'凡人'等级降为'雇工人'等级的历史过程"③。国外的研究主要集中于日本学界。仁井田陞也深受马克思主义理论的影响，将法律看作社会力量关系对比的反映。在这种理论框架下，他将明清时代的雇工分为非生产部门和生产部门的承担者两类，讨论了两者不同的变化发展过程。④ 重田德基本继承了仁井田氏的研究思路和方向，但却对其结论提出异议。⑤ 小山正明则认为，应该将身分法的修改与明末清初的赋役改革联系起来进行分析。⑥ 高桥芳郎不赞同上述"历史性发展"的观点，他继承并发展了西嶋定生"国家身分"⑦的理论，提出唐至清代身分制度方面的差异，应该从国家统治理念的角度寻找原因，明清"雇工人"身分法相

---

① 相关成果参见刘永成：《论清代雇佣劳动——兼与欧阳凡修同志商榷》，载于《历史研究》1962年第4期，及《论中国资本主义萌芽的历史前提》，载于《中国史研究》1979年第2期；李文治、魏金玉、经君健：《明清时代的农业资本主义萌芽问题》，中国社会科学出版社，2007年版；裴轼：《关于中日学者对明清两代雇工人地位问题研究的评介》，载于《中国社会科学院经济研究所集刊》第三集，中国社会科学出版社，1981年；蒿峰：《明代的义男买卖与雇工人》，载于《山东大学学报》（哲学社会科学版）1988年第4期；吴量恺：《清代前期农业经济中的短雇与资本主义萌芽》，载于《华中师范大学学报》（人文社会科学版）1983年第5期等。
② 黄冕堂：《清代"雇工人"问题考释》，《社会科学战线》1988年第1期，第142页。
③ 罗苍：《"农民佃户"所雇"耕作"之人的等级问题——与欧阳凡修同志商榷》，载于《学术月刊》1983年第6期，第60页。
④ 参见仁井田陞：《中国の農奴・雇傭人の法的身分の形成と変質——主僕の分について》，仁井田陞《中国法制史研究——奴隷農奴法・家族村落法》，東京大学出版会，1962年版，第147~193页；及仁井田陞：《中国身分法史》，東京大学出版会，1983年版，第八章。
⑤ 参见重田德：《清律における雇工と佃戸——「主僕の分」をめぐる一考察》，收入重田德《清代社会経済史研究》，岩波書店，1975年版，第81~97页。
⑥ 参见小山正明：《明・清時代の雇工人律について》及《明代の大土地所有と奴僕》，收入小山正明《明清社会経済史研究》，東京大学出版会，1992年版，第315~388页。
⑦ 参见西嶋定生：《中国古代奴婢制の再考察——その階級的性格と身分的性格》，收入西嶋定生《中国古代国家と東アジア世界》，東京大学出版会，1983年版，第115~147页。

关的一系列变化只是立法技术上的变革，是国家在一步步摸索"雇工人"判定标准的过程，是法律身分的重组而非解体。① 进入21世纪后，经君健对罗苍等人对其理论的质疑进行了回应，重申了身分法的修改过程体现了农业雇佣劳动者在法律上的解放的观点。② 蒋燕玲对清律中"雇工人"身分界定标准的变化进行了考察。③ 周邦君对清代四川农村雇工的实态进行了考察。④ 冯永明、常冰霞认为明清两代律典中"雇工人"的概念，随着界定元素的转换，经历了由模糊随意逐渐转为明确严格的过程。⑤

总体而言，学界在明清身分法领域的研究成果，基本都着眼于法律变化修改的轨迹，意在解明16到18世纪各种奴仆法律身分上的变化。但对于其社会身分实态和司法实践中的境遇，却显得关心不足。众所周知，法律规定与司法裁判之间往往存在一定的偏差，尤其是在奴仆的问题上，立法和司法之间的差异常常极为明显，其主要原因之一，即在于奴仆的法律身分和社会身分并不完全吻合，甚至相距甚远。法律的发展动向固然是法制史研究的主要对象，但奴仆作为一种社会性存在，其思想和行为往往受到社会身分的制约，同时，其社会地位及周围群体对他的评价，也是通过社会身分来体现的。因此，通过多样性的史料，全面考察各种奴仆的社会身分，并揭示其在司法中的地位，是尤为必要的。

此外，学者们的主张尽管出发点和指向各异，但在对身分法变革过程的看法上，却基本都包含了这样的结论——明清时代身分法的颁行和屡次修改是一个连续的发展过程。并且，大多数学者认为新条例的制定是现实中某些雇佣劳动者的社会身分不断获得提升，并反映于国家法制层面的结果。高桥芳郎的理论虽然另辟蹊径，但依然将身分法的修改视为整体性的技术摸索过程。然而，事实果真如此吗？第一，在帝制中国，每一次条例的修改必然体现了国家的政治意图和引导策略，同时又要受到多方因素的制约，如果历史的发展不是机械

---

① 参见高桥芳郎：《宋至清代身分法研究》，李冰逆译，上海古籍出版社，2015年版，第六章、第八章及附论。另外，除本书介绍的日文研究成果外，日本学界其他相关研究的信息可参见丹乔二：《日本学术界关于从宋至清佃户、奴婢、雇工人在法律上的身份的讨论》，冯佐哲编译，载于《中国史研究动态》1995年第6期。
② 参见经君健：《关于明清法典中"雇工人"律例的一些问题——答罗仑先生等》（上），载于《中国经济史研究》2007年第4期；《关于明清法典中"雇工人"律例的一些问题——答罗仑先生等》（下），载于《中国经济史研究》2008年第1期。
③ 蒋燕玲：《论清代律例对雇工人法律身份的界定》，载于《社会科学家》2003年第9期。
④ 周邦君：《清代四川农村雇工问题：一个乡土角度的考察》，载于《古今农业》2005年第4期。
⑤ 冯永明、常冰霞：《从契约到名分：明清雇工人法律形象的衍变》，载于《宁夏大学学报》（人文社会科学版）2015年第4期。

的、必然的过程，那么，法律的发展也不会是线性的、单一的轨迹。第二，由明入清，由于统治背景的差异，满汉之间在法律领域存在大量需要调和之处，"新清史"的研究者们早已对旗人换刑特权等问题进行过大量讨论，然而关注"雇工人"和财买奴仆等法律规定变革问题的学者，却很少从统一满汉身分法差异的角度进行解读。研究视角的转换有助于我们重新审视明清身分法改革的连续性问题。第三，重田德和高桥芳郎等人都注意到了雇佣劳动者的法律身分与社会身分的割裂问题。从万历新题例开始，一个雇工的法律身分不是由其社会身分决定的，而是由国家通过一定的标准来判断，因此，既可能存在他的社会身分非常卑贱却在法律上与主人平等的情况，也可能存在他在平日里与主人平等相处但在法律上却被视为"雇工人"（与主人具有等级差别）的情况。但他们并没有明确意识到，乾隆五十三年条例的实质，是国家承认雇工的法律身分由其社会身分决定，两种身分至此已经得到了统一。冯永明、常冰霞虽然敏锐地指出了两种身分的重合，但依然将其归结为渐趋进化的结果。事实上，乾隆五十三年条例与明初创设"雇工人"身分的目的已经背道而驰，应被认为明清身分法领域本质性的变革，而不能简单视为此前一系列条例进化和发展的结果。最后，从"雇工人"身分初登法典，到乾隆五十三年条例颁行，除社会经济因素外，法律变革的过程还受到了诸多方面的重要影响，比如司法裁判中中央和地方的矛盾与妥协等。唯有认识到其中的复杂性和曲折性，才能真正对法律改革过程有深入的思考。

因此，本书拟立足于法律身分和社会身分的双重视角，重新对明清时代"雇工人"律的变革过程进行考察和分析。在此基础上，还拟就明清时代身分法的连续性问题提出新的结论。

第一章　明清时代的"雇工人"律及基本问题

一、明清时代关于"雇工人"的律条

在对先行研究进行评述之前，有必要先对明清时代的"雇工人"律做一简要说明和梳理。

（一）明代

1. 明初的规定

洪武七年颁行的《大明律》中首次出现了"雇工人"这一法律术语，但并无专条对"雇工人"进行说明，律目中也仅有刑律犯奸"奴及雇工人奸家长妻"条明确提及了"雇工人"，此条中，奴婢与"雇工人"的量刑相同。其他对"雇工人"的规定主要体现在奴婢律中，处罚大多较奴婢为轻。比如刑律斗殴"奴婢殴家长"条规定：

> 凡奴婢殴家长者，皆斩；杀者，皆凌迟处死；过失杀者，绞；……若雇工人殴家长及家长之期亲若外祖父者，杖一百，徒三年；伤者，杖一百，流三千里。①

在历代法律中，奴婢都是终身服役之人，隶属于官府或主人。"雇工人"是明代首创，就字面含义而言，应指受雇佣工之人。② 从这个意义上说，明代社会

---

① 参见《大明律》卷二十，怀效锋点校，法律出版社，1999年版，第164～165页。
② 明代的各种律注也较为一致地用"受雇佣工之人"来形容"雇工人"。比如张楷在《律条疏议》卷二十五犯奸"奴及雇工人奸家长妻"条的"疏议"中，直接将正条中的"凡奴及雇工人奸家长妻者"解释为"凡人家之奴及受雇佣工之人而奸其家长之妻与女者"。参见张楷：《律条疏议》，收入中国国家图书馆《原国立北平图书馆甲库善本丛书》，国家图书馆出版社，2013年版，第四五〇册第238页。

中的终身服役劳动者，在法律上都应该属于传统的"奴婢"范畴。但《大明律》又规定："若庶民之家存养奴婢者，杖一百，即放从良。"① 据此，庶民之家存养的奴仆，即便是卖身或者投献于主家，终身且世代服役，在法律上仍然不具有奴婢身分，只能被作为"雇工人"处理。这说明国家希望通过法律来防止民间产生私人隶属关系。将"雇工人"的设定和庶民之家存养奴婢的禁令统一观之，则庶民之家只能有"雇工人"，不能有私奴婢。

高桥芳郎指出，这种规定"反映了洪武帝朱元璋的统治理念：维持不包括奴婢（即无期他人劳动力）在内的庶民经营体，也就是仅由庶民的家庭劳动力组成的大致均质的经营体，以此作为统治的基础"②。但问题在于，明朝廷空有美好构想，对于可能出现的问题却缺乏前瞻性，无论是"雇工人"身分在法律上的空白还是奴婢禁令的语焉不详，都引发了诸多论辩。从各种官方司法指导书、私家律注及判例集等史料来看，当时讨论最多的问题主要有三：第一，缙绅之家是否可以存养奴婢？第二，"雇工人"与奴婢应如何区分？第三，"雇工人"法律身分包含哪些现实中的雇工？相当长的一段时期内，明朝廷对此都未明确表态，导致司法领域中对于"雇工人"的身分认定产生了一定程度的混乱，有时候甚至完全取决于裁判官的个人判断。直到万历年间，明朝廷才做出了进一步的规定。

2. 万历十六年（1588）"雇工人"新题例

《大明律集解附例》卷二十刑律斗殴"奴婢殴家长"条的万历新题例：

> 今后官民之家，凡倩工作之人，立有文券、议有年限者，以雇工人论；止是短雇月日、受值不多者，依凡论。其财买义男，如恩养年久、配有家室者，照例同子孙论。如恩养未久、不曾配合者，士庶之家依雇工人论；缙绅之家比照奴婢律论。③

新题例首先对"雇工人"的判定标准做出了明确规定，以文契和年限为考察因素，同时又肯定了日雇和短工的凡人地位。此外，针对缙绅之家是否可以蓄奴的问题，新题例也通过对财买义男的规定进行了回应，体现出朝廷对官僚阶层的妥协。正如吴时来等人在奏文中所说，"至若缙绅之家，固不得上比功臣，

---

① 《大明律》卷四户律户役"立嫡子违法"条，怀效锋点校，法律出版社，1999年版，第47页。
② 高桥芳郎：《宋至清代身分法研究》，李冰逆译，上海古籍出版社，2015年版，第166页。
③ 高举：《大明律集解附例》卷二十刑律斗殴"奴婢殴家长"条，明万历间浙江官刻本（万历三十八年抄本配补），台湾学生书局，1970年版，第四册，第1599页。

亦不可下同黎庶，存养家人，势所不免"①，缙绅之家的财买义男比照奴婢律论处，则功臣及三品以上官员才能存养奴婢的祖宗之法已名存实亡。众所周知，明初制定黄册和鱼鳞册，便是为了朝廷能够切实掌握天下的人口和土地，保障赋役。而一旦民间出现大量私奴婢，必然造成耕种土地的自由民的户口数量减少，使国家财政收入受损。为了避免这种情况发生，朝廷规定庶民之家不能存养奴婢，即使对于官僚阶层，也严格控制私奴婢的来源，仅由国家赐给特定的少数群体。岸本美绪指出，这种规定"反映了明朝在法律上，在尽可能的范围内限定良民贱民化的途径这一意志"②。在这种思路下，律典才专门设置了"雇工人"身分，以便对民间的私人隶属劳动力进行定位和调整。这种双管齐下的法律构想在理论上是有效控制社会的手段，但在实际上，对立法有建言甚至参与其修改权力的阶层本身就是最有蓄奴需求的阶层，现实的利益驱使他们去改变法律严苛的禁令。结果便是，新题例开启了缙绅之家财买奴仆的法律之门，且司法中缙绅之家的范围也难于控制，如果从各种官吏到生员再到地方豪族均包含其中，则人口和土地兼并的泛滥似已无可避免。这在一定程度上动摇了明代新创立的"雇工人"身分法的理论基础，但在庶民之家的范围内，身分法依然发挥着一定的作用和效力。

（二）清代

1. 清初的规定

清代几乎全面继承了明代的各项法律规定，"雇工人"律也包含其中。但清初与明代有两点较大的区别：一是在《大清律集解附例》中，卷四户律户役"立嫡子违法"条中禁止民间蓄奴的部分在《大明律》的基础上增加了夹注（括号内），变为：

若庶民之家存养（良家男女为）奴婢者，杖一百，即放从良。③

二是万历"雇工人"新题例并不具有正式的法律效力。对此，沈之奇说得

---

① 《明神宗实录》卷一百九十一万历十五年十月丁卯条，参见《明实录》，上海书店出版社，2015年版，第55册第3585页。
② 岸本美绪：《明清时代的身份感觉》，熊远报译，收入森正夫等《明清时代史的基本问题》，商务印书馆，2013年版，第379页。
③ 沈之奇：《大清律辑注》卷四户律户役"立嫡子违法"条，怀效锋、李俊点校，法律出版社，2000年版，第195页。该律注于康熙五十四年刊刻面世，其所注之律为顺治四年颁行、康熙九年修订的《大清律集解附例》。

很清楚:

> 按:旧律有例,凡官民之家所雇工作之人,立有文券、议有年限者,以雇工人论。若短雇工人、受值不多者,以凡论。其财买义男,恩养已久、配有室家者,照例同子孙论。如恩养未久、不曾配合者,士庶之家,照依雇工论,缙绅之家,照依奴婢论。此虽不可引用,而其义可采也。①

如果说《大明律》对庶民之家的蓄奴行为采取的是全面禁止的态度,那么清律的禁令看上去是相对松弛的,夹注部分只强调禁止压良为贱,言下之意,财买已经取得奴婢身分之人,并不在法律禁止之列。变化虽然细微,却是饱含深意的。清代是满族政权,在旗人社会内部,蓄奴的情况十分普遍,清朝入关初期,户下的家仆构成了旗内人数最庞大的社会阶层。而《大清律集解附例》作为统一的国家法典,如果全面禁止民间蓄奴,其推行势必会遇到极大的阻力,因此,清朝廷以夹注的方式对禁令加以改变,是有缓和民族间法律矛盾的政治意图在其中的。但由于律例语焉不详,并且,汉人官僚谙熟明代的法规,对律文的解释也多以前朝旧例为参考,因此,在清初的司法实践中,汉人家庭并未真正全面取得存养奴婢的资格。本书第四章将对此展开详细的论述。

2. 雍正朝的法律修改

> 凡汉人家生奴仆,印契所买奴仆,并雍正五年以前白契所买,及投靠养育年久,或婢女招配生有子息者,俱系家奴,世世子孙永远服役,婚配俱由家主,仍造册报官存案。其婢女招配,并投靠及所买奴仆,俱写立文契,报明本地方官钤盖印信。如有事犯,验明官册印契,照例治罪。其奴仆诽谤家长,并雇工人骂家长,与官员、平人殴杀奴仆,并教令过失杀,及故杀雇工人等条款,俱有律例,应照满洲主仆论。若犯该黑龙江当差者,照名例分别改遣之例问发。至不遵约束,傲慢顽梗,酗酒生事者,照满洲家人吃酒行凶例,面上刺字,流二千里,交与该地方官,令其永远当苦差。有背主逃匿者,照满洲家人逃走例子,折责四十板,面上刺字,交与本主,仍行存案。容留窝藏者,照窝藏逃人例,治罪。如典当雇工限内逃匿者,照满洲白契所买家人逃走例,责三十板,亦交与本主。若典当立有文契,议有年限,不遵约束,傲慢酗酒生事者,听伊主酌量惩治。若与

---

① 沈之奇:《大清律辑注》卷二十刑律斗殴"奴婢殴家长"条,怀效锋、李俊点校,法律出版社,2000年版,第753页。

家长抗拒殴骂者，照律治罪。再隶身门下为长随者，有犯，亦照典当雇工人治罪。①

这一条例生效于雍正五年（1727）。到了乾隆四十二年（1777），该条例中白契奴仆的购买时限延至雍正十三年（1735）以前。而早在乾隆七年（1742），朝廷已经专门颁行了将雍正十三年以前白契所买家人俱照八旗之例永为家奴、永远服役的内容。自该条例后，针对白契奴仆发布的条例，不再区分旗人和民人，满汉之别得以划一。而白契奴仆的法律身分也发生了新的变化。

3. 乾隆朝的法律修改

A. 乾隆二十四年（1759）条例②：

除典当家人及隶身长随，俱照定例治罪外，其雇倩工作之人，若立有文契、年限，及虽无文契而议有年限，或计工受值已阅五年以上者，于家长有犯，均依雇工人定拟。其随时短雇、受值无多者，仍同凡论。③

B. 乾隆三十二年（1767）条例：

凡官民之家，除典当家人、隶身长随及立有文券、年限之雇工，仍照例定拟外，其余雇工虽无文券而议有年限，或不立年限而有主仆名分者，如受雇在一年以内，或有寻常干犯，照良贱加等律再加一等治罪。若受雇在一年以上者，即依雇工人定拟。其犯奸、杀、诬告等项重情，即一年以内亦照雇工人治罪。若止是农民雇倩亲族耕作、店铺小郎以及随时短雇，并非服役之人，应同凡论。④

C. 乾隆五十三年（1788）条例：

凡官民之家，除典当家人、隶身长随，仍照定例治罪外，如系车夫、

---

① 参见光绪《清会典事例》卷八百一十刑部八十八刑律斗殴"奴婢殴家长"条，中华书局，1991年版，第九册第843页。
② 日本的仁井田陞、重田德和小山正明等根据《大清律例按语》的记载，均认为这一条例是乾隆二十六年年发布的。裘轼在《关于中日学者对明清两代雇工人地位问题研究的评介》一文中，专门对此进行了批判，指出该条例的发布年限为乾隆二十四年。此后，高桥芳郎认可了裘氏的考证，纠正了日本学界的通说。
③ 参见光绪《清会典事例》卷八百一十刑部八十八刑律斗殴"奴婢殴家长"条，中华书局，1991年版，第九册第845页。
④ 参见光绪《清会典事例》卷八百一十刑部八十八刑律斗殴"奴婢殴家长"条，中华书局，1991年版，第九册第845~846页。

厨役、水火夫、轿夫及一切打杂受雇服役人等,平日起居不敢与共,饮食不敢与同,并不敢尔我相称,素有主仆名分者,无论其有无文契、年限,俱以雇工论。若农民、佃户雇倩耕种工作之人,并店铺小郎之类,平日共坐共食,彼此平等相称,不为使唤服役,素无主仆名分者,亦无论其有无文契、年限,俱依凡人科断。①

乾隆朝经过三次调整,最终由五十三年条例确定了以"主仆之分"来断定"雇工人"身分的标准。这一规定一直延用到清末。自明初以来关于"雇工人"律的一系列改革也终于告一段落。学界对这一过程有很多讨论,本章的第二部分及本书的第五章将对此进行详细的论述和阐发。

以上即为明清时期关于"雇工人"法律身分的主要规定及修改条款。

二、学术史上的基本问题

虽然基本法律规定的数量看上去并不多,逐步修改的脉络也较为清晰,但学术史上围绕着这些法条展开的争议却并不在少数。究其原因,身分法的修改并不是简单的概念变化,也不只是量刑方面的斟酌修订,而是体现了朝廷对于奴仆和雇佣劳动者在身分上的认知定位和统治策略的转变。法律作为一种自上而下的调整手段,既不能过于脱离社会实际,也不能完全妥协于现实状况,在这种情况下,法律身分和社会身分应该如何协调和博弈,是统治阶层面临的重大考验。而随着时代的发展变化,如何适应统治的需要而做出恰当的调整,也与法律能否发挥实效息息相关。因此,除了对法条文本的不同解读意见,学者们还基于各自的知识体系和学术立场,对如何理解法律变化背后的政治、经济和时代因素,以及其中体现的统治阶层的政治意图等问题进行了不同的阐发。总体而言,学术史上有关明清身分法尤其是"雇工人"律的争论可以归纳为三个方面。

(一)关于史料的句读及其理解

由于古代的史料并没有标点,今人在研究时一旦句读方式不同,便可能产生理解上的分歧,进而会造成结论上的重大差异。因此,正确地点断可以说是一切研究的前提和基础。关于上一节所示基本法条的句读及其理解,争议主要

---

① 参见光绪《清会典事例》卷八百一十刑部八十八刑律斗殴"奴婢殴家长"条,中华书局,1991年版,第九册第844页。

集中于乾隆三十二年条例和乾隆五十三年条例。

1. 关于乾隆三十二年条例

该条例最后一句有"若止是农民雇倩亲族耕作、店铺小郎以及随时短雇，并非服役之人，应同凡论"，关于"农民雇倩亲族耕作"，存在两种点断意见。小山正明点断为"若止是农民雇倩、亲族耕作"，他认为农民雇倩与亲族耕作是两种并列的情况，与后文的店铺小郎和随时短雇一样，属于具体列举。他还指出："在这条律中，和已经被认为适用凡人律的短工、亲族的耕作、店铺雇佣的店员一并，被雇佣的一般农民也无条件适用凡人律，这些雇佣劳动全部被排除在'主仆名分'的制约之外，在严格限制（为了处理乾隆二十四年条例中没有口头约定也未满五年的雇工，从而在三十二年条例）导入的'主仆名分'的适用范围的同时，（一般农民雇佣耕作之人、为同族有亲属关系的地主耕作之人及短工）也从根据雇佣年限的长短来判定恩养深浅的思维方式中解放出来了。"[①] 经君健和高桥芳郎不赞同小山氏的点断，他们都认为应该读作"若止是农民雇倩亲族耕作"，但两人在语义理解上又出现了分歧。经君健提出这句话是明确限定了对象范围的语句，因此从事生产劳动（耕作）的雇工中被解放的只限于"亲族"，从事"耕作"的雇工只有在被"农民"雇佣的场合才作为凡人论。[②] 也就是说，他认为除此以外的农业雇工都不适用凡人律。但高桥芳郎认为，"农民雇倩亲族耕作"与店铺小郎和随时短雇一样，都是当时比较有代表性的雇佣身分，法律对此进行举例，意在表明类似的雇工都应该作为凡人处理。因此，经氏只有条例中明确列举的社会身分才在凡人法律身分之列的理解是不妥当的。[③]

为了评判三方的观点，我们不妨参考《驳案新编》卷二十一之刑律斗殴"雇佣之人殴死雇主仍同凡论（高喜文）"一案。该案发生于乾隆四十八年，结案于乾隆四十九年，即在乾隆二十四年后，乾隆五十三年前，因而判决是以乾隆三十二年条例（3B）为依据做出的。并且，刑部并未认可直隶司的初判，为了反驳直隶总督的意见，刑部在卷宗中对雇工人的认定问题进行了详细的分析，可以看作是当时朝廷对于乾隆三十二年条例的权威解释。故全文摘录

---

① 参见小山正明：《明代の大土地所有と奴僕》，收入小山正明《明清社会经济史研究》，東京大学出版会，1992年版，第370～371页。
② 参见经君健：《明清两代农业雇工法律上人身隶属关系的解放》，收入李文治、魏金玉、经君健《明清时代的农业资本主义萌芽问题》，中国社会科学出版社，2007年版，第247页。
③ 参见高桥芳郎：《宋至清代身分法研究》，李冰逆译，上海古籍出版社，2015年版，附论。

如下：

　　直隶司（雇工耕作，并非服役之人，应同凡论）
　　一起为报明事。会看得宁津县民高喜文殴伤雇主陈夫亮身死一案。
　　据直隶总督刘峨疏称，缘高喜文向系求乞度日，与陈夫亮并无嫌隙。乾隆四十八年正月二十日，高喜文受雇与陈夫亮家佣工，议定年底为满，工价大钱一千五百五十文，并未写立文契。至二月间，高喜文即将本年工价全行支用。迨四月二十三日，陈夫亮屋内盘炕，令高喜文用车赴地推坯，高喜文因车小坯重，仅推土坯四块放于院内。陈夫亮见所推坯少，向高喜文嚷骂。高喜文用言分辩，陈夫亮即持锹将高喜文殴打一下，并未成伤。高喜文夺获木锹，陈夫亮转身欲另行携器，高喜文即用木锹殴伤陈夫亮发际偏左倒地。时工人蔡明扬送坯进屋，出见喝阻。陈夫亮之子陈文希听闻，亦即趋视。陈文希即同蔡明扬将陈夫亮扶起撅救。讵陈夫亮伤重，移时殒命。报验审供不讳。查高喜文雇与陈夫亮家雇工，虽未立有文契，但于正月间受雇时，即议定年底为满，即属议有年限；且将本年工价已全行支取，更与随时短雇者不同。乃因被雇主陈夫亮詈殴，辄敢不顾名分，夺取木锹，将陈夫亮殴伤毙命，殊属不法。将高喜文依"雇工虽无文契而议有年限，其犯奸杀等项重情，即受雇在一年以内，亦照雇工人治罪"例、"雇工人殴家长死者斩"律，拟斩立决，照例先行刺字等因具题。
　　经臣等以例载"雇倩工作之人，若立有文契、年限，及虽无文契而议有年限，或计工受值已阅五年以上者，于家长有犯，均依雇工人定拟；其随时短雇受值无多者，仍同凡论"。又例载"雇工虽无文契而议有年限，或不立年限而有主仆名分者，如受雇在一年以内，有犯寻常干犯照良贱加等律，再加一等治罪；若受雇在一年以上者，即依雇工人定拟；其犯奸杀诬告等项重情，即一年以内，亦照雇工人治罪。若只是农民雇倩亲族耕作、店铺小郎以及随时短雇，并非归役之人，应同凡论"各等语。是办理雇工之案，既以文契、年限为凭，要当询其有无主仆名分及是否服役之人。如有主仆名分，虽无文契、年限，而一经受雇即为服役之人，故在一年以内，有犯寻常干犯，照"良贱加等"律，再加一等；若犯奸、杀、诬告等情，即以雇工人治罪。严雇工者，所以重名分也。若无主仆名分，则是雇倩工作并非服役，彼此无良贱之分，故例同凡论。宽平人者，所以慎庶狱也。例文互载分明，引断不容牵混。此案高喜文于乾隆四十八年正月，受雇于陈夫亮佣工，议定年底为满，工价大钱一千五百五十文。四月二十三日，陈夫亮盘炕，令高喜文推坯。高喜文推坯四块，陈夫亮见其太少,即向嚷骂,并持木锨殴打。该犯夺锨还殴,致伤陈夫亮发际偏左,移时殒命。详核案犯供词,尸子陈文希有"四月二十三日,小的在屋里盘炕"之供,用雇工人蔡明扬亦有"陈文希在屋里盘炕,小的在院里和泥,高喜文推坯"之语。是陈夫亮不过寻常庶民之家,所以其子盘炕,其工人运坯和泥,一同做工。揆此情形,正与农民雇倩耕作之人无少分别。且正月至四月,食工本非日久;一年工价一千五百五十文,受值亦属无多。按之定例,均应同凡论。今该督因其有一年为满之语,即谓之议有年限,而治以雇工人殴死家长之罪,问拟斩决。其于平日有无主仆名分及是否服役之人,并未询及一语。案情既多疏漏,引例亦属割截。且如该督所拟,以一年为满之语谓之议有年限,而不问其有无主仆名分,即以雇工人科断,是农民雇用长工,凡有言明一二年为满者,皆得同于服役之人。设被雇主殴杀,即应依"殴杀雇工人"律问拟杖徒,不同凡人论抵矣。不惟特宽雇主之罪,恐长凌虐工人之风,且恐食力良民不甘于服役之贱,而绝其工作谋生之路。揆之情理,尤未允协。虽杀人应抵,而斩绞攸分。臣部未敢率覆,应令该督将此案有无主仆名分,及是否服役之人,严讯明确,另行妥议具题,到日再议等因具题。奉旨:"部驳甚是,依议。钦此。"

咨行该督去后,今据该督刘峨疏称,覆加研审,据高喜文供称,陈夫亮实系庶民之家,该犯雇给佣工系帮同工作,并非服役之人,亦无主仆名分。核之尸子陈文希等,供词亦属相同,委无遁饰情事。查例载"雇倩工作之人,若立有文契、年限,及虽无文契而议有年限,或计工受值已阅五年以上者,于家长有犯,均依雇工人定拟;其随时短雇受值无多者,仍同凡论"。又例载"官民之家雇工,虽无文契而议有年限,或不立年限而有主仆名分者,如受雇在一年以内,有犯寻常干犯照良贱加等律,再加一等治罪。若受雇在一年以上者,即依雇工人定议。其犯奸、杀、诬告等项重情,即一年以内,亦照雇工人治罪。若只是农民雇倩亲族耕作、店铺小郎以及随时短雇,并非服役之人,应同凡论"各等语。此案高喜文受雇于陈夫亮家佣工,虽经议定年底为满,又将一年工价支用,但高喜文系帮同工作,并非服役之人,亦无主仆名分。且自正月至四月,食工尚非日久;其工价一千五百五十文,受值亦属无多。诚如部驳,正与农民雇倩耕作之人无少分别,自应仍同凡论。将高喜文改拟绞监候,原刺之字仍行起除等因具题前来。

应如该督所题,高喜文合依"农民雇倩耕作,并非服役之人,应同凡论""斗殴杀人者,不问手足、他物、金刃,并绞监候"律,拟绞监候。

秋后处决等因。乾隆四十九年十一月二十五日题，二十七日奉旨："高喜文依拟应绞，著监候。秋后处决。余依议。钦此。"①

在这个案件中，高喜文原本乞讨度日，与陈夫亮并无亲族关系，也无嫌隙。乾隆四十八年初，高喜文受雇于陈夫亮，约定工作到年底，并未写立文契。不久后，高喜文支取了全年的报酬。在直隶司看来，双方属于议定了年限的情况。在雇佣过程中，双方基本一同劳作。某日因高喜文干活不利索，雇主陈夫亮与其发生争执，并率先动手，但未造成实质伤害。而高喜文在还击过程中致陈夫亮夫跌倒受伤，随后殒命。直隶司在初审时，认定高喜文符合乾隆三十二年条例中，虽无文契但议有年限，且犯奸杀等项重情，虽受雇一年以内亦照雇工人治罪的条款，将其依照"雇工人殴家长死者斩"律，判处斩立决。但刑部反驳了直隶司的这一判定。刑部指出，判断雇工人身分时，不仅要考察文契和年限，还要询问主雇之间是否具有主仆名分，如果存在主仆名分，则一经受雇就是服役之人，要以"雇工人"治罪。这是因为名分攸关，不严格处理便不能维护雇主的利益和尊严。但如果双方并无主仆名分，则属于雇佣而非服役的情况，双方并无良贱的分别，属于平等的关系。此时若强行以"雇工人"论处，会导致刑狱泛滥，使良民不愿受雇工作，进而无力自活，增加社会上的不安定因素。因此，主仆名分的有无是判断"雇工人"法律身分的重要前提条件，必须调查清楚。直隶司重新展开调查后，查明双方并无主仆名分，高喜文最终以凡人相殴处以绞监候。斩绞之别涉及死后是否留有全尸，对于古代人来说意义重大。相比立决，监候可能会遇到朝廷大赦的机会，更兼有秋审、热审等录囚的机会，保全性命的可能性大大提高。因此可以说，两次审理的结果乃是天渊之别。可见"雇工人"法律身分的判定是影响到生死前途的重要问题，所以无论是立法还是司法领域，官员们都反复推敲，再三斟酌。

需要注意的是，在判定高喜文法律身分时，直隶司和刑部在援引了乾隆三十二年条例后，均明确表示高喜文"正与农民雇倩耕作之人无少分别"。说明在当时的人看来，"农民雇倩亲族耕作"与"农民雇倩耕作"是同样的含义。正因为立法原意如此，所以才非常自然地一笔带过，而没有专门解释为何不是亲族依然不影响雇工人法律身分的判定。并且，在随后的乾隆五十三年条例中，三十二年条例中的"若止是农民雇倩亲族耕作"改成了"若农民佃户雇倩耕种工作之人"，显然是为了避免歧义而修正了表述。可见，关于经君健和高

---

① 全士潮：《驳案新编》，收入朱梅臣《驳案汇编》，何勤华、张伯元、陈重业等点校，法律出版社，2009年版，第404~405页。

桥芳郎之间的分歧，经氏的观点并不能成立，乾隆三十二年条例的争议部分应确如高桥氏所论，只是身分的举例而已，但凡符合"农民雇倩耕作"的条件，无论是否亲族，都可以适用凡人律。那么，为何条例中要专门提及"亲族"呢？从清代关于"雇工人"的案件来看，当时农民雇倩亲族耕种工作的情况是非常普遍的，所占比重也很高，既然是举例，那么列出一些具有代表性的情况也在情理之中，但条例本身并没有限定必须是亲族间雇工才符合判定标准的意思。另外，这也说明小山氏断句为农民雇倩和亲族耕作两种情况，并不符合乾隆三十二年条例的原意；否则，刑部就会在卷宗中写明"农民雇倩之人"而不是"农民雇倩耕作之人"了。小山氏没有给出如此断句的理由，又缺乏材料上的证据支持，因此可以判定小山氏的句读是不可取的。而小山氏对此条例的理解也存在偏差。小山氏认为乾隆三十二年条例规定农民雇倩亲族耕作、店铺小郎等社会身分者无条件地适用凡人律，说明这些群体不再是法律上的"雇工人"，被从主仆名分的规制中解放了出来。但案卷中刑部指出，这些社会身分者是否属于"雇工人"身分，取决于其与雇主是否具有"主仆名分"，并不存在"无条件"获得解放的情况。

2. 关于乾隆五十三年条例

该条例中"若农民佃户雇倩耕种工作之人"一句，仁井田陞认为应该标点为"若农民、佃户、雇倩耕种工作之人"，并据此指出，农民、佃户和受雇耕种之人，都取得了凡人身分，适用一般人法。车夫、厨役等人则适用"雇工人"律。这种对比体现了基于"主仆之分"的有无而呈现出的差别。在此基础上，他将明代的情况与宋代进行了比较，提出了明代佃户的法律地位显著提高，由宋代受"主仆之分"规制上升为明代受"长幼之序"调整的著名论断[1]，这一结论对日本学界的研究产生了深远的影响。重田德继承了仁井田氏的断句方法，但在结论上提出了不同的看法，下一节将对此进行说明。随着研究的推进，无论是中国学界的众多学者，还是日本学界的高桥芳郎，都对两人的这种断句方法提出了异议，指出"农民、佃户"并不是"雇倩耕种工作之人"的并列成分而是其主语，该句应该句读为"若农民、佃户雇倩耕种工作之人"，其含义是"农民和佃户所雇佣的进行耕种或者工作的人"。清代关于"雇工人"的规定经历了多次修改，无论是哪一条，都是围绕着受雇佣工之人的法

---

[1] 参见仁井田陞：《"封建"和封建主义（feudalism）》，收入仁井田陞《中国法制史》，牟发松译，上海古籍出版社，2018年版，第102~120页。

律身分而展开的，如果按照仁井田氏和重田氏的点断方法，意味着乾隆五十三年条例中突然加入了关于佃户法律身分的规定，这显然是非常不自然且不合情理的。因此，后一种点断方法和理解方式已逐渐成为学界的通说。仁井田氏和重田氏基于错误的点断而得出的结论也有进一步讨论和修正的必要。

（二）关于条例修改过程中体现的历史性发展

除了上述因史料的句读方法带来的理解差异和结论分歧外，关于明清时代的身分法改革体现了怎样的历史性发展这一问题，先行研究中也有很多不同的观点。除了绪言中提到的内容外，下述观点也同样需要留意。

仁井田陞将明清时代的受雇佣工之人（包括奴仆）按照职业分为两类。一类是车夫、厨役等与生产部门无关的人，他们与主人之间存在"主仆之分"，从明代到清代一直都是"雇工人"律调整的对象。另一类是"雇倩耕种工作之人"等生产部门的承担者，其中大多数是雇农，随着经济的发展，手工业等佣工也加入其中，从明末到清初，经过"雇工人"律的逐步修改，这些生产部门的承担者最终被排除于"雇工人"律的适用范围。通过两类雇工的对比，仁井田氏提出，明清时代伴随着佃户的成长，雇佣人的法律身分也获得了提升。①

重田德不仅在句读方面与仁井田陞一致，在理论框架上也基本沿袭了仁井田氏的体系，但他在历史性发展的问题上，得出了与仁井田氏不同的结论。重田德认为，"从雇工人律与'雇倩工作之人'的乖离，很难直接推导出这样的结论，即'雇倩工作之人'曾经适用雇工人律，又逐渐从其调整范围中脱离出来并获得了法律地位的提升"。在他看来，在现实的雇佣劳动者之中，如果短工等形态占据了支配地位，法律上就会逐渐出现将其作为凡人处理的倾向。因此，日雇和短工等雇佣人从"雇工人"律的适用范围中分离出来，说明不具有主仆名分的新型劳动力兴起并壮大了起来。②

小山正明则指出，雇工原本依靠主人的恩惠过活，因此，受雇佣的时间越长，受到的恩惠就越深厚，其对主人的身分隶属关系也越强。就这一点而言，雇工可以看作是与奴婢性质相同的劳动力。但经过清代的一系列身分法修改，雇工和奴婢同质的思路遭到了彻底的否定，雇工开始被视作与奴婢异质的劳动力种类。尤其乾隆三十二年条例在引入"主仆之分"概念的同时，一定程度上

---

① 参见仁井田陞:《"封建"和封建主义（feudalism）》，收入仁井田陞《中国法制史》，牟发松译，上海古籍出版社，2018年版，第102~120页。

② 参见重田德:《清律における雇工と佃戶——「主僕の分」をめぐる一考察》，收入重田德《清代社会经济史研究》，岩波书店，1975年版，第81~97页。

否定了通过雇佣期间的长短判定恩养深浅的思考模式,到了乾隆五十三年条例则完全抛开了恩养深浅的因素,只以"主仆之分"作为判断雇工人身分的标准。并且,有"主仆之分"的雇工人被限定为从事家内服务的劳动者,一般农民与佃户所雇佣的劳动者,一律适用凡人律。此外,小山氏还提出,《大明律》中的雇工人与奴婢,都没有独立的户籍,而是附籍于主家的户籍之下,这说明国家并未将其看作直接调整的对象,而是通过主人对其进行间接的管理。但通过明末以来的"雇工人"律改革,国家法律开始直接对雇工人进行规制。由此可见,"雇工人"律修改的背后,体现的是非独立(依附于人)的受雇小农成长为独立小农的过程。为了应对这种新的情况,国家整体调整了对农民的管理政策,而"雇工人"律的变化也是其中的一环。伴随着自立的小农经营的展开,将属于直接生产者的小农经营作为单一的身分阶层直接进行把握,正是明末清初赋役改革的基调。而同时期适用奴婢律的奴婢身分的动摇和解体也可以放在同样的背景下考虑。①

对于小山氏的各种结论,裘轼进行了全面反驳。裘轼认为,小山氏过分夸大了"雇工人"附籍于主人家的现象。明清时期的长工的确附籍于主人家,但这只不过是朝廷为了社会安定而实施的户籍政策而已,其目的在于责成雇主对雇工的来历和行为承担责任。在此基础上,他指出附籍于主人家的长工,与无法拥有独立户籍的奴婢,是存在本质区别的。因此,并不能推导出奴婢与雇工在明初是"同质"性存在,在明末清初经过法律改革变成了"异质"性存在的结论。

仁井田陞、重田德和小山正明等人虽然对法条做出了不同的解读,并得出了旨趣相异的结论,但基本立足点都是观察其中的"历史性发展"。他们均认为"雇工人"条例的修改过程,体现了现实中的雇工在身分地位上的变化过程。而法律便是对社会状况的确认和保护。但高桥芳郎对上述"历史性发展"的结论提出了异议。他认为从万历新题例开始到清初的一系列改革,体现的是统治者对"设定怎样的标准才能与所谓雇佣劳动者的现实形态相适应"这一问题的探索过程,"这些改革并未超出技术性改革的范围。仅依据修改过程所提供的信息,不得不说,是很难看出雇佣劳动者在法律身分上有所解放的"。因此,法律改革"并非质变乃至解体的过程。称之为重组过程,应当是最恰当

---

① 参见小山正明:《明代の大土地所有と奴僕》,收入小山正明《明清社会経済史研究》,東京大学出版会,1992年版,第315~388页。

的了。"①

综合上述梳理，有两点问题需要进一步澄清和深化。首先是对法条的正确理解。通过学术史的展开过程可以看出，对法条的正确句读和理解是深入讨论的前提和基础。虽然有些句读和理解问题学界已经取得了基本共识，但笔者认为，仍有一些条例的关键语句需要进一步的分析和解释。尤其明清时代"雇工人"律的法律条文极其简略，很容易造成歧义和暧昧。此外，今天看来，法律改革的轨迹是很清晰的，但对于当时的人来说，却并不知道下一步以及终点在哪里，他们并不是带着明确的方向性在一步一步向着终点前进的，而是根据社会的现实，在不断的摸索和调整中，逐渐变成了我们今天看到的过程。因此，我们在分析的时候必须摒弃"发展"的前见，只有切实地将法律的修改放入当时的社会环境和政治背景中去解读，才能真正理解每一次法律改革的目的到底是什么。正如绪言中所说，这并不是一个线性的过程，每一次的目的也未必是连贯的。如果是这样的话，仅仅围绕法律条文来做语义分析是远远不够的，还需要结合律注、判例集和实录等多方资料进行全面的考论。其次，关于明清时代"雇工人"律的讨论，一般是从万历新题例开始，到乾隆五十三年条例为止，通过对比差异，分析其中的变化及其背后所体现的种种问题。但常常被忽略的问题是，既然万历新题例被认为是变化的开端，那么必须要讨论在万历新题例公布之前，雇工人的法律和社会身分的情况，在此基础上，才能与新题例出台后的情况进行对比研究。明初关于"雇工人"法律身分的规定虽然并不分明，但不能因此直接推导出雇工人法律地位低下的结论。同样，也不能因为明初不存在专门的"雇工人"律，而万历新题例中规定了专门的"雇工人"律，就直接推导出雇工人法律地位上升或者下降的结论。为了解决这一问题，同样需要通过更广泛的材料，来了解明初的具体情况。

（三）关于法律改订过程中的抽象法律原理

除了上述两个问题外，学者们还从国家的立法体系及身分构成等角度，就抽象的法律原理进行了深入的阐发。

重田德认为，"雇工人"律可以在两个方向上发挥作用，即从奴婢本律到"雇工人"律这一减轻的方向，以及从凡人律到"雇工人"律这一加重的方向。而"雇工人"身分的法律原理也可以从这两个方向来进行捕捉，所谓"雇工人"，既可以由奴婢身分上升而成为雇工人，也可能由凡人地位下降而成为雇

---

① 参见高桥芳郎：《宋至清代身分法研究》，李冰逆译，上海古籍出版社，2015年版，第八章。

工人。他还指出：“明清律中的所谓雇工人律，原本就不是与现实社会中存在的雇工人紧密结合在一起的，因此，其适用也并不是为了规定身分，而是具有相对性。在与奴婢本律的关系上，它处于补充奴婢本律的次要地位。”①

裘轼对重田氏将"雇工人"律看作奴婢律的补充的观点提出了异议。他认为，首先要辨明重田氏所说的"现实社会中存在的雇工人"究竟是指雇佣劳动者还是法律意义上的"雇工人"，如果是前者尚可理解，如果是后者则未必妥当。裘轼指出："一个劳动者，只要他符合规定的雇工人条件，就要受雇工人律的约束，怎么能说雇工人律与作为现实社会中存在的雇工人不是密切相关的呢？""雇工人仅在受雇期间与雇主及其家族构成雇工人身份正是雇工人等级法律身份的特点，不能由此得出结论说雇工人'具有相对性'，雇工人律只是奴婢本律的'补充'，或是'居于次要地位'的法律。奴婢律规定了奴婢的法律地位，雇工人律规定了雇工人的法律地位，两者各自确定一个等级的身份，无所谓主要、次要。"②

针对裘氏的结论，高桥芳郎提出该主张只在"法律身分"这一限定领域内才能成立。相比之下，重田氏的立足点则在于奴婢与雇工人在身分特质上的差异，即雇工人身分既是一种法律身分，也是一种政治和社会身分，而两者实际上是背离的。据此，高桥氏认为，裘氏的批判是极为片面的，重田氏的见解才点明了理论的本质。并且，高桥氏在重田氏的启发下，进一步发展了西嶋定生提出的"国家身分"理论，他提出："传统奴婢身分构成原理，如在论述明律中的奴婢特性时所提到的那样，是指以将皇帝作为顶点的礼制秩序为基础而定立的身分。秦汉帝国成立以后，这种奴婢制度伴随着专制君主制度，一直延续到了清代。清代自然也存在着传统型的奴婢，他们与明代之前的奴婢一样，是因犯罪没官或被俘虏而沦为奴婢的。这类奴婢的身分性质是演绎性、绝对性的。"与之相对，雇工人身分则是"基于相对性标准，归纳性地设定"出来的身分。奴婢与雇工人的本质差异并不在于是否终身服役等，而是在于身分构成原理上的不同。奴婢并不是因为适用奴婢律进而确定其奴婢身分的，恰恰相反，是因为他们是奴婢，所以才会适用奴婢律。但雇工人则不同，雇工人并不是因为他们是雇工人，所以适用雇工人律；相反，是因为他们受到了雇工人律

---

① 参见重田德：《清律における雇工と佃戸——「主僕の分」をめぐる一考察》，收入重田德《清代社会经济史研究》，岩波书店，1975年版，第81~97页。
② 裘轼：《关于中日学者对明清两代雇工人地位问题研究的评介》，载于《中国社会科学院经济研究所集刊》第三集，中国社会科学出版社，1981年版。

的调整，所以才确定他们的身分是雇工人。①

上述研究试图从理论层面归纳奴婢律与"雇工人"律的关系。为了达到这一目的，就必须要先界定"雇工人"律的性质。早期的研究并没有清晰地认识到"雇工人"身分是一种兼具法律和社会性质的双重身分，因此，其结论也具有局限性和模糊性。高桥芳郎则在众多成果的基础上，厘清了两种身分的区分，并总结了奴婢律和"雇工人"律的区别。然而，一方面，清代的奴婢政策与明代相比发生了很大的变化；另一方面，除了"雇工人"律一直在调整之外，现实生活中雇工的社会地位也并非一成不变，即"雇工人"法律身分和社会身分同时都处在变动的状态中，因此，高桥氏的结论依然有商榷的余地。

总体而言，除了句读问题已经大体取得了学界共识外，无论是对于"雇工人"律的理解，还是法律改革过程中所体现的历史性发展，抑或其中所蕴含的抽象法律原理，都依然存在很多问题，需要进一步梳理考论。这也是本书的研究目的之所在。

三、本书的研究视角

明初的"雇工人"法律身分所对应的社会身分是复杂多样的，既包括各种受雇佣工之人，比如日雇、短工乃至以年为单位劳作的长工，也包括民间通过非法人身买卖或者抵偿债务等原因而产生的终身奴仆，以及以义子孙等合法名义保有的终身奴仆等。为了能够更好地展开讨论，本书拟采取分类观察的方式，对不同社会身分的雇工人分别加以论述，再统合起来得出整体性的结论。首先来看下面的四条史料：

1.《古今图书集成·职方典》卷六百九十六松江府部汇考八之松江府风俗考：

> 农无田者，为人佣耕，曰长工。月暂佣者，曰忙工。田多而人少者，倩人为助，已而还之，曰伴工。②

2. 明佚名《五刻徽郡释义经书士民便用通考杂字》卷二：

> 某里某境某人，为无生活，情愿将身出愿与某里某境某人家，耕田一年，凭中议定工资银若干。言约朝夕勤谨，照管田园，不敢懒惰；主家杂

---

① 参见高桥芳郎：《宋至清代身分法研究》，李冰逆译，上海古籍出版社，2015年版，第八章。
② 陈梦雷编辑、蒋廷锡校订：《古今图书集成》，中华书局、巴蜀书社，1985年版，第14030页。

色器皿，不敢疏失。其银约季支取不缺。如有风水不虞，此系天命，不干银主之事。今欲有凭，立契存照。①

3. 明佚名《五刻徽郡释义经书士民便用通考杂字》外卷：

某都某人，今亲生男立名某，年登几岁，为因家贫日食无措，或因欠少官粮，情愿托中引到某宅，得酬劳银若干，立契之日，一并交足。本男即听从银主抚养成人，与伊婚娶，终身使用。朝夕务要勤谨，不敢躲闪懒惰。如有此色，出自某支，当跟寻送还。倘有不虞，系自己命。本男的系亲生，并无重叠来历不明等事。今欲有凭，立文契，并本男手印为照。②

4. 明吕希绍《新刻徽郡补释士民便读通考》：

立婚书某，今因日食难度，自愿将（女男）名某，年命某生，凭媒与某名下为义（女男），得受财礼纹银若干。自后听从使唤，永不归宗。如内外人等，生端引诱，凭从证理。敬立婚书并（女男）手印，付本主存照。③

其中，史料1记载的是最为普通的雇佣形态。所谓忙工，一般都有自己的土地或者生计，但因为不足以维持日常开销等，会短期受雇劳作。如果是农业雇工一般是在农忙期帮佣，手工业雇工的话则一年四季都有可能找到工作机会。忙工也有受雇期限长短的分别，史料中提到的以月为单位的佣工，一般称为短工，以日为单位受雇之人，一般称为日雇。忙工的工资一般是月结或日结，效率高，频率快，能够有力地为雇工的家庭提供经济支持。与此相对，史料中提到的长工，一般都是自身没有田产，只能依靠出卖劳动力过活的人，因为长期受雇，所以称为长工。史料2便是常见的长工雇佣契约形式。长工取得收入的周期比短工要长，或如史料2所示，按季领取报酬，也有每年结算一次的情况。至于工价银是事先支取还是事后结算，取决于主雇双方的约定。无论是长工还是短工，在受雇期间都要服从主人的命令，完成被交付的工作，雇佣期限终了之后，便可离开主家，重新获得人格独立和人身自由。

史料3记载的是终身劳动者的情况。因为法律明确禁止人身买卖，为了规避违法的风险和制裁，表面上采取的是雇佣契约的形式。从"酬劳银"这一说

---

① 谢国桢：《明代社会经济史料选编（下册）》，福建人民出版社，2004年版，第203页。
② 谢国桢：《明代社会经济史料选编（下册）》，福建人民出版社，2004年版，第203页。
③ 谢国桢：《明代社会经济史料选编（下册）》，福建人民出版社，2004年版，第204页。括号内的部分为夹注。

法可以看出，主雇双方交易的标的是劳动而不是人身，卖方获得的是劳动报酬而不是出卖人身的对价。尽管如此，如果将其与真正的雇佣契约进行对比，比如史料2，便能看出两者的差异是非常明显的。雇佣契约一般要约定明确的雇佣期限，史料2的期限是一年，相比之下，史料3则约定"终身使用"，并且在交易时一次性结清所有银钱。不仅如此，史料2中雇主仅需要支付工钱即可，而史料3中主人还要为"雇工"提供衣食给养，甚至要为其婚配，以达到繁衍子嗣的目的，这已经完全超出了普通雇主的义务范围。因此，尽管法律上并不承认这些终身雇工是奴婢身分，但在社会观念当中，他们毫无疑问与史料1和2中的雇工具有本质上的差别，几乎接近于私奴婢的性质，因此常常被称为"奴"或"仆"等，社会地位也比真正的雇工要低下得多。

史料4记载的是义男（包括义女）的契约。义男原本是对乞养等不具有真正血缘关系、只具有伦理上的亲属关系的子孙的称呼。明代史料中，民间以义男的名义存养奴仆的情况十分普遍。《与行在户部诸公书》中便有"所谓大户苞荫者，豪势富贵之家，或以私债准折人丁男，或以威力强夺人子息。或全家佣作，或分房托居。赐之姓而目为义男者有之，或更其名而命为仆隶者有之。凡此之人，既得为其役属，不复更其粮差，甘心倚附，莫敢谁何"[①]的记述。甚至案例中出现的义男，为奴为仆的情况要远远高于作为乞养子孙的情况。之所以出现这种现象，同样是为了逃避法禁的缘故。如史料4所示，在订立契约时，便写明义男要"听从使唤"，并承诺永不归宗，这充分显示了财买义男的用途。但关于买家支付的价银，并未直接称为卖身钱，而是采取了"财礼纹银"的说法，从而避免了契约因违法而无效的风险。需要提及的是，在万历十六年"雇工人"新题例中，财买义男根据恩养年限、是否婚配及存养主体等因素被规定为不同的法律身分，也就是说，社会身分相近的财买义男，在法律上却可能具有完全不同的身分性质。

此外，史料3和4中的劳动者，虽然名义上的身分有所不同，但都是终身隶属于主人的存在，除非遇到被主人赶逐、放良和自赎等特殊情况，否则不仅劳动者自身一生都无法获得人身自由，一般而言，其子孙也要世世代代为主人服役。而史料1和2中的雇工，只是在一定期限内出卖自己的劳动力，并未完全丧失人身自由，在雇佣期间终了之后，也可以重新回到凡人地位。

还需要指出的是，明清时期的人明确地意识到，雇佣人和奴仆在社会地位

---

① 周忱：《与行在户部诸公书》，收入程敏政《明文衡》卷二十七，社会科学文献出版社，2015年版，函一第七册第7页。

上存在显著的差别。比如在明代的《醒世恒言》中，《卢太学诗酒傲公侯》一卷有"那卢楠田产广多，除了家人，顾工的也有整百，每年至十二月中预发来岁工银。到了是日，众长工一齐进去领银。卢楠恐家人们作弊，短少了众人的，亲自唱名亲发，又赏一顿酒饭"①的记述。所谓家人，即指隶属于主人的奴仆，而雇工与家人不同，所以才会分别形容。此外，文中还提到，作为家人的卢才与长工钮成之间发生冲突时，钮成骂卢才是"狗奴才"，结果"那句'狗奴才'却又犯了众怒，家人们齐道：'这厮恁般放泼。总使你的理直，到底是我家长工，也该让我们一分。怎地欠了银子，反要行凶？打这狗王八'"②。可见家人们自成一派，并且认为自己与长工是不一样的。由于长工的社会地位比家人要高，所以钮成才会说出"狗奴才"这样蔑视的话，而家人们纵使愤怒，也不能反过来说长工是狗奴才，只能使用带有侮辱性的"狗王八"来发泄。

不仅是小说等文学资料，在裁判文书中，关于奴仆与雇工的描述同样是截然不同的。在明代的判牍中，常常使用"鬻于某人""投靠于某家""奴""仆""婢""义男"和"苍头"等说法来形容奴仆。对于雇工，则描述为"雇于某人""佣于某家""佣工"和"雇工"等。尽管从法理上说两者同属"雇工人"法律身分，但在判例中，依然时常可见裁判官认为奴仆完全不可与雇工人同日而语的例子。比如李日宣《谳豫勿喜录》卷八磁州"一起雇工人殴家长至死斩罪一名"一案如下：

> 会审得，雇工人有长短约券之不同。即有券也，亦不得比于仆。盖主仆为天冠地履，一言而定终身。雇工则朝秦暮楚，转职便同陌路，独视常人若有分耳。此案情景委属可恨。第一致之死何分绞斩？故应以雇仆之间，酌其义而名之。且以详至速决，为足了人子之至情，庶乎可也。候详。③

李日宣明确指出，奴仆与主人乃是天冠地履，云泥之别，并且这种身分等级是终身不易的。雇佣人与主人的交集则非常短暂，今日受雇于主人，他日便受雇于他人，一旦离去，便再无关系。因此，虽然雇佣人因受取金钱为主人工作的缘故，社会地位看上去与凡人有所不同，但若相比奴仆，则完全不可同日而语。

基于明清时代这种社会身分的自然分层，本书拟将当时的他人劳动力分为

---

① 冯梦龙：《醒世恒言》，张明高校注，中华书局，2014年版，第610页。
② 冯梦龙：《醒世恒言》，张明高校注，中华书局，2014年版，第610页。
③ 李日宣：《谳豫勿喜录》，崇祯五年刻本，中国国家图书馆藏。

两大类：第一类是史料 1 和 2 中提到的有期雇工，本书统称为雇佣人；第二类是史料 3 和 4 中反映出来的无期劳动者，本书统称为奴仆。需要说明的是，这两种分类并不能包含当时所有的他人劳动力，彼此之间的分界也不是截然清晰的，只是为了更细致地展开讨论而做的权宜分类。此外，本书拟根据"雇工人"律的修改进程，分别讨论不同时段雇佣人与奴仆的法律身分及其在司法裁判中的实际情况，以深化明清身分法领域的相关研究。

在研究材料方面，除了学者们普遍关注的律典之外，仁井田陞通过对明清时代人身买卖文书的分析，解明了卖身奴仆的交易过程。[①] 小山正明则对明代的各种律注加以综合整理和解读，试图勾勒出"雇工人"身分的法律定义。[②] 高桥芳郎则对一些相关的判例进行了讨论。此外，时人文集、家训和小说等史料中所见关于奴仆和雇佣人的记述和讨论，也纷纷进入研究者的视野。丰富的社会史料弥补了律典只记述"应然"不讨论"实然"的不足，但就目前的研究情况而言，对于判例资料的利用和关注程度还远远不够。法典反映的是统治者对于理想社会秩序的构想，是自上而下的调整手段。判例的案情体现的是社会中真实的人际关系形态，裁判官的判词则体现了国家意志与社会普遍正义观念的调和。当判例逐渐积累，最终带来相关法律条例的颁行，则体现出社会力量自下而上地改变国家法律的过程。在法律与社会的关系方面，仁井田陞的方法论曾占据日本学界的主流地位。他曾提出过"法律的刻度，显示出力量关系的一种决算状态"[③]的著名论断，强调法律是社会中的力量对比关系的反映。第二次世界大战后，西嶋定生批判了这种单方面强调社会力量的研究视角，提出了"国家身分"理论，认为法律身分是一种国家自上而下演绎性地设定出来的身分，实现了研究方法的根本性转换。[④] 高桥芳郎又发展了西嶋氏的理论，主张唐至清代身分制度上的不同是各时代的国家统治理念的差异造成的。但高桥氏的理论又有过度强调国家意志的倾向。因此，本书拟深入运用判牍资料，从立法和司法两方面进行讨论，考察法律身分与社会身分之间的冲突和融合，并对由明入清"雇工人"法律身分所包含的各个社会阶层的实态及其变化进行解明。

---

① 仁井田陞：《明清时代の人売及人質文書の研究》，载于《史学雑誌》第 46 期，1935 年。
② 小山正明：《明·清时代の雇工人律について》，收入小山正明《明清社会经济史研究》，東京大学出版会，1992 年版，第 365~388 页。
③ 参见仁井田陞：《（補訂）中国法制史研究——奴隷農奴法·家族村落法》，東京大学出版会，1980 年版，第 149 页。
④ 西嶋定生：《中国古代奴婢制の再考察——その階級的性格と身分的性格》，收入西嶋定生《中国古代国家と東アジア世界》，東京大学出版会，1983 年版，第 115~147 页。

第二章　明代的奴仆与雇工人法律身分

基于上一章提示的分类讨论的思路，本章主要对明代社会中的"奴仆"进行讨论，"雇佣人"的相关问题则留待下一章进行观察。

一、奴仆的法律身分

元代的法律并不禁止民间保有私奴婢。官宦之家自不必言，庶民之家蓄奴的现象也普遍存在，这些奴仆在文献中常被称为"驱口"。尤其在元末，因为战乱而陷入流亡或贫困的人不在少数，为了生存，他们不得不自愿沦为"驱口"。进入明代之后，朱元璋作为开国皇帝，并不认可民间蓄养私奴婢的行为。洪武五年（1372），朝廷颁布诏令："天下大定，礼仪风俗不可不正。诸遭乱为人奴隶者复为民。"① 奴仆由此获得了身分上的解放，重归良民序列。为了防止民间产生新的私奴婢，朝廷遵循前代的规定，禁止略买略卖良民。并且，考虑到主仆关系中，沦为奴仆的一方往往为生活所迫，多属无奈，主人却常常有利可图，更为强势，因此，明朝廷从买方着手，在洪武七年（1374）颁行的《大明律》中明确规定了奴婢的保有主体资格，即上文提到的《大明律》户律"立嫡子违法"条中"若庶民之家存养奴婢者，杖一百，即放从良"之规定。而《大明会典》规定：凡官员仪从（洪武二十四年更定官员仪从），公十人，侯八人，伯六人，一品至三品六人，四品至六品四人，七品至九品二人。其役使奴婢，公侯之家不过二十人，一品不过十二人，二品不过十人，三品不过八人。②

这意味着除了官府有官奴婢，能够存养私奴婢的主体，只有公侯及三品以

---

① 《明史·本纪第二太祖二》，中华书局，1974年版，第一册第27页。
② 参见李东阳撰、申时行修：《明会典》卷五十九礼部之"官员礼"，新文丰出版社，1976年版，第1014页。

上官员之家。私奴婢的来源，只能是国家下赐官奴婢给合法的主体，并转化为其家内的私奴婢。言下之意，其他主体，不仅庶民之家，甚至四品以下的官僚之家，都不能合法地存养私奴婢。显而易见，朝廷希望通过法律彻底控制私奴婢的来源，以防止民间产生私人隶属关系。将"雇工人"的设定与存养奴婢的禁令统一观之，则庶民之家只能有"雇工人"，不能有私奴婢。

然而，有些官员却敏锐地抓住了会典和律文之间的偏差。按照会典的说法，四品以下官僚之家并不能存养私奴婢，但《大明律》明令禁止的对象却只限于庶民之家。因此，缙绅之家能否蓄奴便成为极具争议的问题，给当时的官员们留下充分的议论空间。严守祖宗之法的官员坚持认为缙绅之家不是蓄奴的合法主体，比如管志道《从先维俗议》卷二"分别官民家奴婢义男因以春秋之法正主仆议"条中有：

> 考律令，虽有奴婢见家长之条，亦有奴婢犯家长之禁，然唯许公侯及三品以上官畜奴婢。有籍没者，但赐功臣之家为奴，而品官不与焉。①

又，苏祐在《逌旃琐言》中议道：

> 今祖制，惟公臣家有给赏奴婢。其余有犯，男称雇工人，女称使女。在卿大夫家且不得有奴婢，况士庶人乎？②

但公侯及三品以上官员毕竟是少数，对于大多数实际把持着朝中大小事务的官僚来说，合法地蓄养私奴婢才更符合他们的利益需求。因此，不断有官员通过对法律进行解释来寻求理论上的支持。比如王肯堂在对《大明律附例》卷四户律"立嫡子违法"条进行集释时写道：

> 压良为贱，既已非法，庶人而蓄奴婢，尤非分也，故重杖之。或谓：此奴婢即当初给付功臣之人，其子孙卖与庶民之家者。似太拘拘。言庶民之家不得存养奴婢，则缙绅之家，在所不禁矣。③

又，雷梦麟《读律琐言》卷四户律"立嫡子违法"条论曰：

> 庶民之家，当自服勤劳，若有存养奴婢者，杖一百，即放从良。庶民之家不许存养奴婢，则有官者而上，皆所不禁矣。故律言"奴婢殴家长"、

---

① 参见《四库全书存目丛书》子部第88册，齐鲁书社，1995年版，第273页。
② 苏祐：《逌旃琐言》，收入《四库全书存目丛书》子部第103册，齐鲁书社，1995年版，第10页。
③ 《大明律附例》，王樵私笺、王肯堂集释，万历四十年（1612）刊本，东京大学东洋文化研究所藏，索书号"大木－法類－律例－21"。

> "奴婢为家长首""冒认他人奴婢",岂尽为功臣之家言哉?但功臣之家有给赐者,而有官者皆自存养耳。问刑者每于奴婢之罪,遂引雇工人科之,误矣。①

双方的论争激烈且持久,在理论范围内充分阐发了各自的主张。但双方的争论注定是自话自说,无法真正得出唯一正确的结论。究其原因,在立法之初,立法者便没有站在法律体系的高度,充分考虑奴婢和"雇工人"两种身分的边界和衔接问题,也没有考虑清楚两种身分在现实社会中所应对应的群体,以至于整部《大明律》中,除了奴婢和雇工人外,还出现了"奴仆"这种指意含混的词汇。如《大明律》卷一名例律"应议者之父祖有犯"条中有:

> 凡应八议者之祖父母、父母、妻及子孙犯罪,实封奏闻取旨,不许擅自勾问。若奉旨推问者,开具所犯及应议之状,先奏请议,议定奏闻,取自上裁。若皇亲国戚及功臣之外祖父母、伯叔父母、姑、兄弟、姊妹、女婿、兄弟之子,若四品、五品官之父母、妻及应合袭荫子孙犯罪,从有司依律追问,议拟奏闻,取自上裁。其犯十恶反逆缘坐,及奸盗杀人、受财枉法者,不用此律。其余亲属、奴仆、管庄、佃甲,倚势虐害良民,凌犯官府者,加常人罪一等,止坐犯人,不在上请之律。(其余亲属,谓皇亲国戚及功臣之房族兄弟、伯叔、母舅、母姨夫、姑夫、妻兄弟、两姨夫、外甥、妻侄之类,及家人、伴当、管庄、佃甲,倚仗威势,虐害良民,凌犯官府者,事发不须奏闻,比常人加罪一等科断,止坐犯人本身。)②

这段律文的正条中出现了"奴仆"一词,并且,这一用词并非沿袭自前代律文。薛允升在《唐明律合编》中对明律的这条规定进行说明时,引用了钱大昕《养新录》的说法,认为唐宋律中的八议相关条款,体现了周公之制,明代的这段相关律文则"戒制狱官勿许引用。而先王忠厚之意,澌灭尽矣"。又在按语中指出:"此律亦只言推问拟断之事,而无减赎之法。又添入其余亲属奴仆有犯加一等一层,与唐律优恤臣下之意,正自相反。"③这意味着明律的这条律文不仅与唐宋律的主要精神背道而驰,关于奴仆这部分的规定也是明代立法者基于当时的管理需要添加进去的。但问题在于,奴仆并不是法律术语,而是一种表示社会身分的称呼。从夹注来看,正条中的"奴仆"被解释为家人和

---

① 雷梦麟:《读律琐言》,怀效锋、李俊点校,法律出版社,2000年版,第123页。
② 《大明律》,怀效锋点校,法律出版社,1999年版,第6页。括号内为夹注的内容。
③ 薛允升:《唐明律合编》,怀效锋、李鸣点校,法律出版社,1999年版,第28页。

伴当之类，从第一章提到的《醒世恒言》的记述来看，明代社会中家人和伴当等人的地位与受雇佣工之人存在明显的区别，前者是近似于私奴婢性质的存在。但律文正条涉及的主体不仅有皇亲国戚、功臣之家，还提及了四品、五品官员。如果按照会典的说法，四品、五品官并不在可以存养私奴婢的主体之列。那么，律文之中的奴仆究竟指私奴婢还是包括"雇工人"，就成为法律上的疑问。而律文之所以舍弃了"雇工人"和奴婢等表示法律身分的术语，用"奴仆"这种表示社会身分的词汇进行规定，看似不可思议，实则反映出立法者在此问题上的犹疑和混乱，因此用了蒙混过关的办法来加以规定。

既然最初的立法者对于奴婢与"雇工人"的相关问题都缺乏清醒而明确的认识，后世的官员在论辩时就更难得出"真理越辩越明"式的结论。双方各持立场，始终无法说服对方，这会给司法裁判带来一定程度的混乱。比如上文提到的《读律琐言》，是雷梦麟出任刑部山东清吏司郎中时的著述，书中提到"问刑者每于奴婢之罪，遂引雇工人科之"，可见在当时，缙绅之家的奴仆被作为"雇工人"断处的情况是比较普遍的。但雷梦麟认为这种做法是错误的，可以想见，如果他看到地方官如此裁判，一定会加以纠正，但如果是其他的刑部官员，则未必如此。因此，一旦进入裁判领域，缙绅之家奴仆的法律身分，可能随着裁判官的不同而发生变化。

总体而言，在万历"雇工人"新题例颁行之前，庶民之家的奴仆在法律上的地位是比较确定的，即被作为"雇工人"处理。缙绅之家的奴仆则具有不确定性。就法理而言，正如高桥芳郎指出的那样，"就无期服役劳动者（'奴婢'）而言，尽管认可官僚阶层保有奴婢的解释屡屡可见，但明朝一贯的立场是，不论官僚阶层还是庶民阶层保有的无期服役劳动者，在法律身分上都不承认他们是奴婢"[①]。而在司法实践中，既有将奴仆判定为"雇工人"的情况，也有判定为奴婢的情况。具体的情形，将在下一节进行讨论。

针对这种长期存在的争议，万历十五年左都御史吴时来等奏称应"申明律例未明、未尽条件"：

> 一、律称庶人之家不许存养奴婢。盖谓功臣家方给赏奴婢，庶民当自服勤劳，故不得存养，有犯者皆称雇工人。初未言及缙绅之家也。且雇工人多有不同，拟罪自当有间。至若缙绅之家，固不得上比功臣，亦不可下同黎庶，存养家人，势所不免。合令法司酌议，无论官民之家，有立券用

[①] 高桥芳郎：《宋至清代身分法研究》，李冰逆译，上海古籍出版社，2015年版，第182页。

值，工作有年限者，皆以雇工人论。有受值微少，工作止计日月者，仍以凡人论。若财买十五以下、恩养已久，十六以上、配有室家者。照例同子孙论。或恩养未久、不曾配合者，在庶人之家、仍以雇工人论。在缙绅之家、比照奴婢律论。①

以此为契机，万历十六年"雇工人"新题例得以发布。

新题例对奴仆身分的回应主要是通过对财买义男的规定来体现的。该条例将财买义男按照不同的情况规定为不同的法律身分，根据"其财买义男，如恩养年久、配有家室者，照例同子孙论。如恩养未久，不曾配合者，士庶之家依雇工人论；缙绅之家比照奴婢律论"的例文，缙绅之家的财买义男可以作为奴婢论处，换言之，缙绅之家已经取得了蓄养奴婢的主体资格，则公侯及三品以上官员之家才能存养奴婢的祖宗之法已经名存实亡。众所周知，明初制定黄册和鱼鳞册，便是为了朝廷能够切实掌握天下的人口和土地，保障赋役。而一旦民间出现大量私奴婢，必然造成耕种土地的自由民的户口数量减少，使国家财政收入受损。为了避免这种情况发生，朝廷规定庶民之家不能存养奴婢，即使对于官僚阶层，也严格控制私奴婢的来源，仅由国家赐给特定的少数群体。岸本美绪指出，这种规定"反映了明朝在法律上，在尽可能的范围内限定良民贱民化的途径这一意志"②。在这种思路下，律典才专门设置了"雇工人"身分，以便对民间的私人隶属劳动力进行定位和调整。这种双管齐下的法律构想在理论上是有效控制社会的手段，但实际上，对立法有建言甚至参与其修改权力的阶层本身就是最有蓄奴需求的阶层，现实的利益驱使他们去改变法律严苛的禁令。结果便是，新题例开启了缙绅之家财买奴仆的法律之门，且司法中缙绅之家的范围也难于控制，如果从各种官吏到地方豪族均包含其中，则人口和土地兼并的泛滥似已无可避免。这在一定程度上动摇了明代新创立的"雇工人"身分法的理论基础，体现了朝廷对官僚阶层的妥协。但在庶民之家的范围内，身分法依然发挥着一定的作用和效力。

二、奴仆的社会身分

作为法律身分，"雇工人"与奴婢到底应如何区分？对此，明代律注的意

---

① 《明神宗实录》卷一百九十一万历十五年十月丁卯条，参见《明实录》，上海书店出版社，2015年版，第55册第3585页。

② 岸本美绪：《明清时代的身份感觉》，收入森正夫等编《明清时代史的基本问题》，商务印书馆，2013年版，第379页。

见是比较一致的:"雇工人"是有期雇佣劳动者,奴婢是无期服役劳动者。如张楷《律条疏议》卷二十刑律斗殴"良贱相殴"条有:

> 疏议曰:雇工人者,雇倩使役之人,非奴婢之终身服役者。若殴缌麻、小功、大功亲之雇工人,非折伤,皆勿论。①

又如王肯堂对《大明律附例》卷二十刑律斗殴"良贱相殴"条的集释写道:

> 若雇倩佣工之人,与奴婢终身服役者不同,而与良善等辈之人亦异。故殴缌麻、小功、大功之雇工人者,非折伤,亦勿论。②

关于这个问题,小山正明讲得比较清楚,在此不多做讨论。③而奴仆的特殊性在于,他们的法律身分虽然是"雇工人",但在社会观念中,他们的身分性质却与奴婢更加接近。

根据明代的史料来看,从明初开始,上至功臣之家,下至地主庶民,蓄奴的现象一直非常普遍,而且人数众多。傅衣凌曾写道:"明初对于亲王、功臣、贵族均赐予大量的劳动人口和奴仆等等。……如赵庸'在应昌私纳奴婢'。蓝玉则'多畜庄奴假子数千人'。郭英'私养家奴百五十余人'。他们在赐定佃田人户之外,还任意私役官军,垦种庄田。地主阶级的占有劳动力,还通过'投靠'、购买等种种途径。所以明代不问身份性地主或非身份性的地主,都拥有不少的佃户、苍头。如'江南……以故富家大族役使小民,动至千百,至今佃户、苍头有至千百者'。贵州思南有'土豪范姓者数家,各拥佃民数千户'。湖北亦然,'楚士大夫仆隶之盛甲天下,麻城尤甲全楚,梅、刘、田、李,强宗右族,家僮不下三四千人,雄长里间'。钟祥县富民李钦居介钟、荆之间,家僮千人,又拥庄佃千人。"④ 那么,对于社会中如此常见的群体,在当时的普遍认知中,究竟是如何看待这种社会身分的呢?结合判牍的内容来看,奴仆社会身分的内容和性质有以下需要注意之处。

(一)全家接受主人恩养

为了便于说明,不妨先来看一个判例。李陈玉《退思堂集·讞语》卷一有

---

① 张楷:《律条疏议》,嘉靖二十三年刊本,京都大学人文科学研究所藏,索书号"史-XIII-8-54"。
② 《大明律附例》,王樵私笺、王肯堂集释,万历四十年(1612)刊本,东京大学东洋文化研究所藏,索书号"大木-法類-律例-21"。
③ 参见小山正明:《明·清時代の雇工人律について》,收入小山正明《明清社会経済史研究》,東京大学出版会,1992年版,第365~388页。
④ 傅衣凌:《明清封建土地所有制论纲》,中华书局,2007年版,第48~49页。

"一件盗窝事"：

> 朱氏之夫冯耀祖原鬻身顾朝登之家，一旦悖逆。朝登岁首遇于沈君甫之门，当投地方。忽而将朱氏出名告状，云系雇乳，非鬻身。夫雇乳则止妇女一身，何并夫与女而与俱乎。且谓其夫女已死，明属欺妄。当顾朝登遇朱氏之时，身穿青衣，今方缟素，其诈可知。冯耀祖合行照提，朱氏朝登收领。沈君甫笞警。①

在这起案件中，冯耀祖是顾朝登家的财买奴仆。但他背弃了顾朝登，投奔到新主人沈君甫门下。顾朝登与他偶然邂逅，便去官府告发，要求追回逃奴。作为应对，冯耀祖让自己的妻子朱氏出面，声称自己一家并非卖身于顾朝登做奴仆，双方的关系仅止于朱氏受雇于顾家做奶妈而已。朱氏还诈称自己的丈夫冯耀祖及女儿都已死去。最终裁判官识破了朱氏的谎言，断令缉捕冯耀祖，朱氏由顾朝登带回家继续服役，新主人沈君甫也被笞刑警告。其中值得注意的地方如下：第一，判词中直接使用了"鬻身"一词。李陈玉在崇祯七年（1634）至十三年，出任嘉善县知县一职，《退思堂集》中收录了大量这一时期的判词。由此可见，对于财买奴仆，虽然万历新题例还用"财买义男"一词加以讳饰，也并未允许庶民之家存养，但实际上，明朝末期，朝廷已经完全无力控制民间财买奴仆的行为，甚至默示放弃了形式上的禁令，因此才会在判词中堂而皇之地出现奴仆卖身于主人的叙述。另外，从第一章引用的明清时代关于财买义男和终身雇佣的契约文书也可以看出，当时通过人身买卖等途径成为奴仆的情况是很普遍的，因此才会有格式契约的存在。第二，当朱氏声称自己是雇佣人的时候，裁判官的推理是，如果她确实是雇乳，则应该只有她一人住在主人家中，但事实却是，其丈夫与女儿也全部住在主人家中，因此判断她在说谎，认定她是顾家的奴仆。从中可以看出，明代的雇佣人一般都是独自一人与主家发生关系，很少有全家接受主人衣食给养的情况，与此相对，奴仆一般都是全家一起投靠主人，住在主人提供的房屋中，全家为主人劳动，接受衣食给养。如第一章引用的明清时代的契约文书中所约定的那样，如果是单身的奴仆被卖入或者投靠到主人门下，在社会的普遍观念中，主人有义务为其婚配，帮助其完成繁衍子嗣的家族责任和社会义务。因此，雇佣人和奴仆与主人之间的关系形态是完全不同的。第三，正因为奴仆与主人之间存在更强烈的人身羁绊，所以

---

① 李陈玉：《退思堂集》，崇祯九年（1636）序刊本，京都大学人文科学研究所藏，索书号"集－II－8－1455"。

奴仆不能像雇佣人一样轻易背主而去。一旦发生奴仆逃走等情况，主人可以借助官府的力量将其追回。这意味着在立法层面不被允许的庶民之家的蓄奴行为，在司法层面却得到了国家机器的认可和保护。另外，收留他人逃奴的行为也是不被允许的，这也是新主人沈君甫受到笞刑的原因。

（二）终身及世代服役

如第一章所引格式契约文书及上文的案例所示，奴仆全家都要终身为主人服役。不仅如此，奴仆的子子孙孙，也都要永远为主人的后人服役，这种情况称为世代服役。如果说主仆双方你情我愿，订立了买卖契约，奴仆从主人处接受恩惠，作为对价，要为主人劳作终身，尚属合情合理的话，奴仆的配偶乃至子孙后代也要为主人的子孙后代永远服役，其依据又是什么呢？

高桥芳郎在《中国历史上的恩与身分》一文中，考察了奴婢、雇工乃至佃户等社会身分的情况，并在小山氏论文结论的基础上，进一步阐发了主人与奴仆之间的恩义。他写道：

> 小山正明的研究已经表明，明清时代奴仆的身分认定，在失去契约文书的情况下，其判断基准在于主人是否提供衣食给养，以及是否为其婚配。这一点，通过前揭万历十六年新题例对"财买义男"的处理方法也可以得到证明。这表明，在明清时代人的意识中，这两点正是恩义的核心。宋元时代也是如此。从前文所述宋元时代雇佣人的例子也可以看到，服役期间越长，他们的地位就越低下。他们的劳动价值得不到认可，单方面不断积累起来的只有主人对他们的恩义。衣食，即维系生存，婚姻，亦即留下子孙，这两种对生命体来说最低限度的欲望都要仰仗他人来满足，那么对于依附于人的一方来说就具有了最强的人格从属性。另一方面，周济衣食与婚姻的一方，则被认为施与了最大的恩义。施与的恩义越多，接受者身上积累的恩就越重，他们的地位就越低下。这些是非常难以抵消的，因为如上所述，恩义是很难被量化的。①

根据高桥氏的结论，明清时代主人与奴仆之间的恩义包含了两方面的内容：一是衣食给养，一是帮助婚配。前者是奴仆本人能够维系生存的基础，后者是奴仆的子孙能够存在的前提。既然奴仆子孙的生命都是由主家赐予的，那么他们要为主家服役就变成了理所当然的事情。并且，在当时的社会观念中，主仆之

---

① 高桥芳郎：《宋至清代身分法研究》，李冰逆译，上海古籍出版社，2015年版，第98~99页。

间并不是互利互惠的合作关系,主人的恩义是单方面累积的,而奴仆则被置于家庭成员的延长线上,具有了某种拟制的亲缘关系,他们对主人的义务类似于家庭中卑幼对尊长的义务。在《大明律》"亲属相为容隐"条中,奴婢和雇工人皆有义务为主人容隐,也是出于这样的考虑。①

明代的判例中,体现这种社会身分性质的判决有很多。例如《云间谳略》卷三中有"一件玷剿事":

监院左批上海县告人杜宪状

前件审得:安二之父安祥,杜瓒仆也。杜襄,瓒长子。杜夏,瓒次子。夏有随从婢女配祥。祥生二。是祥固祖遗,而夏子则夏婢所出耳。当时襄、夏在日,尚存众役。而二妻实二所自娶,固不由宪,亦不由衡也。二夫妇愿随宪而不乐随衡。说者谓二妻与宪情深爱重,不能割舍,此固莫须有之说也。衡不甘,将二夫妇卖与族杜宗瑜,而两家讼端起矣。据宪谓,祖遗仆婢,岂容衡之独据。据衡谓,实母婢所生,于宪已不相涉。夫有二之父,乃始有二之母。衡非胡人,安得先母而后父也。乃谓祖得价二两,而以安祥出卖与衡父,有是理乎。父子之间,岂容以微赀交易,即有券亦系伪造。第衡卖仆已久,去珠无复还之理。量于瑜名下断银五两给宪,以存水木之意。人仍瑜服役可也。陆华承牌,矜勒有之,索诈未也。与诬告之宗宪,擅卖之宗衡,擅买之宗瑜,各杖。

详批:安二夫妇向宪背衡,在家终是祸根。但衡不应独卖耳。据断,杜瑜再出五两给宪,人仍归瑜,情法两平矣。悉照赎决发落。库收领,缴。②

这是一起关于奴仆归属争议的案件。其中,主人家的谱系是,老主人杜瓒,育有二子,分别是杜襄和杜夏,杜夏生子杜宗衡,另有第三代子孙杜宗宪,按文意来看应该是杜襄之子。奴仆家族的谱系是,老仆人安祥,是杜瓒的奴仆。杜家为其挑选了杜夏的婢女进行婚配,生子安二。安二的妻子并未由主家婚配,是自行选择的。安二夫妇愿意跟随杜宗宪,不愿意跟随杜宗衡,宗衡不甘心,

---

① 参见《大明律》卷一名例律"亲属相为容隐"条,怀效锋点校,法律出版社,1999年版,第18页。需要说明的是,"亲亲相隐"的规定并不是明清时代才出现的规定,而是自汉以来的法律传统。将奴婢与雇工人等拟制血亲也加入这条规定之中,其法律原理即在于小山氏和高桥氏都特别强调的恩义的存在。

② 毛一鹭:《云间谳略》,收入杨一凡、徐立志《历代判例判牍》,中国社会科学出版社,2005年版,第三册第462页。

将安二一家卖给了族人杜宗瑜。杜宗宪愤而提起诉讼。宗宪的态度是，安二的父亲是祖父的奴仆，因此安二一家是整个杜家的奴仆，并非宗衡的个人财产，不能由他随意处分。宗衡则主张，安二的母亲是自己母亲的婢女，因此安二一家是自己的仆人，与宗宪无关。无论是主人一家还是安二本身抑或裁判官员，对于安二的奴仆身分都没有异议，可见奴仆身分世代继承的观念在当时是天经地义的。主人随意赠与、转卖奴仆，或者将其作为嫁妆陪嫁等，都是明代文献中常见的操作。此外，本案的裁判官同样无视法禁毫不避讳地谈到了"转卖"，可见法律的规定是一回事，司法裁判却是另一回事。尤其轻微民事案件属于州县官自理词讼的范围，不需要层层上报到中央刑部甚至皇帝作出最后的裁决，因此，地方官一般不会特别拘泥于法条的规定，对于民间一些普遍流行或者约定俗称的现象，即使违法，也不会锲而不舍地追究责任，而是以调节纠纷、平息诉讼为主要目标。

安二的妻子虽是自娶，依然在被宗宪转卖之列，这也验证了上一节的内容，由于奴仆是全家住在主人家接受衣食给养并提供劳动的，因此奴仆的身分并不像雇工人那样止于劳动者本身，而是会涵盖整个家庭的范围。即便婚配并非由主人完成，也依然不影响配偶奴仆身分的成立。

本案最有意思的部分在于奴仆安二一家的归属。安二的父亲是杜家的仆人，母亲则是杜夏一房的婢女。那么，安二究竟是整个杜家的仆人，还是专属杜夏一房的仆人呢？裁判官认为，决定奴仆归属的主要因素在于父亲的身分性质而不是母亲，因此，安二应该是杜家的奴仆，宗衡并没有专属权，也就不能擅自转卖。由于分家是常有的事情，分家时奴仆的归属也就成了裁判官常常遇到的问题。由本案来看，即便卑下如奴仆，其身分也由父亲的身分性质主导，充分显示了男权社会组织结构形态的根深蒂固。同样的道理，与男子为奴仆，妻子和儿女都自动背负奴仆身分不同，如果女子为婢，其丈夫未必沦为奴仆，而是取决于求娶时与主人的约定。《新锲萧曹遗笔》卷二"婚姻类"中有"告主占妻（六合县事）"一案：

> 生离事。身贫无配，赘豪党俊九使婢为妻。议工三年，准作财礼。婚帖存证。今身工满求归，岂豪与妻恋奸，将身打逐，伊族（某）见证，话又分离。见闻凄惨，进不得妻完娶，退则汗血无偿。情极可怜，叩天作主上告。
>
> 诉
>
> 叛证事。逆恶伍春生赘身使女为妻。靠如嫡亲，带系楚地贸易。岂恶见利忘义，窃银百两远逃。召访三年未获。前日潜归，诱婢被获。究本成

仇，拾党作证，捏词告莹。不思盗本久逃，召帖可据。诱婢诬主，律法难容。乞天正法上告。

喻侯审云：伍春生入赘党家婢，议工三年。准作财礼。工既满矣，俊九胡不遣之归也。夫春生既欲得妇，必不窃银。倘若远逃，焉敢再返。况伊父母恩重，兄弟伦笃，夫妇爱深，肯为不义事而参商其骨肉乎？固知执召帖者，不若婚约为可凭。讼叛诬者，不若生离者之切也。合行究妇偿工，勿使觖望。①

在这起案件中，伍春生因家贫无力娶妻，入赘到党俊九家中，约定为其做工三年②，娶党家的婢女为妻，工钱抵充财礼。双方立下婚帖作为凭证。结果三年期满后，伍春生声称党俊九将其赶逐，既没有给他任何工钱，也不让妻子一同离开。党俊九则称伍春生盗取他的银钱逃走，追捕了三年，没有找到人。结果伍春生悄悄潜回，还要诱拐婢女一同逃走。因此请求地方官主持公道，提交的证据是他缉拿逃奴的召帖。地方官比较了双方的证据，认为婚书是比召帖更为可靠的书证，又从情理的角度分析了双方的主张，认定伍春生盗窃逃跑是假，党俊九阻碍其与妻团聚离家是真，因此判处党俊九将婢女送给伍春生，以抵偿三年做工的价金。从裁判官的裁决可以看出，在招娶婢女入赘的情况下，作为赘婿的男性并不会自动转为终身奴仆，其既可以作为奴仆一直生活在主人家，也可以约定一些条件，在满足条件后，带妻子一同离开。但这并不是容易的事情，如本案所示，如果主人权势较大，生性跋扈，就会先诱使人来做工，在条件达成后再设法拆散或者阻挠。明清时期这种情况时有发生。清人金镇在《条陈光山"叛仆"评议》中提道：

雇工之仆，汝属有所谓年限女婿者，原属雇工，配以婢女，议有年限，为之力作。俟限满即听归宗，原与奴仆不同。奈往往工役已满，仍行羁縻，乃或挈妇言归，辄指为逃仆，辗转兴讼，至妻、子尽鬻，孑然一身，而讼犹不止，其情何堪。③

---

① 浪叟辑：《新锲萧曹遗笔》，收入杨一凡编《古代折狱要览》，社会科学文献出版社，2015年版，第四册第78~80页。
② 在《新锲萧曹遗笔》卷二"继立类"之"告养子生心（南陵县事）"一案中，同样提到了"议工三载作聘"的情节，可见当时约定劳作三年以充当聘礼的情况是比较普遍的（参见杨一凡编《古代折狱要览》，社会科学文献出版社，2015年版，第四册第104~106页）。
③ 金镇：《条陈光山"叛仆"评议》，收入杨殿梓修、钱时雍纂《乾隆光山县志》，上海书店出版社，2013年版，第五十四册卷十九《艺文·详议》。

虽然存在种种风险，但对于家贫难至、无力为婚的男性来说，这几乎是能够组建家庭的最便捷的途径。因此，他们不得不赌上自己的运气，期望遇上好的主人，换来好的结果。

（三）名分重于实质

奴仆乃至其家庭都要永远为主人服役使唤的社会观念一旦形成，便具有强大的影响力。以至于在一段具体的社会关系中，即便奴仆事实上已经离开主人，也依然无法直接摆脱主仆名分的约束。子曰："必也正名乎！"① 名分是整个帝制中国时期各朝的统治阶级都不断强调，并因此在民众心中不断强化的理念。名正则言顺，主仆名分的强大约束力主要体现在两个方面：第一，只要主仆名分曾经成立，一般而言，除非出现主人凌虐奴仆等特殊情况，否则无论主仆关系的实质内容变成了什么样子，哪怕主人已经完全不承担对奴仆的给养，奴仆也不能因此直接摆脱对主人的身分隶属。除非经过社会公认的程序，才能解除主仆关系，重新获得自由。第二，只要是奴仆名义上的义子孙，即便没有实际的血缘关系，也与主人具有主仆名分。《云间谳略》卷一中有"一件豪恶事"，很好地体现了名分对主仆关系的影响，内容如下：

监院韩批华亭县告人高忠状

前件审得：高忠生于蒋电，继于张伦，而电与伦皆蒋贞厮养也。查贞曾售伦于国琦之父，则忠真琦仆耳。虽忠以吏役出居，骑墙于良贱之间，然未敢抗礼于琦也。后忠渐萌跋扈，意在饱扬。琦因告府批县，忠亦诳宪批府。两审皆坐忠以罪，而仍归忠于琦。亦唯是溯源及流，分谊无可跳越也。乃忠今日之复控者何？故缘当日评讼时，两造亲族欲为息讼计，议忠以四十金酬琦，以忠出姓。盖见忠鞅鞅不愿为乘，而又以忠为伦继子，非亲子也，琦欲许之。而蒋贞以故主之由乘间争阻。忠又寒盟于所议之数，故议中寝，而忠且徘徊于将出将入之际，越趋于不良不贱之途，故遂以银田指为诈赃，复诳本院。今细审辞证，与议诸人佥谓忠真琦仆也，讼时果议忠出姓也，琦果已许可而银田尚未交割也。即蒋玄简为贞亲族，不能讳立议约之非真，则已有成议而背之，贞多事矣。即余孝为忠姻娅，不能讳主仆之非真，则意在出笠而反大言反噬，忠尤诞妄可恨矣。第主仆以义

---

① 《论语·子路篇》，参见杨伯峻《论语译注》，中华书局，1980年版，第133页。

聚，强项如忠，琦能保其终为己畜乎？矧前此卵翼之余，尚许之优游局外，今业已许之解维而复縶其奔蹄也，得乎。应从众议，仍令以四十金给琦，并断银三两给贞，稍示不忘水木之意，听忠出姓归宗，以杜讼端。高忠刁讦，应反坐，第念银田原有影响，议约出于两愿，姑从末减。蒋贞以已卖之仆，复多翻弄，亦应并杖。①

在这起案件中，高忠的身世颇为曲折。他的生父蒋电，是蒋贞蓄养的奴仆。继父张伦最初也是蒋贞的奴仆。后来高忠随张伦一起被蒋贞转卖给了国琦的父亲。高忠长大之后，由于从事吏役，离开了国琦家中。于是，高忠逐渐产生了摆脱国琦的念头，国琦却坚持认为高忠是自己的奴仆。因此产生了讼端。经过官府的裁决和亲族的调解，双方约定高忠给国琦四十金的补偿，以此换取身分自由。但由于旧主人蒋贞的挑拨和高忠本人的犹疑，他不仅没有履行这一协议，反而又生事端，去官府诬告国琦。引文便是第二次诉讼时的裁判文书。

在第一次诉讼中，无论是州县审，还是府审，都判定高忠是国琦的奴仆，第二次诉讼中，知府更是毫不犹疑地指出，"忠真琦仆耳"，其原因在于高忠的继父张伦被转卖给了国琦为奴，虽然不是亲子，但高忠依然顺理成章地继承了奴仆身分。同样的判例还有很多，这充分证明了父子的名分或者说身分是重于血缘的。此外，虽然高忠事实上已经不在国琦家中服役，但所有裁判官都没有因此否定高忠的奴仆身分。并且，两方族人在调解时，也一致认为高忠是国琦的仆人，要支付相当一笔金钱才能"出姓"。所谓出姓，即离开主人回归自己本来的宗族或取得独立的社会身分。自古以来官僚阶层便有赐姓给奴仆的做法，基于同姓不婚的原则，即使奴仆的后代赎身离开甚至平步青云，也不会有机会与主家的后代通婚，以防止血统被玷污。因此，出姓就成了解除主仆关系的文雅说法。这些都说明在当时的观念中，奴仆的社会乃至法律身分一旦成立，除非与主人达成合意，否则即使其已经离开主人独立生活，不再接受主人的恩养，也依然无法取得与主人平等的社会和法律地位。

更为意味深长的是本段判词中关于旧主蒋贞的处理。基于奴仆世代服役的原则，高忠的生父和继父都曾是蒋贞之奴仆，则高忠也曾是蒋贞的奴仆。但按照《大明律》的规定，一旦主人将奴仆转卖，双方便不再具有任何人身和法律上的关系了，也就是说当蒋贞将张伦转卖之际，高忠与蒋贞便回复到了凡人之间的关系。更何况，蒋贞作为旧主，在高忠出姓自立之际，从中挑唆阻拦，致

---

① 毛一鹭：《云间谳略》，收入杨一凡、徐立志《历代判例判牍》，中国社会科学出版社，2005年版，第三册第420页。

使第一次诉讼之后族人的调解付诸东流。第二次诉讼中，裁判官也因此对他施以杖刑，以儆效尤。但即便如此，知府依然断令高忠给人品不端、行为不正且已毫无关系的旧主人蒋贞三两银钱，理由是"稍示不忘水木之意"。换言之，因为蒋贞曾经是高忠的主人，高忠如今要归宗自立了，不仅要给现在的主人四十两金，以偿还主人的恩情，对转卖了自己的旧主人，也要心怀感激，并且落实到行动上，以金钱来表达。不得不说，当时的社会确实非常强调奴仆对主人的感恩和忠诚。在明清的史料中，关于义仆的记载非常多，忠心耿耿甚至为主人付出生命的奴仆受到了极大的赞扬和推崇，这便是主人对奴仆有恩所以奴仆应当有所回报的观念发展到极致的历史书写模式。这种观念不仅在统治阶层即既得利益阶层内部流行，经过他们的提倡和渲染，民间的百姓也对此逐渐认同甚至深信不疑。因此，在这类案例中，无论是代表了统治阶层的裁判官，还是作为普通民众的族人，都无意识地彻底无视了高忠已经自谋生业不再依靠主人的事实，从而议定了相当数额的出姓补偿金。

再看一例。《盟水斋存牍·谳略》三卷中有"逆仆区亚三（杖）一案"：

> 审得区亚三即泰伯，鬻身于卢源，有券，有中人谢耀鼎可证。分居后，议每年贴源银二两，即泰伯所称班费者是也。泰伯居住藩庙，源于去腊之十六日乘夜入庙索取前银，泰伯不逊，忿争哄然。时已昏夜，当时藩司无主，理问官闻之，披衣而起，谓钱粮重地，安得容面生可疑之人更深阑入，各责十下。司门已扃，暂系之，天放明而即释归。事止此耳。唯是卢源所不平而控宪者，谓与泰伯有主仆之分也，实无所衔于理问也。泰伯受养育于卢源，而遽背之，法应重创。念无凶恶实迹，姑杖之，并追其身价六两，还源身券附券，而主仆之恩绝矣。查卢源系闽棍，曾以运米接济匪货骗饷，为前院定罪加责递解原籍者。而复潜踞于此，则不得因其讼仆而宽之也。仍肘解出境，以信宪案可耳。审无别项情弊，或可免其一解，招详。
>
> 察院批。区泰伯背义致讼，杖有余辜，依拟赎发，余照行库收，缴。①

这起案件依然毫不避讳地提到了"鬻身"，泰伯自卖于卢源，有中人证明，有文契为凭，毫无疑问成立了主仆关系。后来泰伯有了自己的营生，离开了卢源

---

① 颜俊彦：《盟水斋存牍》，中国政法大学出版社，2002年版，第162页。另，题目"逆仆区亚三（杖）"的括号部分，原书为小字。

家，意味着他不再接受卢源的恩养，也不再为卢源服役，但双方约定泰伯要每年给卢源补贴班费二两银钱。这印证了奴仆的社会身分一旦成立，就要终身受到名分的束缚，即便实质上不再接受主人的恩惠，终身服役的义务也不能因此而得到免除。所以泰伯要出钱来抵偿自己对主人的义务。而在年末卢源向泰伯讨取班费的过程中，双方发生争执，卢源愤而控宪。当主仆双方因故闹到官府时，裁判官考虑到双方已经很难和好如初，大多数情况下都会选择让奴仆给主人一定的补偿，解除主仆关系，以杜绝日后继续发生纠纷的可能性。这起案件中，裁判官也同样选择判定泰伯归还卖身时收取的六两银钱，宣告双方"主仆之恩绝矣"。此外，裁判官还发现主人卢源是不法者，被前任官吏定罪要遣返原籍，却依然混迹在当地。但这一情况对主仆关系的判定和裁决并没有任何影响。

尽管主仆名分的约束力如此强大，但它也并不是无限延伸和膨胀的，由主人对奴仆的恩义所带来的主仆名分并不能推广到奴仆的其他同居亲属。换言之，与奴仆一起住在主人家生活并劳动的人之中，除了配偶和子女外，其他的亲属即使也接受了主人方方面面的关照，仍然不能直接成立主仆名分。例如《云间谳略》卷九收录了"一件人命事"：

按院杨批华亭县告人唐伸状

前件审得：唐伸之父唐元，即曹榴妻侄也。榴先投靠韩廷咸故父韩春元，时唐元以倚榴存活，亦归韩氏家有年，即未卖身为仆，而依庇宇下，居然笼中物耳。况唐元娶妻秋女时，廷咸母曾有四金之赠乎。后唐元生子四人，能以力农自活，廷咸固不即收为奴，隐隐欲寄一空名为爪牙相制之计。唐元揣知其意，亟欲避其名，因与曹章有鼠雀之隙，遂携子远窜，盖不欲以身傍曹榴，致冒奴名耳。后为廷咸告捕绊获，忿与激合，遂自经以死。夫元与廷咸有主仆之分，则以曹榴之故，而元固非榴子也。夫元为榴子，则为廷咸奴，元不为榴子，又安得终为廷咸奴。且唐元租廷咸之田则偿租米，住廷咸之房则出赁钱，俱有付度可券，真为奴者固如是耶。特以元倚榴，榴倚廷咸，亦有水木之自，不无卵翼之恩。乃今唐元已死，秋女已老，即当日受韩氏恩，亦可以谢韩矣。唐元、廷咸主仆有因，业系自尽，终难以凡人威逼律论。唯断令唐伸兄弟归宗自立，免追埋葬，以杜彼此蛇足。曹榴暗埋饱扬之计，韩勤阴有下石之心，潘云觥处堂而致毁棳，唐伸效吠犬而逐放豚，俱各杖惩。①

这起案件发生于奴仆的主人与奴仆抚养的亲族之间，并且涉及了几代人。最初，曹榴投靠韩春元为奴，一家都成为韩家的奴仆。但这个案件中，涉及奴仆核心家族之外的人，即曹榴的妻侄唐元。唐元因为要仰仗曹榴一家为生的缘故，与他们一起生活在韩春元家中，为其工作，受其恩养。尤其唐元娶妻的时候，韩春元的妻子即家庭的女主人，还给予了金钱上的帮助。根据上文中提到的恩义的两个核心要素，衣食给养和主持婚配，可以说韩家对于唐元的恩义已经完全达到了主人对于奴仆的恩义标准。韩春元死后，他的儿子韩廷咸成为家中新一代的家长。唐元也生了四个孩子。因为这四个孩子均能够从事农业劳动养活自己，并不需要完全仰仗韩家生活，所以双方开始各怀心事，韩廷咸希望能将唐元一家都收为己用，唐元则不希望自己的孩子被冠上奴仆的标签，想要离开韩家，彻底杜绝后患。于是，唐元一家远走高飞，韩廷咸则告官缉捕。官府捕获了唐元一家后，唐元激愤之下，自杀身亡。这段判词裁决的便是唐元死后对各方的处理结果。

案件争议的焦点在于韩廷咸与唐元之间是否能够成立主仆名分。如上所述，如果从主仆关系的实质要件来说，双方之间已经基本满足了条件，但并非没有瑕疵。在衣食给养的问题上，廷咸并非无条件地为其提供衣食，而是收取了唐元一家的租米和房屋租金。但无论如何，年幼时提供安居之所，成年时助其娶妻成家，又允许其租赁自家的土地过活，这不得不说是莫大的恩情，判词中提到"亦有水木之自，不无卵翼之恩"，便是明确将这段关系的性质界定为主仆关系的性质。因此，当唐元举家逃亡之时，官府会帮助廷咸将其拘捕归案，在唐元自杀之后，裁判官也认为"主仆有因"，对韩廷咸难以适用"凡人威逼律"，且没有向廷咸追讨埋葬银的赔偿。甚至唐元之子唐伸为此提告，还被加以杖惩。但即使裁判官认为韩廷咸与唐元之间已经符合了主仆关系的实质要素，并且非常认同韩家对于唐元一家的付出，对廷咸的种种行为几乎未做任何追究，却依然无法宣称两者之间是正式的主仆关系。正如判词中所说的那样，双方产生联系，是由于曹榴的缘故。如果唐元是曹榴的儿子，无论是亲子还是义子，唐元一家都是韩家的奴仆。但唐元只是曹榴的妻侄，因此唐元与韩家并不能自然地成立主仆关系。未经过卖身或者投靠等手续，双方便不具有主仆名分。最终裁判官明确断令唐元的四个儿子可以自立归宗，彻底了断其与韩

---

① 毛一鹭：《云间谳略》，收入杨一凡、徐立志《历代判例判牍》，中国社会科学出版社，2005年版，第三册第574页。

41

廷咸及曹榴之间的瓜葛，既是对唐元的告慰，也是对名分的维护。

综上所述，主人对奴仆的恩义主要体现在给养和婚配两个方面，这种恩义不仅及于奴仆自身，还及于奴仆的核心家庭，社会中奴仆的身分性质具有终身且世代服役的特征。一方面，主仆名分一旦确立，除非奴仆通过正当途径解除主仆关系，否则即便实际上已经不接受主人的恩惠，依然无法彻底脱离主人的掌控。另一方面，即使奴仆的其他同居亲属事实上接受了主人的恩惠，也不会自动继承奴仆的社会身分，与主人之间不存在主仆名分。由于社会情况是复杂多样的，与主仆关系有关的各种问题也具有多种表现形式，但无论如何，裁判官的断案宗旨都是统一的，即重视名分胜于实质。掌握了这一基本原则，便能理解主仆相关案件的裁判精神了。

三、万历"雇工人"新题例与奴仆身分

明初，根据《大明律》的规定，奴仆的法律身分是"雇工人"，社会身分却与奴婢相类，两种身分之间的不统一给司法裁判带来了不小的困扰。万历十六年发布的"雇工人"新题例被看作是朝廷对于长期以来身分法领域积累的种种问题的回应。尤其是在雇佣人的问题上，新题例明确规定了日雇、短工和长工等人的法律身分，使其法律身分和社会身分得到了统一。但在奴仆的问题上，新题例为了满足缙绅阶层的蓄奴需求，赋予了其存养主体的资格，规定缙绅之家的财买义男属于奴婢法律身分。但对于庶民阶层，却依然维持了保持相互平等、不允许出现阶级分层的立场，无视民间奴仆盛行的社会现实，强调庶民之家的奴仆依旧是"雇工人"法律身分。这使得司法领域的判决更加呈现出多样化的状态。正如上文引用的案例所示，很多时候，裁判官都笼统地用社会身分"仆"称之，而不去分辨其法律身分到底是奴婢还是"雇工人"。只要能阐明是非曲直，做出让两造都能够接受的裁决，参与诉讼的民众一般也并不会特别计较裁判官对于奴仆身分的用词和判断。也有一部分裁判官坚持新题例的法理精神，明确将奴仆判定为"雇工人"。比较微妙的是，也许是受到缙绅之家的奴仆被作为奴婢处理的影响，甚至还有裁判官不顾法禁，将庶民之家的奴仆也判定为奴婢法律身分。

《盟水斋存牍》目录一刻中的谳略三卷内有题为"逆仆叶友文（杖）"的判词：

> 审得叶友文以抄杀讼罗正者，激而控究，似出万不得已。职庭询之，所谓罗正者，原名丝纶，以狂吠渎奏被黜者也。若是方不知有朝廷之尊，

鱼肉小民，诚或有之。但罗正极称友文是其家仆，而友文亦自言曾为伊父管店，今已归宗，则犹然主仆也。以仆讼主，名分之谓何，亡等甚矣。据称，曾讼之该府，议以二十金具息，罗未肯从，故欲借宪词为拦抵之计耳。应仍断二十金，准其当日管店所负，罗正此后不必再起波澜矣。叶友文以雇工人告家长之律律之，无词。罗正以吞馅驾讼，一杖亦不可已。招详。①

在这起案件中，罗正曾经是朝廷官员，但因为轻率上奏而被罢免了。回到乡里，裁判官也认为他"鱼肉小民，诚或有之"，这意味着其在当地是具有一定社会地位的。提出诉讼的叶友文曾经为罗正的父亲看管店铺，因此，罗正主张叶友文是自己家的奴仆。并且认为，在叶友文管店之时，曾经有所亏空。罗正和叶友文因此争讼到府，裁判官判决叶友文赔偿二十金，罗正不肯，可以推测他想得到的数额要远高于此。叶友文被逼无奈，以抄杀为名将案件上控到省级裁判机关。宪台仍旧判决抵偿二十金，了结讼端。

除了双方的金钱争议外，本案还涉及主仆关系的问题，这亦是笔者关注的重点。首先，叶友文曾为罗正父亲管店，罗正因此主张主仆关系。虽然判词中对叶友文与罗正父亲之间的关系语焉不详，但从叶友文声称"今已归宗"来看，双方并非雇佣关系，因为雇佣关系在契约期满后便自动结束，并不涉及是否归宗或者出姓、自立等说辞，且裁判官也认为双方成立主仆关系，因此，叶友文卖身或者投靠于罗正父亲的可能性是更高的。其次，《盟水斋存牍》成书于崇祯五年（1632），也就是说案件发生的时间在万历十六年雇工人新题例发布之后，那么，罗正的社会身分将成为影响叶友文法律身分的因素。作为被罢黜的朝廷官员，罗正的法律身分是否属于缙绅呢？从判决结果来看，答案是否定的。裁判官是以雇工人告家长律为依据惩处叶友文的，只有庶民之家的奴仆才会被判定为雇工人身分，缙绅之家的奴仆便应该按照奴婢律论处了。这说明即便裁判官意识到了罗正在当地也许是具有一定社会地位的，却依然没有因此将其判定为缙绅。可见当时至少在一部分裁判官看来，缙绅之家的标准是比较严苛的，判定也相对谨慎。最后，判词中提到奴仆叶友文已经"归宗"，从这一说法来看，他并非擅自逃走或者离开主人家，否则主人有权将其追回，并不存在归宗一说。他应该是已经与罗正的父亲达成了某种合意，解除了主仆关系。就法理而言，他和罗正一家已经回复到了凡人之间的关系，再无主仆名

---

① 颜俊彦：《盟水斋存牍》，中国政法大学出版社，2002年版，第161页。另，题目"逆仆叶友文（杖）"的括号部分，原书为小字。

分。但裁判官依然判定,双方之间"犹然主仆",并称其"以仆讼主",适用了"雇工人"律,可见在司法裁判中,奴仆面对旧主人,并不能取得平等的法律地位。关于这种法条与司法实践的冲突,将在下一节中详细讨论。

再来看一个判例。《盟水斋存牍》目录二刻的谳略一卷中记述了"人命张光启(一徒一杖)"案:

> 审得杨亚二即凤起(喜),张光启妻随嫁之婢也。光启癫狂失心,每每遇刀则刀,遇杖则杖,或自砍击,或砍击人。其父德辉苦之,幽之一室。凑德辉以府吏奉差出,防守稍弛。呼婢取刀削蔗,遂持刀杀婢。凤喜不免有割喉断颈之惨。审之左右邻张寅宇、李毓臣等,及凤喜之夫吴科得,俱同口一辞。杀人者死,无癫狂得免之法。但查律"故杀奴婢",例得免死。且亚二之母原告梁氏,茕茕老寡,子方襁褓,不堪拖累。合断德辉出银二十两给梁氏,半作埋葬,半作赡养。而光启依律拟徒,此情法之平也。至梁氏以奸杀称,讼及光腾、光誉多人,殆是驾词波澜。职一一刑讯,实无别情。光启虽病,而有德辉为之父,且有为之妻者,岂忍其李代桃僵也。张德辉虽奉差远出,失于设法防闲,并杖。招详。
>
> 按察司批:张光启杀婢凤喜,虽系癫狂,然惨甚矣。既研审无别故,本犯加责三十板。依拟同张德辉分别徒杖,折赎发落。银照断给。库收领状,缴。
>
> 兵巡道批:张光启狂病杀婢,依拟徒赎,仍追银二十两给梁氏收领。张德辉杖警,库收领状,缴。①

在这起案件中,张光启患有疯病,被其父张德辉拘禁在房间内,平日严加看管。张德辉身为府吏,奉命出差,因此疏忽了对张光启的防备。光启的妻子有随嫁婢女,名唤凤喜,被张光启割喉而亡。凤喜的母亲以其被男主人奸杀为由提起诉讼。经过裁判官的查证,乃是夸大其词。最终裁判官判处张光启徒刑,其父张德辉杖刑,均准赎。

由于这段判词与上段判词出自同一判官之手,两相对照,就显得格外意味深长。在这起案件中,张光启的父亲张德辉只是府吏,谈不上官宦之家。并且,如果确系有身分之人,判词中一般会明确说明,比如"某某生""某某绅"或"某某宦"等,本案中对于张家所有涉案人员均无任何尊称,也无特殊备

---

① 颜俊彦:《盟水斋存牍》,中国政法大学出版社,2002年版,第480页。另,题目"人命张光启(一徒一杖)"的括号部分,原书为小字。

注，可见是一般的庶民之家。死者凤喜是陪嫁的婢女，这是明代史料中常见的情况。一般而言，只要家中稍有财力，在室女拥有自己的婢女，在其出嫁的时候，家长便会安排婢女随嫁侍奉，以示疼爱之意。这些婢女的社会身分是奴仆，有些是家生子，有些则是从小被买入，大多与出嫁女常年相处，熟悉其生活习惯等。她们不仅要终身服役，陪嫁入夫家后多由女主人指给男性奴仆为婚，所生子女也要世代服役。在上一个判例中，裁判官将庶民之家的奴仆判定为"雇工人"，但在这起案件中，同样是庶民之家的婢女，他却将其判定为奴婢。要解释产生这种差别的缘由，首先要了解明代的审判制度。本案涉及人命事件，属于命盗重案，不在州县自理词讼之列，要层层上报，直到省一级。而省内能够审结的案件止于人命徒罪，如果人命案件要拟流甚至拟死，则需要继续上报到中央刑部。本案的裁判官将张光启的行为判定为故杀，根据《大明律》卷二十刑律斗殴"奴婢殴家长"条的规定："若奴婢有罪，其家长及家长之妻亲若外祖父母，不告官司而殴杀者，杖一百；无罪而杀者，杖六十，徒一年。当房人口，悉放从良。若家长及家长之妻亲，若外祖父母，殴雇工人，非折伤，勿论；至折伤以上，减凡人三等；因而致死者，杖一百，徒三年；故杀者，绞。"① 也就是说，如果这是一起主人故杀奴婢的案件，则应判处杖一百，徒三年，属于人命徒罪的情况，在省内即可审理结案，但如果定性为主人故杀雇工人的案件，则要处以绞刑，省内不能审结，要上报到中央，随后还会有各种复审程序。裁判官在判词中提到，死者的母亲梁氏已经年老，丈夫已死，儿子尚在襁褓，经不起反复审理案件的折腾，尽快结案，多受赔偿，才是真正为她考虑的做法。这应该是裁判官在本案中适用奴婢律的重要因素之一。而无论是分守道还是兵巡道的批示，对这一判决均未提出异议，可见当时庶民之家禁止存养奴婢的法令已经松弛，无论是将庶民之家的奴仆作为"雇工人"还是奴婢进行处理，似乎都是可以理解和接受的事情。这种司法的不确定性直到清代才得到解决。关于清代的情况，留待本书第四章进行详细的讨论。

四、奴仆与旧主人之关系

上文讨论了关于在役奴仆的各种问题。但如上文引用过的《盟水斋存牍》目录一刻中谳略三卷"逆仆叶友文（杖）"一案所示，也有一些奴仆通过一定的方法，与主人解除了主仆关系。由于奴仆的社会身分十分低下，在很多方面

---

① 《大明律》，怀效锋点校，法律出版社，1999年版，第164~165页。

比如婚配等都极为不便，出姓意味着正式加入良民序列，对奴仆来说是意义重大的事情。总体而言，出姓自立的方法主要有放良、赎身和官断几种形式。放良是最能体现主人恩义的方式。史料中较为常见的情况是奴仆一家忠心耿耿，服役多年，主人感念其忠义，主动放奴仆出姓，有时甚至还会提供一些必要的帮助。赎身是指奴仆或其家人与主人达成协议，付出一定的金钱，换取身分自由的方式。这种情况看似公平交易，但在当时的社会观念中，多认为主人同意奴仆赎身本身就是一种恩情。因为如果主人拒绝，奴仆是无法强行赎身离开的。与前两种主人心怀好意，同意奴仆离开的情况相比，官断的方法是比较极端的。一般都是在主仆之间发生无法调和的矛盾时，才会去官府求个了断。裁判官会衡量所有情况，做出综合裁决。或者会要求双方族人加入调解，达成妥协方案，双方执行之后，彼此再无瓜葛，从前的主仆恩义也完全断绝。此外，还有两种需要注意的情况：一是转卖，转卖之仆并不能摆脱奴仆身分，只是与新主人重新结成主仆关系。二是赶逐，比如在奴仆懒惰、偷窃甚至欺主等情况下，主人会将奴仆赶出家门。虽然这也是了断主仆关系的一种方式，但具有不彻底性，当奴仆做出有损主人的行为时，有不小的可能会被作为奴仆而非凡人进行处理。

由于商品经济的发展，明代社会中的主仆关系发生了前所未有的变化，史料中屡屡可见奴仆通过上述方法离开主家的情况。而一旦他们离开主家后，旧奴仆与旧主之间便形成了新的社会关系，需要特定的法律予以规范。对此，不仅明代的律学著述中表达了很多相关意见，在司法裁判中也常见相关判决。可以说，对于当时的人来说，奴仆与旧主的法律关系不仅是重要的社会问题，也是重要的法律问题。本节拟对此进行深入讨论。

（一）明代律典：传统框架下的片面规定

首先要考察的是律典中的规定。众所周知，唐、宋、明三朝律是一脉相承、辗转变迁的。于是，我们有必要先就三代律典对旧主仆身分关系的规定作一梳理。

先看唐律。《唐律疏议》卷第十七贼盗"谋杀故夫祖父母"条：

> 诸妻妾谋杀故夫之祖父母、父母者，流二千里；已伤者，绞；已杀者，皆斩。部曲、奴婢谋杀旧主者，罪亦同。（故夫，谓夫亡改嫁。旧主，谓主放为良者。余条故夫、旧主，准此。）
>
> 疏议曰：……注云"故夫，谓夫亡改嫁。旧主，谓主放良者"，妻妾若被出及和离，即同凡人，不入"故夫"之限。其"旧主"，谓经放为良

及自赎免贱者。若转卖及自理讼得脱即同凡人。"余条故夫、旧主准此"，谓"殴詈""告言"之类，当条无文者，并准此。①

又《唐律疏议》卷第二十三斗讼"部曲奴婢詈殴旧主"条：

> 诸部曲、奴婢詈旧主者，徒二年；殴者，流二千里；伤者，绞；杀者，皆斩；过失杀伤者，依凡论。即殴旧部曲、奴婢，折伤以上，部曲减凡人二等，奴婢又减二等；过失杀者，各勿论。
>
> 问曰：部曲、奴婢殴詈旧主期以下亲，或旧主亲属殴伤所亲旧部曲、奴婢，得减凡人以否？
>
> 答曰：五服尊卑，各有血属，故殴尊长，节级加之。至如奴婢、部曲，唯系于主。为经主放，顾有宿恩，其有殴詈，所以加罪。非主之外，虽是亲姻，所有相犯，并依凡人之法。②

唐律正条和疏释对旧主仆法律关系的规定有所不同。首先，律文的正条明确规定在谋杀、殴詈等罪名上，奴仆（包括奴婢和部曲）与旧主存在法律上的等级差别，奴仆犯旧主比凡人加重处罚，旧主犯奴仆则比常人减轻处罚。但同时，又以夹注的形式，将奴仆限定为经"主放为良者"，这意味着律文正条中论及的奴仆并非指称全体奴仆。其次，在疏释中，唐律进一步将离开旧主的奴仆分为两类：一类是与旧主已不存在法律上的等级差别、可视同凡人的旧奴仆，包括经主转卖和理讼得脱者；另一类则是依然受到昔日主仆名分的制约、与旧主有犯要比凡人加重处罚的奴仆，主要指旧主放免的奴仆和赎身奴仆，因为他们是"经主放"才得以脱贱为良的，所以主人对其"有宿恩"（见表2-1）。

表2-1 唐、宋、明三代对于奴仆旧主关系规定之差异

	律典正条对旧主仆法律关系的规定	正条夹注对旧仆范围的限定	疏释、问答的相关解释	
唐代	有等级差别	经主放良者	具有等级差别：放良、赎身之仆	不具有等级差别：转卖、理讼得脱者
宋代	有等级差别	无	具有等级差别：放良、赎身之仆	
明代	视同凡人	转卖之仆	无	

---

① 《唐律疏议》，刘俊文点校，法律出版社，1999年版，第356页。
② 《唐律疏议》，刘俊文点校，法律出版社，1999年版，第457~458页。

宋律则只继承了唐律的一个片面，仅保留了维护旧主仆关系的规定，强调旧主对奴仆的"宿恩"，却忽略了两者恩义断绝的情形。《宋刑统》卷二十三斗讼律"误杀伤（奴婢詈旧主并杀伤）"门：

> 诸部曲、奴婢詈旧主者，徒二年；殴者，流二千里；伤者，绞；杀者，皆斩。过失杀伤者，依凡论。即殴旧部曲、奴婢，折伤以上，部曲减凡人二等；奴婢又减二等。过失杀者，各勿论。①

宋律正条也明确规定奴仆与旧主依然存在法律上的等级差别，并且宋律并没有像唐律一样通过夹注限定奴仆的范围。不过，该条的答问部分与上引唐律"部曲奴婢詈殴旧主"条一字不差，同样有"为经主放"的条件限定，因此该条所指应理解为经主放良的奴仆，而不包括转卖及理讼得脱者。对于后者应该如何处置，宋律中完全没有论及。

最后看明律。《大明律》中涉及奴婢与旧主关系的条款主要有以下三条。《大明律》卷十九刑律人命"谋杀故夫父母"条：

> 凡妻、妾谋杀故夫之祖父母、父母者，并与谋杀舅、姑罪同。若奴婢谋杀旧家长者，以凡人论。（谓将自己奴婢转卖他人者，皆同凡人。余条准此。）

同书卷二十刑律斗殴"妻妾殴故夫父母"条：

> 凡妻妾，夫亡改嫁，殴故夫之祖父母、父母者，并与殴舅、姑罪同。其旧舅、姑殴已故子孙改嫁妻、妾者，亦与殴子孙妇同。若奴婢殴旧家长，及家长殴旧奴婢者，各以凡人论。

又同书卷二十一刑律骂詈"妻妾骂故夫父母"条：

> 凡妻妾，夫亡改嫁，骂故夫之祖父母、父母者，并与骂舅、姑罪同。若奴婢骂旧家长者，以凡人论。②

明律只有正条而无疏释和答问部分。明律的条文在形式上沿袭了唐、宋律的结构，依然将旧奴仆与旧妻妾同条规定，但在内容上，明律却与唐、宋律背道而驰，规定奴婢对旧主有谋杀、殴詈等情，并不加重处罚，而是以凡人论。

---

① 《宋刑统》，薛梅卿点校，法律出版社，1999年版，第408页。问答部分与上引《唐律疏议》"部曲奴婢詈殴旧主"条的问答完全相同，不再重复引用。

② 《大明律》，怀效锋点校，法律出版社，1999年版。所引三条律文分别见于第152、169、173页。律条夹注的部分以括号表示。

"妻妾殴故夫父母"条甚至明确指出，旧主对奴婢有犯，也以凡人论处。另外，上文曾提到明代奴仆的法律身分包括奴婢和"雇工人"两类，虽然律典中并未论及"雇工人"与旧主的关系，但明律遵循的是"举重以明轻"的原则，作为法定贱民的奴婢都作为凡人处理，法律地位高于奴婢的"雇工人"自然也以凡人论处。然而，还需要注意到，明律与唐律一样，也通过夹注的形式，对奴仆的范围进行了限定，将其解释为转卖之仆，至于唐、宋律规定与旧主具有等级差别的放良之仆等，明律则未置一词。

三代相较，可以发现，明律与唐、宋律是形似而神非的。唐、宋律之所以将奴仆和妻妾归作一类，同条处理，是因为两者在法律逻辑上是同质的：妻妾与夫之尊长存在伦理关系；而奴仆被认为是主家的准家庭成员，受主人衣食恩惠，蒙主人赐配婚姻，听凭使唤服役，此种恩义将主仆紧密联系在一起，两者之间存在拟制的伦理关系。法律最大限度地保障家族伦理秩序，因此，即使妻妾或奴仆因为一些情由离开了夫家或主家，故夫尊长对妻妾的名分与旧主对奴仆的恩义都可以脱离实际上的身分关系而独立存在，所以妻妾和奴仆侵犯故夫尊长或旧主，要承担比凡人更重的刑罚。而明律不仅没有强调二者的同质性，反而将二者对立规定。改嫁之妻妾侵犯旧尊长依然要比凡人加重处理，但奴仆的处理方式却完全逆转，在法律上与旧主不再具有等级差别。尽管明律夹注将规定的范围限定为转卖之仆，但至少在方向上，明律没有像唐律一样以夹注将奴仆解释为经主放良者，并通过律典来强调主仆之分的延续，而是堂而皇之地规定转卖之仆与旧主视同凡人，着力表明主仆名分可以随着隶属关系的结束而消亡，这本身就暗示了明朝廷在旧主仆问题上的基本立场。众所周知，明太祖在统治初期曾数次发布解放奴婢的诏令，又通过创设"雇工人"法律身分限制民间的蓄奴行为，充分显示出他解放奴婢的决心，明律的规定也充分体现了统治者的这种态度和政策。

综上所述，唐律建构了一个逻辑完整的法律框架，分别规定了旧奴仆受与不受既往主仆名分约束的两种情况。而宋律只保留了旧奴仆依然具有等级差别的方面，显示出看重主仆恩义存续的态度。明律则只规定了旧仆以凡人论的情况，默示了主仆恩义的断裂，不再强调"宿恩"。但无论如何，明律明确规定以凡人论的转卖之仆，在唐律中也是以凡人论的，而明律也未进一步明言其他种类的奴仆应作何处理。这意味着《大明律》虽寓有新意，但并未彻底脱离唐律的法律体系。

（二）明代律注：社会动荡下的改革思潮

虽然明代的律典并未完全突破唐律的体系，但有明一代律学发达，尤其是明代中期以后出现了数量众多的律学著作，其中绝大多数的说理和阐释，都已经完全跳出唐律的逻辑，重新定性了旧主仆之间的法律关系，迈出了法律改革的关键一步。

明代律注中最突出的变化之处，首先在于其中晚期的律注中对主仆之间恩义关系的解构。在唐、宋律中，恩义是旧主仆在法律上具有等级差别的重要法理基础。高桥芳郎曾经指出，主人对于奴仆恩义的深浅，决定了"主仆名分"约束力的强弱。而恩义又是难以量化的，遑论偿还。所以只有主人对奴仆的恩义在不断地单方积累，而奴仆则被认为不停地从主人那里接受恩义。① 在这种观念下，即使奴仆离开旧主，恩义也并不会随着现实身分关系的解体而自动消亡，主仆名分可以脱离实体而存在，并成为旧主仆法律上等级差别的来源。唐、宋律所言"宿恩"，充分展现了旧奴仆无法摆脱的恩义羁绊。除非是主人一方主动抛弃这段恩义，比如将奴仆转卖，或者特殊情况比如理讼得脱，才能彻底斩断主仆名分。但是这种恩义的观念在明中晚期的律注中发生了本质的变化。比如《大明律释义》刑律斗殴"妻妾殴故夫父母"条释义有：

> 奴婢于家长合则有恩，散则无义。故相殴者，并以凡人论。②

《刻精注大明律例致君奇术》刑律斗殴"妻妾殴故夫父母"条有：

> 奴婢原无伦理，惟以义聚者。出居则义绝矣，故以凡论，只依良贱相殴条科。③

又《读律琐言》卷第二十刑律斗殴"妻妾殴故夫父母"条：

> 琐言曰：子孙之妇、妾，原有伦理者。夫亡改嫁，伦理犹存，故与舅姑同。奴婢原无伦理，徒以义聚者，出居在外，则义绝矣，故以凡论。④

在明代中晚期的律注中，主仆之间被认为是"合则有恩、散则无义"的关

---

① 参见高桥芳郎：《宋至清代身分法研究》第三章。高桥氏对恩义的论述，是基于中国历史上多个朝代的状况作出的综合判断。他并未注意到唐、宋与明代的差别。
② 应槚：《大明律释义》，《续修四库全书》，上海古籍出版社2002年影印本，第863册第169页。
③ 朱敬循：《刻精注大明律例致君奇术》卷十，万历中闽潭城余氏萃庆堂刊本，东京大学东洋文化研究所藏，索书号"仁井田-史-N2318"。
④ 雷梦麟：《读律琐言》，怀效锋、李俊点校，法律出版社，2000年版，第393页。

系。言下之意，奴仆与主人之间的恩义并不是永久存在的，而只在奴仆于主家服役的期间存续，奴仆离开主家，恩义关系也随之消散。按照此种解释，转卖之仆视同凡人不仅因为旧主自绝于奴仆，更重要的理由在于，主仆名分已无法独立于现实中的身分关系而存在，法律上的等级规定便失去了立法的源泉和依据。以此逻辑推论，则无论奴仆因何种原因离开旧主，一旦离开，则不再存有任何"宿恩"，应当一律视同凡人。

因此，明代大多数律注所表达的第二个革新观点，便是将所有旧仆都与旧主以凡人论。① 如上述引文所示，有些律注笼统地表达了一旦"出居则义绝矣"的观点，出居的理由是转卖还是放良并没有分别。还有一些律注通过具体列举的方式表达了相同的意见。如《锲御制新颁大明律例注释招拟折狱指南》卷十一刑律人命"谋杀故夫父母"条：

> 凡妻、妾谋杀故夫之祖父母、父母者，并与谋杀舅、姑罪同。（妻、妾夫亡改嫁，义未绝也。故谋杀故夫之祖父母、父母，与见奉待之舅、姑同罪。已杀者，凌迟处死。已行者，不问已伤、未伤，皆斩。若犯夫而被逐出者、不用此律。）若奴婢谋杀旧家长者，以凡人论。（谓将自己奴婢，转卖他人者，皆同凡人。余条准此。若奴婢因事赶逐，或已从良，或转卖与他人者，则义绝矣。故谋杀旧家长，以凡人论。造意者，斩。从而加功者，绞。从而不加功者，杖一百，流三千里。）
> ……
> 或问：赵氏依谋杀故夫之祖父母、父母者，钱乙依奴婢谋杀旧家长者，何如。
> 答曰：一、审得：赵氏于故夫之祖父母、父母者，而不合谋杀。身虽改嫁而义则未绝也，合以舅、姑之罪罪之。钱乙于被逐之旧主而不合谋杀，恩义已绝，则名分俱亡，止同犯人罪论。一、议得：赵氏依谋杀舅、姑律，凌迟处死。钱乙依凡人谋杀造意者律，斩，秋后处决。行凶刃杖，

---

① 需要说明的是，如本章下一节内容所示，明代中后期由于主仆关系的松弛导致奴仆欺主等问题频发。因此，与这种革新派的观点相对，明代有些律注也表现出严格处理主仆关系的倾向，认为只有转卖之仆才能与旧主视同凡人，其他类型的奴仆则不可如此。如《大明律集说附例》卷七刑律斗殴"妻妾殴故夫父母"条的注释，参见冯孜《大明律集说附例》，万历十九年（1591）博州刘氏刊本，日本东京大学东洋文化研究所藏，索书号"仁井田－史－N2316"；又如王肯堂对《大明律附例》卷十九刑律人命"谋杀故夫父母"条笺释，参见《大明律附例》，王樵私笺、王肯堂集释，万历四十年（1612）刊本，东京大学东洋文化研究所藏，索书号"大木－法类－律例－21"，等等。

俱追收入官。系重刑，监候会审处决。①

同书卷十三刑律骂詈"妻妾骂故夫父母"条的按语：

> 按：子孙而亡者，天也，命也。妻妾改嫁者，情也，理也。虽有改嫁之情，而无义绝之理，故与旧同。若妻先已被出，与夫义绝。及姑改嫁，妇亦改嫁者，不用此律。又以奴婢骂旧家长者，以凡人论，何也。盖奴婢贱隶，驱使之役者，本非亲属。今或赶逐出外，以于从良，或受财卖与他人为奴，此恩绝义断人数，故骂旧家长者，并以凡人论也。②

又《刻精注大明律例致君奇术》卷十刑律人命"谋杀故夫父母"条的夹注：

> 凡妻、妾谋杀故夫之祖父母、父母者（因夫故身故再嫁他人义未绝也），并与谋杀舅、姑罪同（与谋杀见奉侍之舅姑罪同。已行者，斩；已杀者，凌迟。共犯夫而被出者，不用此律）。若奴婢谋杀旧家长者（因事赶逐，或已从良，则义绝矣），以凡人论（谋杀造意者，斩；言从而加功者，绞）。③

律条中明确规定了的转卖之仆自不待言，"赶逐出外，以于从良"的奴仆，虽然在表述上与唐律疏释中的"经放为良"颇有差异，但事实上的结果却都是奴仆不需要支付赎身银而离开旧主，重新获得自由。唐、宋律只强调主人出于仁慈使奴仆重归自由而不提主人对奴仆不满将其赶逐的情况，明代律注则正好相反，形成了鲜明的对比。

明代中晚期的律注之所以颠覆了唐律的传统，是因为在当时大多数律学家的意识中，作为主仆之间名分约束力和等级关系成立基础的恩义观念已经发生了本质的变化，奴仆与旧主的法律关系当然也应该有所改变。那么，这种法律思想领域的变化又从何而来？原因必然是复杂而多样的。但最直接的理由，可以归结于商业经济繁荣造成的社会中主仆关系的松弛。众所周知，明代正德朝

---

① 《锲御制新颁大明律例注释招拟折狱指南》卷十一，杨一凡主编：《历代珍稀司法文献》，社会科学文献出版社，2012年版，第四册第373~374页。

② 《锲御制新颁大明律例注释招拟折狱指南》卷十三，杨一凡主编：《历代珍稀司法文献》，社会科学文献出版社，2012年版，第五册第440页。

③ 朱敬循：《刻精注大明律例致君奇术》卷十，万历中闽潭城余氏萃庆堂刊本，东京大学东洋文化研究所藏，索书号"仁井田－史－N2318"。

前后，各地方志中开始频繁出现对各类雇佣形态的记载①，雇佣的活跃和劳动力的流动对传统的主仆关系产生了极大的冲击。奴仆的劳动机会开始增多，不再需要紧紧依附于主人来获得生存的环境，甚至隐隐有了与主人分庭抗礼之势。明人家训或文集等史料中，均流露出对这种新形势的警觉。比如《王孟箕家训·御下篇》中有这样的记述：

> 凡人家道稍温，必蓄仆婢。彼资我之养，我资彼之力，盖相依而成人家。彼既有力，何处不可依人，而谓彼非我则无以为生者，误也。律有入官为奴之条。士庶之家，安得有奴？故仆曰义男，婢曰义媳，幼者曰义女，皆与己之儿媳子女同称。虽有贵贱，非犬马之与我不同类者。陶渊明所谓此亦人子也，可绎思矣。
>
> ……
>
> 惟工雇童稚，应门捧茶。若又稍稍难为，明年并无肯为工雇者。②

这与宋代家训中对奴仆的记述足以形成鲜明对照。《袁氏世范·治家》中有：

> 婢不厌多，教之纺绩，则足以衣其身。仆不厌多，教之耕种，则足以饱其腹。大抵小民有力，足以办衣食。而力所无施，不能自活，故求就役于人。为富家者，能推恻隐之心，蓄养婢仆，乃以其力还养其身，其德大矣。而此辈既得温饱，虽苦役之，彼亦甘心焉。③

在宋代的记载中，主人收养奴仆是恻隐之心驱使下的仁义行为，可以使奴仆免于颠沛流离之苦，以力自活。在这样的主仆关系中，主人单方面施以"大德"，奴婢单方面接受恩惠，双方社会身分上的极度不平等在法律中就演变为主仆关系结束后"主仆名分"的依然存续。而在明代的记述中，由于劳动机会增多，奴仆对主人有所不满，可以比较容易地找到新工作，摆脱旧主人。因此，奴仆不再需要战战兢兢地应对主人，主人也不再是高高在上施恩的一方，双方之间变成利益的结合体，主人出资，奴仆出力。《明神宗实录》中便记有：

> 吴民生齿，最烦恒产，绝少家杼轴而户纂组。机户出资，织工出力，

---

① 《歙志·风土论》中更是描述了从正德到万历年间商业的发展是如何逐渐改变了社会风气的。（参见顾炎武《天下郡国利病书·风宁徽备录》，上海古籍出版社，2012年版，第1025～1026页。）

② 《王孟箕家训·教女遗规》，收入陈宏谋辑《五种遗规》，中国华侨出版社2012年版，第151～153页。

③ 《袁氏世范·训俗遗规》，收入陈宏谋辑《五种遗规》，中国华侨出版社2012年版，第210页。

相依为命，久矣。①

奴仆社会地位的提升导致了律学家们对旧主仆关系认识的转变，所以在律注中，双方变成了"惟以义聚，出居义绝"的存在。虽然因为地域和个体的差异，奴仆的境况会有所不同，但不论如何，这种新型主仆关系对整个社会的冲击是日渐强烈且无法忽视的。张履祥《杨园先生全集》卷四十九"补农书（上）"之"运田地法"中有：

> 当时人习攻苦，戴星出入，俗柔顺，而主令尊。今人骄惰成风，非酒食不能劝，比百年前大不同矣。②

该书成书于明末清初之际。百年前的主仆关系尚且是仆顺主尊的景象，而到了明末，江南地区的奴仆竟至"非酒食不能劝"的地步，主仆关系强弱格局的改变已经跃然纸上。在奴仆地位逐渐发生改变的历史过程中，律学家们对于社会风气有所感、有所思，才先后做出了不同的法律解释吧。

（三）明代司法：双重角色下的保守裁决

虽然私家律注并不能完全等同于官方的法律解释，但明代注律的学者并不是两耳不闻天下事的闭门书生，他们大多是了解社会动态和法律知识的官僚阶层，甚至如应槚、雷梦麟等人还出任过刑部的官员，他们对于律文的理解和阐释既来源于知识的习得，也来源于对实际社会生活的思考，以及整体社会观念的潜移默化。作为裁判者，他们的革新解释理应贯彻到司法实践之中。

但耐人寻味的是，明代官员们在裁判过程中的立场与他们在律注中的主张完全相反。明代涉及旧主仆关系的判例中，旧奴仆无一例外被认为应受旧"主仆名分"的约束，并承担了比凡人更严厉的处罚。值得一提的是，没有一例判决对这样处理的原因进行说明，仿佛这是天经地义、顺理成章的做法。如上文引用过的《云间谳略》卷一"一件豪恶事"中，高忠是蒋贞的转卖之仆。直接依照明律的规定，即可判断两者属于凡人之间的关系，更何况高忠不仅未对旧主做出谋杀、殴詈等严重侵犯的行为，反而因旧主受到困扰和伤害。然而判官最终依然裁定受害的奴仆给旧主三两银的赔偿，理由是"稍示不忘水木之意"。这个判决虽然含有安抚各方以止息诉讼的意味，但也流露出判官的心理状态，

---

① 《明神宗实录》卷三百六十一万历二十九年七月丁未条，参见《明实录》，上海书店出版社，2015年版，第59册第6741页。

② 张履祥：《杨园先生全集》，中华书局，2002年版，第1401页。

即对于奴仆来说，哪怕是一个搬弄是非甚至要受到法律惩罚的旧主，奴仆也依然要对其承担某种义务，这种义务并非来源于法律的明确规定，而是来源于裁判官的自由裁量。又比如上文引用过的《盟水斋存牍》目录一刻之谳略三卷"逆仆叶友文（杖）"案，记述的则是关于归宗（出居）之仆的裁断。对于奴仆叶友文归宗的理由，判官并未加以推敲说明。这意味着，与明代律注中将离开旧主之仆一概归为凡人地位的倾向相对，在诉讼中，旧奴仆被不加区别地纳入主仆名分的调整范围。并且，明律仅在谋杀、殴詈等事项中涉及奴婢与旧主的关系处理问题，而与诉讼相关的"干名犯义"条则只规定了现役奴婢和雇工人，而未规定旧奴婢，自然更不会波及旧雇工人。那么，叶友文仍以"雇工人告家长律"论处，只能归结为判官的个人裁量了。而这个裁断同样说明，明代官员在扮演裁判官这一角色的时候，更偏重于保护主人——哪怕是旧主，而不是奴仆——哪怕是已经归宗的旧仆。

除了上文讨论过的《大明律》明确规定视同凡人的转卖之仆，以及律注中认为应以凡人论的归宗（出居）之仆，下面这起案件涉及的是连裁判官都认定与旧主已经义绝的奴仆的情况。《盟水斋存牍》目录一刻之翻案一卷"人命江光谦（绞改徒）"案：

> 审得李（江）光谦一案。据县称，幼育于李敬白家，从李焉，其为敬白之育子，无疑也。无赖盗献田产，敬白讼而逐之，义已绝矣。乃乘敬白死而亡人来归，希冀分敬白所有。而嫡子李向阳遂惴惴有不利于孺子之惧也，不得不挟其母之尊以临之。光谦不逊。据县初审，詈言唐突，致周氏忿恚扑跌，即扶携之。李敬用亦已髦耋。倒伤情景如是止耳。未尝有推跌周氏，殴伤敬用之语。狱贵初情，安得据辗转描画而臆坐人于大辟也。合照该县原审，以辱詈家长拟配，允不为纵。周物华、苏英求党光谦为恶，杖警。招详。

> 分守道批：江光谦为李敬白育奴。当时即投献伊产，况敬白死，而视母真几上俎耳。突归而欺压向阳，推跌母氏。额角有伤，致死有因。跋扈若此，殊可痛恨。该厅改徒，是否蔽辜，仍候巡道示行，缴。

> 兵巡道批：江光谦盗献主产，为主告逐，乃复乘主故而欲冒嗣争分嫡子之产，且敢詈言唐突祖母周氏，致其忿跌以死乎。贪恶狠狡之奴，即置大辟亦岂为过。第念李向阳一孱夫耳，不堪以讼累。姑将光谦重责四十

板，依拟发独鹤驿摆站，满放。周物华等赎完，收赎发落。库收收管，缴。①

这起案件中，江光谦自幼便居住在李敬白家，蒙李家赐姓养育，其身分究竟为奴仆还是育子，判词中并未说得分明。从他能够盗献田产，又敢于争讨李家的财产来说，其以义子为名进行养育的可能性是很大的。但无论如何，因为被主人赶逐，所以这起案件中是将其作为奴仆处理的。分守道所言"育奴"和兵巡道所言"贪恶狠狡之奴"，都证明了这一点。李敬白去世后，江光谦登门去争家产，李敬白的嫡子李向阳性格又很懦弱，只好请母亲周氏出面。双方发生冲突，导致主母周氏激愤跌倒，随即被人扶起。县审以"辱詈家长"为由判处江光谦徒刑。府审时，李家提出江光谦不仅推搡周氏致其摔倒，还殴伤了李敬白的兄弟李敬用，实在胆大妄为至极，因此府审判处江光谦死刑。到了省级裁判机关，这篇判词的作者颜俊彦坚持"狱贵初情"的原则，认为应根据县审时的口供裁判，府审时的供词已经多有修饰，不能作为定案依据。因此改回县审的判决，拟徒。分守道批词中则提出，江光谦推搡周氏致其跌倒，额角受伤，周氏因此身亡。奴仆如此跋扈，徒刑并不足以惩其罪。兵巡道认为从罪行来说，是完全可以判处死刑的。但人命徒罪可以省内审结，只需报送中央刑部即可。如果判处死刑则还会有复杂的手续。李向阳软弱不更事，本案中都不能保护母亲，卷入讼端更会疲于应对。综合考虑各方面的情况，还是同意了本判词作者的意见，判处了徒刑，并加责四十板。

案件的整个审理过程颇为曲折，各级问刑衙门花了很多篇幅对案件的事实认定和量刑轻重进行辨析，并经过了多次改判。但耐人寻味的是，本案中所有裁判官对于将江光谦的法律身分认定为奴仆的理由却未置一词，仿佛这种做法是完全不需要解释的。江光谦作为曾经的奴仆，早年已经被主人"讼而逐之"，也就是说，两方关系的破裂并不是私人行为，而是经过了官府盖章的具有法律效力的行为。无论是根据唐律疏释"理讼得脱"的标准还是明代律注"为主赶逐"的条件，江光谦与旧主在法律上都应视同凡人。并且，该案的府审判词中，在判明昔日主仆关系时，使用了"义已绝矣"之语。明代律注自不必说，即便在唐、宋律中，上文一再论及，奴仆与旧主具有法律等级关系的理论基础在于"恩义"，一旦"义绝"，则意味着旧主仆间已丧失继续保持"主仆名分"的合理性和合法性。但在该案中，"义已绝矣"的江光谦侵犯了旧主时，经过

---

① 颜俊彦：《盟水斋存牍》，中国政法大学出版社，2002年版，第264~265页。另，题目"人命江光谦（绞改徒）"的括号部分，原书为小字。

了县审、府审以及分守道和兵巡道的批复，各级审判机构不约而同地将江光谦的身分和行为定性为"以奴欺主"，而不是"凡人"相殴。也就是说，即使是经过官断与旧主人已经义绝的奴仆，在再次卷入诉讼的时候，依然无法获得凡人身分，依然被认为与旧主人之间存在法律上的主仆名分。

如果说现实中主仆关系的发展促成了律学家们在学理解释上的革新之说，那么这种改革之意为何不能在司法裁判中得到施行呢？意味深长的是，主要的原因之一也恰恰与社会中主仆关系的实际情况有关。在商品经济的推动下，奴仆不仅取得了与主人分庭抗礼的社会地位，甚至屡有奴仆反过来欺压主人、叛离主人乃至联合新主陷害旧主使其家破人亡等情况发生。上文江光谦的案件即是奴仆在主家时盗献主人田产，离开主家后趁火打劫、欺压主人的例子。清人孙之騄所撰《二申野录》中记有：

> 是月初十日，上海廿三保祝圣尧家，群奴持刀弑主父子，立时焚烬，延至各乡大户无不烧抢。又有顾六等倡率各家奴辈入城，先至绅家索鬻身文契，其家立成齑粉，主被殴辱，急书退契，焚劫大家为之一空。（按：明季缙绅多收投靠而世隶之，邑几无王民矣，然主势一衰，跋扈而去，甚有反占主田产，坑主资财，转献新贵有势，因而投牒兴讼者，有司亦惟力是视而已。物极必反，以是顾六等一呼，从者猬起，回忆情状，毛发悚然。）①

张明弼《萤芝堂集》卷四《削鼻班记》中甚至记有：

> 三日，城内外孩童雏婢，无戚属者，皆谢去。绅衿操汲于井上，命妇执炊于灶下。诸奴"猴而冠"，翩翩道上，自喻得志也。其鸷者既得券，复曰："吾去无食，当分我食。"因发主箧藏，无不立罄……有撼于主，则曰："吾受汝虐若干年矣，城隍神令我酬汝。某日，汝棒我，请偿棒。"则挈神签以数棒，曰："痛乎？"其主曰："痛！"则曰："若棒我时，何为不知痛也？某日，如锥我，请偿锥。"曰："痛乎？"其主大号。则曰："若既知痛，何为锥我也？"……有一绅独留城。诸奴缧其项，徇于市，令大叫曰："为主慎无若我之豀刻也。"不叫，则用棘鞭竞鞭之。是绅老，几毙。有数诸生不胜焚挞，亦几毙。②

---

① 参见孙之騄：《二申野录》卷八崇祯十七年甲申夏六月朔条，收入杨国宜《明朝灾异野闻编年录——原〈二野申录〉》，安徽师范大学出版社，2012年版，第227~228页。

② 转引自傅衣凌：《明清封建土地所有制论纲》，中华书局，2007年版，第143页。

这些都充分展现了仆强主弱的无奈现实，明末更是酿成了一发而不可收的奴变运动。关于奴变的来龙去脉，谢国桢在《明季奴变考》一文中说得很清楚，此处不再赘述。① 在这种情况下，作为"理性人"，官僚阶层在解释法律时，不得不承认奴仆与旧主的法律关系已不同前代，但在司法裁判中，有了具体的情景，作为主人一方的官员们难免会带入自我想象，面对出居的奴仆和无能为力的旧主，结合奴仆飞扬跋扈的社会现实，他们不免要打压奴仆的气势，做出"此风不可长"的姿态了。

（四）余论：清代的情况

统治的终结，使得明代未能完成一场彻底的旧主仆法律关系改革。但其进程并未因为王朝的更迭而中断，其原本可能发展出的结局可以从清初的情况中窥见端倪。为了完整地对奴仆与旧主之法律关系的变迁问题做出说明，这一节将超出明代的范围，对清初的情况做一简要描述。

清初的律典基本沿袭了明律的内容，关于旧主仆法律关系的规定也与明律类似，只论及了转卖之仆以凡人论。清初的律学著作则依然贯彻了明代律注的主张，认为其他种类的奴仆亦应与旧主视同凡人。以沈之奇《大清律辑注》为例，该书卷十九刑律人命"谋杀故夫父母"条引用了清代初期的律典条文，并附有表明作者观点的按语：

> （奴婢）谋杀旧家长者，以凡人论。（谓将自己奴婢，转卖他人者，皆同凡人。余条准此。）
> 律后注：……奴婢原系凡人，止以名分所系而重之，非子孙比也。既转卖他人，得其身价，名分已无，恩义并绝，非凡人而何？若雇工人，一日不受雇钱，即凡人矣。
> 按：……转卖之奴婢，其义已绝，故同凡论。若赎身者，亦同。②

沈之奇明确提出赎身奴婢亦与旧主视同凡人，这与唐宋律迥然不同，却与明代大多数律注的观点一脉相承，主人的恩义不能脱离实际的役使关系而存在，无论是转卖还是赎身之仆，都不再受主仆名分的约束。

更重要的是，这种观念终于在地方一级的裁判中得到了体现和运用。相比明代只停留在理论层面而未能贯彻于司法的情形，无疑取得了突破性的进展，

---

① 参见谢国桢：《明清之际党社运动考》之附录一《明季奴变考》，北京出版社，2014年版。
② 沈之奇：《大清律辑注》，怀效锋、李俊点校，法律出版社，2000年版，第668~669页。

如无意外,甚至可能完成法律改革的终极目标。例如《定例成案合镌》卷二十刑律斗殴"家长殴开户人身死改案"中有如下记述:

> 康熙四十四年十月刑部议镇海将军马咨称:胡安国得家生子刘世芳银二百八十两,开户分出各住。因向伊主讨房钱出言詈骂,胡安国忿怒将世芳绑缚,用棍殴伤世芳左右胠肘等处骨碎,越十日殒命。查官员殴死开户家人律例并无正条,胡安国应照家长殴死旧奴婢者以凡人论律拟绞。①

清律"妻妾殴故夫父母"条规定,奴婢殴旧家长及家长殴旧奴婢者,各以凡人论。而所谓奴婢,律条夹注限定为转卖之仆。但该案中,刘世芳是赎身奴仆,如果依照唐宋律的传统,其与旧主依然存在等级差别,而依照明代及清初律注的理论,两者应同凡论。清代的地方官将打死赎身奴仆的旧主"以凡人论律拟绞",是将明清律注的主张应用到了司法之中。

然而,地方官的这种判决并未得皇帝的支持。在皇帝的干预下,刑部提出刘世芳并非转卖之仆,与旧主不能视同凡人。也许是考虑到赎身奴仆毕竟与现役奴仆有所区别,刑部最终将胡安国比照家长殴雇工人致死者律进行处置。

康熙皇帝之所以不能认同地方官的判决,主要是因为清代满洲旗人与汉人不同,旗人对主仆关系极为看重,规定也更为严格。并且,在统治初定之际,统治者必然要大力强调上下尊卑的等级秩序,而汉人社会中主仆关系日渐松弛的局面显然与统治者的政治需要是背道而驰的。因此,不仅康熙朝不支持旧主仆一律视同凡人的司法裁决,雍正和乾隆朝更通过立法途径重新规定了旧主仆间的身分关系。②雍正三年改订的清律中,刑律人命"谋杀故夫父母"条的正文虽然与前朝没有变化,但附律的按语中增加了如下内容:

> 若奴婢已转卖与他人,则主、仆之义已绝,谋杀旧家长者,以凡人谋杀律论。至赎身奴婢,系旧家长恩义,与转卖者不同,如有谋杀旧家长者,仍依谋杀家长本律科断。③

而乾隆五年颁行的《大清律例》中,律文正条被明确修改为:

---

① 孙伦:《定例成案合镌》,吴江乐荆堂藏板,康熙五十八年(1719)刊本,日本东京大学东洋文化研究所藏,索书号"大木-法类-例案-1"。
② 在严肃处理汉人主仆关系的背景下,不仅奴仆与旧主的相关法律被修改,雍正帝还谕令内阁制定严格约束现役主仆法律关系的法令,使之与满人习惯划一。(参见《大清世宗宪皇帝实录》卷五十之雍正四年十一月癸丑条,华文书局,1969年版,第768~769页。)
③ 参见吴坤修等《大清律例根原》卷七十四刑律人命"谋杀故夫父母"条雍正三年原律,上海辞书出版社,2012年版,第1195页。

凡（改嫁）妻、妾谋杀故夫之祖父母、父母者，并与谋杀（见奉）舅、姑罪同。（若妻妾被出不用此律。若舅、姑谋杀已故子孙改嫁妻、妾，依故杀律。）已行减二等，已伤减一等。若奴婢不言雇工人，举重以见义。谋杀旧家长者，以凡人论。（谓将自己奴婢转卖他人者，皆同凡人论。余条准此。赎身奴婢，主仆恩义犹存，如有谋杀旧家长者，仍依谋杀家长律科断。）①

从律典的变化可以看出，尽管现实中的主仆身分关系向着越发松弛的方向发展，律学著述和地方司法中也体现了相应的观点和态度，但清代的统治者却坚守严格处理主仆关系的政治立场，通过修改律例等方式自上而下地加以推行。然而，政策的贯彻并非一朝一夕可以实现，乾隆年间仍时有地方官将赎身奴仆作为凡人处理的情况发生。以《驳案新编》卷二十一刑律斗殴下之"殴死赎身奴婢拟徒新例"案为例：

江西司
一起为核拟具奏事。会看得安福县民姚彬古殴死赎身仆人孔正偶一案。
据江西巡抚海成疏称，缘孔正偶原系姚彬古家仆人，雍正三年孔正偶向姚彬古之祖赎身开户，与姚彬古同村居住，素无嫌隙。孔正偶原租耕姚彬古家祖遗园土八块，内有接连二块系基土开成，每岁共纳租钱三百文；又另租耕姚昌荣之土名筲箕窝园土一块，均未书立租约。乾隆二十二年，孔正偶曾将姚彬古家基土二块分为上中下三块，共成九块。三十七年冬间，姚彬古向孔正偶退耕，孔正偶将姚彬古基土中块隐留，捏为姚昌荣之土，仍照原数退还八块。姚彬古不依，孔正偶始俱退还。讵孔正偶于三十八年仍在中块土内播种棉花。姚彬古外回查知，于四月十九日下午牵牛往犁，将棉花犁毁数株。孔正偶在地耘草，见而向阻，仍捏称系姚昌荣之土，与姚彬古争辩。姚彬古因孔正偶年老撒赖，将犁眠倒，解轭放牛，欲寻姚昌荣同向理论。孔正偶拉住犁绳吵嚷。姚彬古令其走开，随手用牛轭向推，致伤孔正偶左胳膊。孔正偶仍拉犁绳向姚彬古撞头撒赖。姚彬古往后退开，孔正偶撞空，仆跌犁头边棱铁上，磕伤额颅并左右额角。经伊子孔纺苏闻声趋至扶回。讵孔正偶伤重，延至二十三日殒命。报县验讯，据姚彬古供认不讳，究非有意欲杀。查孔正偶系姚彬古家祖手放赎开户之

---

① 《大清律例》，田涛、郑秦点校，法律出版社，1999年版，第426页。

仆，与姚彬古已无主仆名分，应同凡论。将姚彬古依"斗殴杀人"律拟绞监候等因具题前来。

查律载："家长殴旧奴婢者以凡论。"注云"此亦自转卖与人者言之，奴婢赎身不用此律，义未绝也。"诚以家长之于奴婢，名分攸关。奴婢虽已赎身，并无转卖义绝；若竟照奴婢科断，又与现在服役者不同。是以乾隆二十八年臣部奏准定例："旗员殴死赎身家奴，照'殴死族中奴婢降二级调用'例减一等，降一级调用；其无职旗人殴死族中奴婢，定例枷号两个月，鞭一百；如有殴死赎身奴婢者，亦应照此减等问拟。"今姚彬古因赎身家奴孔正偶将租耕伊田隐留，查知向论，推其左臂，孔正偶撞头撒赖，自行仆跌致伤身死。该抚以孔正偶系姚彬古家放赎开户之仆，已无主仆名分，照凡斗律拟绞监候。臣等伏思，旗员殴死赎身奴婢，即得比照殴死族中奴婢减等问拟，则民人自应一律比附办理。惟查例内止有旗人殴死族中奴婢枷号两个月、鞭一百之文，无民人殴死族中奴婢作何治罪之例。向来旗人有犯枷号两个月、鞭一百者，即民人满流折准之数。若比附减等，应从流罪上减一等问拟满徒，庶与律意相符。应请嗣后旗人殴死赎身奴婢，仍照旧例折枷办理外，民人有犯即问拟满徒。如蒙俞允，所有姚彬古一犯即照此例改拟杖一百、徒三年，至配所折责摆站。该抚既称"所争基土应给还姚彬古管业"等语，应如该抚所题完结等因。乾隆三十八年十二月十二日奏，本日奉旨："依议。钦此。"①

在这起案件中，孔正偶原本是姚彬古家奴仆，在姚彬古祖辈当家的时候，已经为自己赎身，独立门户，同居乡里。孔正偶租佃姚彬古家土地多年后，被姚彬古退耕。所谓"退耕"，指出租土地的一方收回土地，不再给原佃户耕种。孔正偶意图隐留部分土地，被识破后，依然偷偷耕种该块土地，姚彬古前往理论，双方发生争执，孔正偶跌倒受伤，不日殒命。

案件发生于乾隆三十八年（1773），此时《大清律例》的条文已经明确规定赎身奴仆与旧主人恩义犹存，不能认定为义绝。但江西省内的裁判机关在审理时，直接将姚彬古与孔正偶界定为凡人关系。帝制中国的裁判具有司法与行政不分的特点，负责审理案件的官员并非专门的法律职业者，他们面对堆积如山的政务，没有时间去熟悉法律规范的变化也是常有的事情。这起案件江西省的裁判官更像是按照社会普遍正义观念而非律令进行裁决的。而刑部纠正了这

---

① 全士潮：《驳案新编》，收入朱梅臣《驳案汇编》，何勤华、张伯元、陈重业等点校，法律出版社，2009年版，第393~394页。

种做法。刑部在裁判文书中直接援引了《大清律例》卷二十八刑律斗殴"妻妾殴故夫父母"的法律条文①，指出孔正偶是赎身奴婢，与转卖奴婢不同，因此其与姚彬古不能认定为凡人关系。但刑部同时指出，如果按照奴婢律处理，则与正在服役的奴婢已无分别，也有违公平。刑部指出，对于旗人赎身家奴的处理，是按照现役奴婢的刑罚减二等治罪的，如此一来，刑罚介于奴婢和凡人之间，更符合赎身奴婢的社会地位。旗人的这种处理方式已经奏准制定了条例，而民人（即汉人）的奴仆尚未有明确规定，因此奏请与旗人同样处理，将旗人的专有刑罚对应转化为律例体系中的刑罚，并制定条例统一做出规定。这一奏议得到了皇帝的许可，新条例得以普遍适用。需要注意的是，从处理的结果可以看出，刑部并未严格遵照《大清律例》来处理，而是比照满洲旗人的专属规定，调整了汉人的处理办法，使满汉趋于统一。清初满汉身分法的冲突和融合是一个复杂的问题，留待第四章进行详细讨论。此外，"奴婢虽已赎身，并非转卖义绝"的观点，与唐律疏议的主张不谋而合。虽然清代刑部如此裁判的本意不是为了回归唐律的传统，但唐律的解释本就是基于保护主仆关系而做出的。从这个意义上说，两代所追求的目标是一致的，都意在维护主仆间的恩义和名分。

乾隆四十年，河南省又发生了关言诬告家主占夺其妻的案子。② 河南巡抚第一次奏称，关言卖身于窦长裕为奴仆，立有文契，未配有妻室，已经服役一年有余。第二次奏称关言是窦长裕祖父窦荣绪契买奴仆，窦荣绪已经过世，窦长裕即为家主。无论是哪种情况，关言与窦长裕都是毫无疑问的主仆关系。后因关言意欲偷窃银钱逃走，被主母发现，窦长裕将卖身文契还给关言，殴责赶逐。关言怀恨在心，捏造窦长裕霸占其妻陈氏等情，诬告旧主。地方审理时，河南巡抚以凡人诬告之例，问拟发遣。由于《大清律例》中只提到了转卖和赎身之仆，上一案件所形成的条例也只涉及赎身之仆，对于被主赶逐之仆应作何处理，律例并无明示。而从县到省的多级地方官员，均将关言以凡人问拟，可见在他们眼中，甚至在社会普遍的观念之中，奴仆既已被主人赶逐，双方便已义绝，主仆名分也因此不复存在。然而，地方问刑衙门的处理意见遭到了刑部的反对，刑部发表了如下观点：

> 此案关言本系只身立契，卖与窦长裕为奴，业已服役年余，是其主仆

---

① 参见《大清律例》，田涛、郑秦点校，法律出版社，1999年版，第467页。
② 参见全士潮：《驳案新编》卷二十八刑律诉讼"奴婢诬告家长"案，收入朱梅臣《驳案汇编》，何勤华、张伯元、陈重业等点校，法律出版社，2009年版，第522~524页。

名分已定。嗣因欲窃主母房内银钱，被窦长裕闻知，不肯容留，虽给还文契责逐外出，而恩义未绝，名分尚存。该犯辄敢怀嫌捏造窦长裕霸占伊妻陈氏等情词诬控。准情定罪，自应将关言依"奴仆诬告其主，照干名犯义本律与子孙诬告祖父母、父母同罪"拟绞，以正厥辜。

因事关生死出入，刑部未敢率行咨复，而是奏明请旨。乾隆皇帝完全赞同刑部的意见，评价地方的裁判为"殊属舛误"，并"传谕该抚徐绩即照部驳另拟具题，并着该抚及署按察使周于智将因何错拟之处明白回奏"。因此才有了前面提及的第二次奏文的改动。但所谓的修改内容只是地方裁判机关为了推卸责任的托辞，事实上地方和中央在主仆关系的认定上确实存在不同的看法。最终，地方官承认自己裁判错误，遵从了刑部的意见，将关言作为奴仆拟绞，并得到了皇帝的许可。此案之后，被旧主赶逐的奴仆被认为并没能彻底偿还从主人处接受的恩义，因此不能视为与主人"义绝"。于是，赎身、赶逐之仆，同理推测还包括放良之仆，在法律上都重新被明确纳入主仆名分的约束之下。这与唐律的规定可以说是完全一致的。

通过上述清代的成案可以看出，尽管更了解地方实态的官员们在对主仆关系的认知上出奇的一致，已经将赎身、赶逐的奴仆视作凡人，却无法自下而上地改变法令，反而在统治者严肃处理主仆关系的政治意图下，其裁判被刑部一一纠正。清代刑部曾明确指出："总之本部办理刑名，均依律例而定罪，用新颁律例，则仍以最后之例为准。至律例所未备，则详查近年成案，仿照办理。"①这意味着随着此类成案的累积，从明代到清初社会和思想领域的种种积累和酝酿，在统治者的政治干预和引导下无疾而终，奴仆与旧主的法律关系也重新回到了唐律将旧仆一分为二的理论框架之下。

综上所述，明代律典虽然在倾向性上与唐代有所不同，但终究没有彻底打破传统的主仆关系格局。而明代社会中主仆关系的变化则给这场改革注入了纠结的元素，正是由于主仆间形成了不同于前代的新型身分关系，律注中的革新之说才得以产生，但这种社会关系的发展过于迅猛，又导致官僚阶层在司法裁判中选择背弃自己的法律解释。需要指出的是，虽然表面看来，是社会和经济因素在左右着法律的生长，但法律并不应该仅仅被看作是社会、经济等方面的客观反映，事实上，通过本章的分析可知，真正影响这场法律改革进程的，是制定、解释和执行法律的官僚阶层和统治者，法律领域内部的独立运作空间应

---

① 转引自王志强：《法律多元视角下的清代国家法》，北京大学出版社，2003年版，第100页。

当被充分认知和重视。

另外,如果将明代旧主仆关系的法律改革与"雇工人"新题例的颁布过程做一比较,会发现两者的历史背景和社会经济发展状况是相同的,在思想领域,也都可以在律注中发现很多革新观点。而两场改革一败一成,主要的区别其实在于司法领域的发展进程不同。在明代,一方面,关于"雇工人"的裁判,在万历朝之前,已经有地方一级的官员开始在裁判中适用律注的新思路,虽然当时被中央刑部官员纠正,但万历朝时,中央官员终于顺应了社会现实,奏请修改法律,"雇工人"新题例得以制定。关于这一点,将在下一章中进行详细讨论。另一方面,关于旧主仆法律关系的革新,由于官员的双重立场,律注中的新解释始终无法适用于司法领域。到了清代,在旧主仆的案件中,地方官员终于开始按照律注中的新解释进行裁决,法律的生长却又被政治的干预所扼杀。这种对比充分表明,我们应该对法制史的内部研究视角给予更多的关注和运用。同时,唯有认识到法律改革过程的复杂性——既包括法律领域内部的复杂,比如官僚阶层扮演双重角色,也包括外部的复杂性,比如政治对司法的强行干预,才能对法律与其他因素相互作用和相互协调的过程做出更全面的观察。

第三章　明代的雇佣人与"雇工人"身分

如上一章所讲，由于法律上对于奴婢存养主体的限制，明代社会中大量的奴仆不得不被划入"雇工人"的范畴。而真正处于雇佣关系之中的雇佣人，才是"雇工人"身分设定之时所假想的调整对象。"雇工人"于主人有犯，最高刑罚可以达到死刑，相比之下，同样的行为，凡人关系的刑罚则可能轻得多。涉及生死之别，是性命攸关的大问题，因此官员们都很重视雇佣人的身分判定问题。

社会中存在的为数众多的雇佣人具有多种多样的形态。从本书第21页所引史料1可以看出，仅以雇佣期间为标准，雇佣人便可分为长工、忙工和伴耕等。此外，雇佣人受取工价银的方式、工作的内容和形式、与主人的关系等，都难以一概而论。自明初以来，由于立法上的缺失，官员只有不断摸索，试图从法理和司法实践两方面入手，逐渐找出一定的标准，对雇佣人进行分类，并对应不同的法律关系。大家的思路都是将雇佣人划分为两类：一类作为"雇工人"处理，一类则以凡人视之。这样既不违背立法的精神和目的，又不至于使普通的佣工之人在法律上莫名低人一等。但官员们并未能够就分类的条件达成一致意见。于是，在审理相关案件时，大家各行其是，将自己的立场偏向和个人标准运用到裁判之中，使得关于雇佣人的审判在很大程度上充满了不确定性。直到万历"雇工人"新题例出台，"雇工人"的身分判定才有了统一的标准。但由于雇佣人的群体过于庞杂，新题例也未能从根本上改善司法中存在的种种问题。本章拟以万历"雇工人"新题例的颁行为分界线，考察明代雇佣人的法律身分与社会身分问题。

一、万历十六年"雇工人"新题例发布之前

(一) 何谓"雇工人"

在万历十六年"雇工人"新题例颁行之前,关于究竟什么样的人在法律上应该被纳入"雇工人"身分范畴的问题,官员们的观点主要可以归纳为三类。

1. 有期限之雇工

这一类观点认为只要是在有限的期间内受雇佣工之人,都应该被认为是"雇工人"。持这一立场的官员、学者们主要是通过与奴婢的比较来判定"雇工人"的。如上一章所述,在当时的很多人看来,奴婢是终身服役劳动者,与之相对,"雇工人"则是在有限的雇佣期间内为主人劳动的人。因此,不论受雇时间的长短,只要不是终身服役劳动,而是在一定的期限内为他人提供劳动,他们在法律上的身分就是"雇工人"。

2. 用钱雇募之佣工

这一类观点认为"雇工人"指的是受取金钱报酬提供佣工服务之人。持这一立场的官员、学者们主要是通过与所谓"假"雇工人的比较来区分"真"雇工人的。龚大器《(新刊)招拟指南》卷首的"招拟或问"中论曰:

> 或问,义子过房在十六以上,及未分有财产、配有妻室者,凡有所犯,俱以雇工人论是也。若用钱雇募在家佣工者,如有所犯,当作何项人论断。指南曰:此真雇工人也。查《比部招拟》内有胡雄雇与卖皮底人刘珍扛抬盛皮底木柜,每月工银一钱,因事持刀将刘珍戮伤。事发,问拟雇工人殴家长伤者律。又有张泽雇与卖面人张胜卖面生理。因事叫骂,张胜告发,问拟雇工人骂家长律。二项俱佣工人,比部俱引雇工人论罪,是为真雇工人无疑。大凡律称"以"者,盖有所指,所谓与真犯同罪是已。如无真雇工人,则所谓"以"者无落着矣。如"以窃盗""以监守""以枉法"等,盖有真,然后有"以"也。议者率以雇募用工者作凡人论,则所谓雇工人者是何等人也。比部为法家宗主,凡有所疑即当据以为法矣。①

---

① 龚大器:《(新刊)招拟指南》,万历五年(1577)刻本,北京大学图书馆藏,索书号"LSB/7585"。

龚大器是嘉靖三十五年的进士，曾经做过刑部主事。这段意见应该是其任职刑部期间所写。其中指出了两个非常重要的问题：第一，并非所有适用"雇工人"律的人都是"真"的雇工人。例如十六岁以上才过房且未分有财产、配有妻室的义子，如有所犯，是"以"雇工人论处，这意味着他们并不是"真"的雇工人。所谓"以"，根据《大明律》的"例分八字之义图"，"以者，与真犯同。谓如监守贸易官物，无异真盗，故以枉法论，以盗论，并除名、刺字，罪至斩、绞，并全科"①。也就是先有法律规定的"雇工人"，才有所谓"以"者。从这个意义上说，上文所讨论的奴仆，虽然在法理上说要以雇工人论处，但是他们并非真正的雇工人。那么，什么样的人才是"真"的雇工人呢？龚大器认为，应该是"用钱雇募在家佣工者"。第二，作为刑部的官员，他注意到当时有很多官员在审判时都将"雇募用工者"以凡人论处。将义子、奴仆等"假"雇工人以"雇工人"律来处罚。对于真正的受雇佣工之人，反而不适用"雇工人"律而是以凡人论处。这显然是很荒谬的。因此，他强调刑部（比部）的意见才是权威的法律指导，所有的官员在裁判时应该参考刑部发布的指导性案例，不能随意裁量。作为举例，他还简要概述了《比部照拟》中两起"真"雇工人的案例。

为了更直观明确地说明这个问题，我们不妨来看一下这两起案件。《（新刊）比部招拟》卷四刑律斗殴"奴婢殴家长"条所载"雇工人殴家长"一案如下：

> 一名胡雄云云。军匠。状招有：雄平日雇与在官卖皮底人刘珍扛抬盛皮底木柜，每月工银一钱。正德十三年九月初十日刘珍为因失去皮底二双，疑雄偷盗，将雄逐赶，不容与伊抬柜。雄怀恨在心，至本月十四日未时分，雄不合故违"凶徒执凶器伤人问发边卫充军"事例，手执尖刀一把，将刘珍左胳膊并左肋戳伤，倒地流血。雄自知有罪，又不合自将项下抹伤血出。彼有在官阿达叫报地方火甲，将雄并刘珍捉送巡城王御史处，批发中兵马司审供备由。连雄原行为凶刀一把开送到司，覆审明白。验得刘珍伤已平复，并阿达俱省令随审外，将雄取问罪犯。一议得胡雄所犯、除"故自伤残"罪名外，合依雇工人殴家长伤者律，杖一百，流三千里。有《大诰》减等，杖一百，徒三年。系军匠，照例送兵部定边发边卫充军。一照出胡雄行凶尖刀一把，合收入官。②

---

① 《大明律》，怀效锋点校，法律出版社，1999年版。第466页。
② 龚大器：《（新刊）比部招拟》，万历五年刻本，北京大学图书馆藏，索书号"LSB/7585"。

这起案件发生于正德年间。胡雄受刘珍雇佣抬柜,工银议定为每月一钱,从这个信息推断,胡雄是短工的可能性是比较大的。一般而言,长工是按年来议定工银价的,支给频率可以是年初或年末全额支取,或每季支取,按月支取的情况并不多见,即使存在,也只是把年工价分成若干,从最初就议定月工价的可能性是很低的。相比之下,短工多是日雇、月雇,或者农业的农忙期和手工业的生意繁盛期暂时雇佣一段时间,因此在约定工价银时多是按日或者按月来约定。胡雄在受雇期间,雇主丢失货物,怀疑是其所为,将其赶逐。胡雄怀恨在心,一段时间后持刀刺伤前雇主,并抹颈自尽。双方最后都得救恢复,胡雄被以"雇工人"的身分处以杖一百、流三千里的刑罚。事实上,案发时双方已经解除了主雇关系,属于凡人之间的身分,但裁判官可能考虑到双方的矛盾和胡雄的作案动机是在雇佣期间形成的,所以还是按照主雇关系存续期间的情况将胡雄判定为"雇工人"。刑部并没有专门去分辨胡雄到底是长工还是短工,这说明在当时的刑部看来,长、短工在法律身分上并无分别,都属于"雇工人"的范畴。如果短工属于凡人身分,刑部便不得不去查明双方的确切关系了。需要附带提及的是,案例中提到因为胡雄持有《大诰》,所以可以减刑一等。《大诰》是明初由太祖朱元璋亲自拟定的刑典,包括《大诰》《大诰续编》《大诰三编》《大诰武臣》四部分,以整顿吏治、告诫臣民为主要目的,因此包含了很多法典之外的罪名和严酷的刑罚。为了普及《大诰》的内容,朝廷采取了很多具体措施,比如兴办讲习班等,家中藏有《大诰》可以减刑,也是其中的一环。学界一般认为,自明太祖去世之后,《大诰》很快便被弃之不用。但从这个案例来看,至少在正德年间,持有《大诰》可以减等处罚的规定依然是有效的,在司法裁判中,刑部会主动去运用它来决定最终的刑罚。

龚大器提到的另外一起案件是《(新刊)比部招拟》卷四刑律骂詈"奴婢骂家长"条所载"雇工人骂家长"案,内容如下:

> 一名张泽云云。余丁。状招:正德十四年二月内,泽帮送不在官扬武营操备军人张盖儿来京。三月内泽雇与在官献陵卫舍余张胜家,与在官一般雇工人江旺俱替张家卖面生理。本年八月初四日,泽令江旺将面筋私下拿些卖钱分用,江旺不从,泽就不合寻事向伊攘闹。张胜前来理阻,又不合将张胜叫骂"老狗骨头"等语。张胜不甘,将情具状,赴通政使司告送到司。蒙提泽等前来责审前情明白。将泽取问。罪犯:一议得张泽所犯,除"不应"罪名外,合依雇工人骂家长者律,杖八十,徒二年。有《大诰》减等,杖七十,徒一年半。系军余,审"无力",照例送工部照徒年

限做工。满日，与供明张胜、江旺各随住。①

这起案件同样发生于正德年间。张泽在二月的时候从事的是外出护送的工作，三月份开始在张胜家中做工，直到八月发生纠纷为止，雇佣状态维持了近半年的时间。张泽与江旺一起替主人卖面，属于工商业雇工，并非传统的农业雇佣人。因为张泽想要串通江旺私卖雇主的面筋，被雇主阻拦，他又辱骂雇主，被送到官府，处以杖八十、徒两年的刑罚。这起案件同样运用了《大诰》减等的规则，侧面反映出庶民家庭持有《大诰》的情况是比较普遍的。由于张泽的财产状况属于"无力"，即没有经济实力收赎，因此要实实在在执行判决的徒刑。需要注意的是，案卷中关于张泽与张胜之间关系的描述就只有寥寥数语，很难判断张泽的身份是长工还是短工。而这起案件中，刑部同样没有去仔细考察张泽的社会身份，直接将其判定为"雇工人"法律身份。与上一起案件合而观之，刑部的立场是很明确的，即所有"用钱雇募在家佣工者"，不拘受雇期限的长短，都一律视为"雇工人"。这与第一类意见在本质上是一致的，只是第一种意见更偏重于强调受雇期限的有限性，而这类意见更强调"雇工人"的社会身份是"受雇佣工"而非义子或奴仆等。

3. 长工与外出随行者

如果说前两类意见都是通过将雇佣人与其他种类的劳动者进行对比，以明确"雇工人"的特征，那么第三类方法的思路则完全不同，这类方法是将雇佣人群体从内部加以分类，从中划定出"雇工人"的范围。与前两种方法相比，这种方法大大缩小了"雇工人"法律身份的范畴，将一部分雇佣人视同凡人。《大明刑书金鉴》刑律斗殴"奴婢殴家长"条的辩义曰：

> 雇工人者，乃受雇长工之人，或雇出外随行者，不论年月久近皆是。若计日取钱，如今之裁缝、木匠、泥水匠之类，皆不得为雇工人。若前雇工人，年限已满，出外有犯者，亦不得为雇工人。②

在这条意见中，雇佣人被分成了几类，其中被认为属于"雇工人"的群体有

---

① 龚大器：《（新刊）比部招拟》，万历五年（1577）刻本，北京大学图书馆藏，索书号"LSB/7585"。

② 《大明刑书金鉴》，明钞本，国家图书馆藏，索书号"SB13109"。该书为残本，作者不详。经君健推断该书成书于万历五年之后、万历十六年之前，参见李文治、魏金玉、经君健：《明清时代的农业资本主义萌芽问题》，中国社会科学出版社，2007年版，第220页。张伯元认为该书成书于万历之初，参见张伯元：《律注文献丛考》，社会科学文献出版社，2016年版，第139页。

二：一是长工，无论其从事的是农业生产还是手工业、商业等工作，无论是否立有文契，也无论其与主人的关系到底平等相称还是主仆之别，都在所不问，只要是长期受雇，即符合条件。这是通过雇佣时限来判断"雇工人"身份的标准。二是受雇伴人出行的佣工，无论时间长短、去往何处，以及与主人相处如何，都不在考虑之列，只根据其工作性质，即判定为"雇工人"。其他种类的雇佣人，如裁缝、木匠、泥水匠等（所列举的都是手工业者）计日取钱的日雇之人，都应视同凡人。雇佣期间届满后，雇佣人与前雇主也回复到凡人间的关系。

长工是所有雇佣人中最稳定的种类，将其作为法律上的"雇工人"处理，是理所当然的。如果长工都被视作凡人的话，那所谓的"雇工人"就如上文龚大器所说，只剩下义子、奴仆等"以"雇工人论者了，"雇工人"这一法律身分也就彻底失去了意义。而将外出随行之人看作"雇工人"，则是十分意味深长的。就实际情况而言，外出随行之人不仅要负责照料雇主的饮食起居，还要完成主人交代的其他杂务，被主人呼来喝去，因此，在当时的社会观念中，他们都是自甘下贱、服役于人的存在，常常受到来自各方的轻慢。可以说，这种观点充分考了社会身分对于雇佣人法律身分的影响。① 由于现在无法得知《大明刑书金鉴》的作者，在不久之后颁行的万历十六年"雇工人"新题例中，也没有采纳这种判定"雇工人"的标准出台相应的规定，因此很难判断这一观念是否有在司法实践中真正施行。明代留存下来的判例资料较为有限，就笔者管见所及，并未见到过将外出随行之人直接判定为"雇工人"的案例。但需要注意的是，进入清代之后，"雇工人"律经过了数次修改，到乾隆五十三年条例，终于确定了以有无主仆名分、是否服役之人来判定"雇工人"的标准，这种规定并不是凭空产生的，追本溯源，至少可以说，自明代中晚期开始，知识人群体中已经有了将社会中的服役之人定义为"雇工人"的声音。

此外，这类观点明确表示将日雇排除于"雇工人"的范畴。而该观点中只提到了日雇和长工。如果将两者作为一组对应关系，那么通常意义上所说的短工属于哪个群体，又应作何处理，则成为疑问。现在的研究中经常将日雇和短

---

① 在明代的有些文献中，会用"伴当"一词来称呼外出随行之人。根据傅衣凌的考证："他们多系担任杂差亲随的工作，故在《金壶字考》里有称伴当为火伴（见梁章钜《称谓录》引）。其得名之故，我疑其即由于多为贵人随身作伴而来。至加用'当'字，盖缘宋元社会里的一般习惯，喜用当字为结尾语，如所谓'监当'、'勾当'、'杂当'等，即可佐证。其作为'伴儅'者，仅见于明清人的记载，而元明两代记载均未有用之者，故此'儅'字应是后起之字"。（参见傅衣凌：《伴当小考》，收入傅衣凌《明清社会经济史论文集》，中华书局，2008年版，第313~314页）

工一同加以讨论,很大程度上是受到万历"雇工人"新题例的影响,在新题例中,日雇和短工一起被规定为凡人身分。但根据史料来看,在当时的认识中,两者是明显有所区别的。本书第21页所列举的史料1,便是明证。在《海瑞集》中记载的"保甲告示"中有"甲内有新来人户增入,新去人户开除。旬日雇工人止觉察来历,不书。年月雇工人书入,去则除之"①的内容,所谓旬日雇工人,是指日雇,而年月雇工人,既包括了以年为单位受雇的长工,也包括了一般以月为单位受雇的短工。海瑞在做地方官的时候,对两者采取了不同的管理策略,对于日雇,只查明其身分来历即可,并不需要写入保甲册,如果是长工或者短工,就要将其姓名身分等情况写入保甲册内,雇佣期间终了后,再将其从册内删除。这是因为日雇的流动性极高,《大明刑书金鉴》中列举的裁缝、水泥工之类,三五日甚至一二日即可完成工作,工作地点频繁更换,如果不断在保甲册内书写,不仅会造成大量的工作负担,也没有管理上的必要性,因此,只要能够确保日雇的身分来历没有问题,便不需要特别去留意和记录雇主的更迭情况。而长工和短工都相对稳定,在一段时间内劳作于某一雇主家中,登记其情况,在发生问题时,可以迅速地找到资料加以应对。总体而言,无论是庶民百姓的普遍观念,还是地方官员的管理政策,都反映出日雇与短工确实有所区别。因此,《大明刑书金鉴》应该是将短工也放入了所谓"长工"的群体之中,这里的长工不是指按年受雇的人,而是指雇佣期间较长、雇佣关系相对稳定的情况,与"计日取钱"的雇佣人相区别。

综合三类观点来看,关于长工,三者都认为应该作为"雇工人"处理,可见长工的法律身分在当时几乎是没有争议的。三者最大的区别在于对日雇的态度,第三类观点强调日雇的凡人地位,前两类观点则将日雇也划入了"雇工人"范畴。就情理而言,主雇双方如果只有一天的交集,产生了纠纷,在法律上雇佣人就要处于近似于子孙的"雇工人"的地位,是难以让人接受和信服的。虽然目前并不清楚《大明刑书金鉴》是否真正用于指导司法裁判,但从日雇的社会身分来考虑,在司法裁判中,将其作为凡人处理的可能性是很高的。在《(新刊)招拟指南》中也提到了当时常有裁判官将受雇佣工之人作为凡人论处的情况,日雇自然也包含其中。并且,就笔者管见所及,明代万历十六年之前的判例中,并没有任何一例将日雇作为"雇工人"处理。因此,前两类观点将日雇也看作"雇工人",是因为它们意在通过比较去找寻"雇工人"的本质特征,过于强调"受雇"的条件,从而忽略了或者说没有过多考虑日雇的特

---

① 海瑞:《海瑞集》,陈义钟编校,中华书局,1962年版,第182页。

殊情况，是有些矫枉过正的。比较复杂的是短工的问题。三类意见都一致将短工视作"雇工人"，在万历新题例中，短工却被规定为凡人身分。究竟是立法者完全无视官员、学者们的意见而突发奇想规定了短工的身分，还是在法学理论之外的社会观念或司法实践中，早已存在将短工视为凡人的思想基础呢？尽管明代存留的司法材料非常有限，但在上文提到过的、为学界所熟知的相关史料中，还是隐藏着一些被忽略的线索。

（二）短工的法律身分

上文引用过的《（新刊）比部招拟》中的两起案件均发生在正德年间。魏金玉认为，这两起案件中，张泽是长工，胡雄是短工，并以此为证据，论述在万历新题例发布前，无论长工、短工，只要是雇佣人，就会被作为"雇工人"处理。万历新题例使短工得到了解放，从中可以看出明初到明末清初短工地位的上升。[①] 高桥芳郎则认为，两个案子中的雇佣人都是长工，并结合《谳狱稿》中一起短工的案件，得出了"有期雇佣劳动者的身分认定存在着地域性、时期性的差别，而不同审级的问刑衙门意见也并不统一"的结论。[②] 笔者在上文中已经分析过，两起案件中的雇佣人都是短工的可能性是更高的。这一方面说明长工与短工之间缺乏明确的界限，判断时具有个体差异性，另一方面也说明，正德年间的判例确未区分雇佣人的社会身分是长工还是短工。进入嘉靖朝之后，担任刑部主事的龚大器提到这两起案件时，针对的是"议者率以雇募用工者作凡人论"的情况，所谓"议者"，自然不会指中央刑部的官员，那么其所指应该是地方承担职能的官员。那么这里面的"雇募用工者"又指的是什么人呢？上文已经论述过，当时普遍认同长工属于法律上的"雇工人"范畴，从情理来说，大多数地方官员将所有的雇佣人都作为凡人处理的可能性也是极低的，因此，龚大器所批评和纠正的，应该也是地方裁判官将日雇、短工当作凡人处理的情况。而这一点也可以从高桥芳郎提到的《谳狱稿》中所载案例得到印证。应槚《谳狱稿》卷三常镇等处会审疏的部分记述了一起题为"三犯"的案件：

> 一名倪秦，招系直隶常州无锡县民。嘉靖七年八月内失记的日夜，秦初犯窃盗，本县问拟减等杖一百、刺右臂膊。当月二十日夜再犯窃盗，本

[①] 魏金玉：《试说明清时代雇佣劳动者与雇工人等级之间的关系》，载《中国经济史研究》1986年第6期。

[②] 高桥芳郎：《宋至清代身分法研究》，李冰逆译，上海古籍出版社，2015年版，第181页。

县又问拟减等杖一百、刺左臂膊。嘉靖八年四月内秦雇与在官钱让农作。五月失记的日夜,秦见雇主小田船一只系放河下,秦又不合偷撑前船,藏系自己家边河下,仍去伊家佣使。六月内工满回归,隐情卖与在官许名。嘉靖十年正月十八日夜,秦又不合偷盗不在官龙瑞河下空船一只撑载。事发到县,问拟窃盗三犯绞罪监候间。臣等会审,倪秦三犯,事已得实。但盗钱让船一只系雇工人盗家长之物,次盗龙瑞船一只又系无人看守之物,律俱免刺,法难并前二犯通论拟绞。改拟得倪秦所犯,除盗雇工人轻罪外,合依盗无人看守器物计赃准窃盗论一百二十贯律,杖一百,流三千里。有大诰及遇蒙恩例,通减二等,杖九十,徒二年半。系民,审无力,发毗陵驿摆站,满日宁家。缘系先问绞罪,今辩问徒罪,未敢擅便发落。①

在这起案件中,倪秦四月起受雇于钱让,从事农业劳动,到六月合约期满,雇佣关系结束。由于四月到六月正是农忙时期,因此,倪秦是典型的农忙时期受雇帮忙的短工,工期为三个月。倪秦在受雇期间,曾经盗取雇主钱让的小田船一只,并在合约结束后隐瞒实情将船卖掉。而在此之前,他已经在一个月内犯过两起盗窃罪,分别在左右胳膊上被刺字并处以杖刑。在此之后,倪秦又盗窃河下空船一只,案发后,县审判处绞监候。《大明律》中,关于累犯盗窃的刑罚是极重的。如判词所见,第一次会判处杖刑及刺左臂,第二次是杖刑加刺右臂,三犯则属于屡教不改,刑罚直接升级到了绞刑监候。但对于计入累犯的盗窃行为都有严格的要求,须常犯即要刺胳膊的盗窃犯罪才能累计次数。如果是亲属之间或者雇工人、奴婢盗家长,及盗无主物等,都属于免刺的盗窃罪,因此不在通算计数之列。地方官判处倪秦绞监候,显然是将其盗窃雇主钱让的行为作为凡人间的盗窃处理,也就是说,短工并没有被看作是"雇工人"。而本判词的作者应槚是嘉靖五年的进士,授刑部主事,在会审期间,行至常镇等处,遇到这起案件,对初审结果予以纠正,指出倪秦属于"雇工人"身分,不能以常盗视之。这是一起典型的中央官员纠正地方官员将短工作为"雇工人"处理的案件。

结合同样任刑部主事的龚大器的意见,可以进一步发挥和深化高桥芳郎的结论:在嘉靖朝,中央和地方官员在对待短工的问题上出现了立场差别,更了解经济动态的江南地方官主张将短工作为凡人处理,而中央刑部的官员却屡屡

---

① 参见应槚:《谳狱稿》卷三常镇等处会审疏之直隶常州府县见监六名中"倪秦三犯窃盗"案,收入杨一凡《古代判牍案例新编》,社会科学文献出版社,2012年版,第六册第189~192页。

对此予以纠正。到了万历朝,情况发生了一些变化。上述《大明刑书金鉴》虽然没有直接将短工归类为凡人,但是却明确表示日雇属于凡人身分,相对于前两类观点,这是一种松动的表现,表明已经有学者或者官员从理论的层面讨论对雇佣人进行分类的方法,并分别赋予其不同的法律身分。直到万历新题例,朝廷终于彻底承认日雇和短工与长工在性质上有所差别,明确规定了其凡人地位。从嘉庆朝中央和地方裁判官员在个案中的意见分歧,到万历朝法律解释的变化,再到新题例的颁行,大致可以推断,明代中央刑部对于日雇、短工的态度经历了逐步认知、转变和重新定位的过程。

究其原因,受到经济发展、土地兼并及赋税日渐繁苛等多方面的影响,社会中专门从事农耕的人口减少,短工数量逐渐增多,是主要的理由之一。何良俊《四友斋丛说》卷十三中有:

> 余谓正德以前,百姓十一在官,十九在田。盖因四民各有定业,百姓安于农亩,无有他志。官府亦驱之就农,不加烦扰。故家家丰足,人乐于为农。自四五十年来,赋税日增,徭役日重,民命不堪,遂皆迁业。昔日乡官家人亦不甚多,今去农而为乡官家人者,已十倍于前矣。昔日官府之人有限,今去农而蠹食于官府者,五倍于前矣。昔日逐末之人尚少,今去农而改业为工商者,三倍于前矣。昔日原无游手之人,今去农而游手趁食者,又十之二三矣。大抵以十分百姓言之,已六七分去农。①

又,明人李大泌曾论道:

> 成化、弘治以前,县之俗椎鲁少机械,有小忿辄能遣恕,不相质论。其读书为士者,虽被儒服,彬彬齿于缙绅学士之列,矣亦长厚。食不重味,衣无绮纨之饰。宴会招宾客,幅纸单报,转相传视。至则罗短案,妻子出拜,刺刺笑语,不以为嫌。长老有事,后生小子为之执役,若子弟、童奴。其忠厚少文如此。自后声名渐辟,文物转盛,生齿繁多,机心猾起,强弱之势一分,侵蚀之计丛出,甚或巧文舞断,愚氓敛手。故令当道言俗美下移者,颇以京山为口实,盖在壬午、癸未之间,县之风俗实一变矣。自后密迩都邑,车马繁会,五方奇巧之选递相慕尚,加之商贾负贩坐食富厚,百工技艺杂然并集,盖在丙午、丁未之间,县之风俗又一

---

① 何良俊:《四友斋丛说》,中华书局,1959年版,第111～112页。

变矣。①

两段文字都意在指出弘治、正德朝到嘉靖乃至万历朝之间的变化。何良俊从人口生业等角度，阐述了农业人口是如何一步步脱离土地转而从事其他行业的。李大泌则从风俗的角度指出了社会风气崩坏的过程。其中提到的壬午、癸未年，当指嘉靖初年（1522）和嘉靖二年，这一时期京山县的风俗第一次发生了明显的转变。丙午、丁未年，应该是指万历三十三（1605）和三十四年，是京山县社会风气的又一个转折点。从中可以看出，社会结构的变化是全方位展开的，农民离开土地，进入社会，辗转劳作；商业发展，人口流动增加，世风逐渐堕落，等等。短工正是伴随着这种社会变迁而逐渐壮大起来的。傅衣凌曾指出："弘治（1488—1505年）以后，又见雇工制的发达，固然，雇工人早已有之，但此时短工和忙工的大量出现，最值得注意。"②李文治也曾指出，"从明代中叶开始，有一种现象很值得我们注意，即封建文人的著述在涉及农民生计之时每把佣、佃并提"，"从明代中叶起，不少地区的地方志书出现农业雇工的记载，在商业性农业比较发达的江浙两省尤为突出"③。当社会中短工的人数越来越多，发展到一定规模的时候，民间对此就习以为常。当遇到短工相关的案件时，更熟悉地方实态的官员也会很自然地做出适应社会状况的裁决，将短工作为凡人处理。而中央官员拘泥于法理，坚持短工的"雇工人"法律身分，因此有了嘉靖朝中央与地方裁判上的矛盾。经过隆庆朝，进入万历朝，社会中的短工此时已形成规模，法律也终于有所改革。

综上所述，新题例在本质上是朝廷面对亟待解决的法律问题，从技术层面对"雇工人"的概念加以精确化的改进措施。新题例将日雇与短工规定为凡人身分，固然与社会中短期雇佣劳动的日益繁荣有密切的关联，但同样不能忽略的是，万历新题例的制定并不是经济发展积累到一定程度后一蹴而就地体现于法律中的结果。如上文所示，法律领域内部也经历了对日雇、短工的定位变迁，经历了地方和问刑衙门从意见分歧到司法统一的过程。法律的发展有其自身的逻辑和进程，并不只是被动地反映社会经济实态而已。由于这一阶段的相关资料十分有限，我们很难勾勒出当时法律运作的全貌。更多具体的情况，只能留待今后发现更多的史料来进一步解明。

---

① 参见陈梦雷编辑、蒋廷锡校订：《古今图书集成·职方典》卷一千一百四十二之安陆府部汇考八安陆府风俗考之京山县，中华书局、巴蜀书社，1985年版，第15册第18021页。

② 傅衣凌：《明清封建土地所有制论纲》，中华书局，2007年版，第49页。

③ 李文治：《明清时代中国农业资本主义萌芽》，收入李文治、魏金玉、经君健《明清时代的农业资本主义萌芽问题》，中国社会科学出版社，2007年版，第46、47页。

二、万历十六年"雇工人"新题例颁行之后

(一) 理论的缺陷

如上一节所示,由于《大明律》中"雇工人"概念的缺失,明代的官员和学者们立足于自身的经历见闻和对法律的理解,提出了判断"雇工人"法律身分的不同标准。这种各行其是的状态维持了近两百年,明朝廷终于在万历十六年新题例中对"雇工人"的存养主体和判断标准等问题做出了明确规定。如上文引用过的《明神宗实录》中的内容所示,制定万历新题例的契机是万历十五年左都御史吴时来等人的上奏。除了实录外,清初修纂的《明史·刑法志》中也提及了这段奏文,而且与实录的记述略有区别:

> 万历中,左都御史吴时来申明律例六条:
> 一、律称庶人之家不许存养奴婢。盖谓功臣家方给赏奴婢,庶民当自服勤劳,故不得存养。有犯者皆称雇工人,初未言及缙绅之家也。缙绅之家,存养奴婢,势所不免。合令法司酌议,无论官民之家,立券用值,工作有年限者,以雇工人论。受值微少,工作计日月者,以凡人论。若财买十五以下、恩养日久、十六以上、配有室家者,视同子孙论。或恩养未久、不曾配合者,庶人之家,仍以雇工人论;缙绅之家,视奴婢律论。[①]

在这段文字中,新题例的制定原因完全被归结为缙绅之家的蓄奴需要,实录中"且雇工人多有不同,拟罪自当有间"的理由被省略掉了。这也从侧面反映出新题例制定的主要目的并不在于解决雇佣人的法律身分问题,因此,关于雇佣人的规定也不是经过了严密分析和逻辑建构而得出的内容,更像是对司法和社会中普遍存在的观念的法律确认。由于现实情况的复杂性,新题例的规定也无法覆盖所有的情况,尚存在不少漏洞。总体而言,最大的问题有两点:

第一,日雇的情况姑且不论,作为凡人处理的短工与作为"雇工人"论处的长工之间,新题例并没有规定明确的分界。并且,关于"受值不多"的条件,在多与少之间也难以划定分界。尤其是前者,新题例中以"议有年限"来形容长工,以"短雇月日"来形容短工和日雇,按照语义来说,雇佣期限为年的则是长工,为月日的则是短工和日雇。那么,是按照约定的情况来考察,还

[①] 《明史·刑法一》,中华书局,1974年版,第八册第2291页。

是按照实际的情况来考察呢？如果双方约定为月雇，但连续受雇已经超过一年，则这个人是长工还是短工呢？此外，工作性质等因素是否影响长、短工的区分呢？为了考察这些问题，不妨先参考一下如下史料。

1. 弘治《吴江志》中有：

> 四民之中，惟农为最劳。而吴农又劳中之劳也。无产小民，投顾富家力田者，谓之长工。先借米谷食用，至力田时，撮忙一两月者，谓之短工。租佃富家田产以耕者，谓之租户。此三农者，所谓劳中之劳也。①

2. 正德《松江府志》中有：

> 农无田者，为人佣耕，曰长工，农月暂佣者，曰忙工。田多而农无田者为人少者倩人为助，已而还之，曰伴工。②

3. 嘉靖《吴江县志》中有：

> 若无产者，赴逐雇倩，抑心殚力。计岁而受直者，曰长工。计时而受直者，曰短工。计日而受直者，曰忙工。佃人之田以耕而选其租者，曰租户。③

4. 明末清初时，褚人获《坚瓠秘集》卷三"长短工"中记有：

> 吴中田家，凡久佣于人者谓之长工。暂佣于人者谓之短工。插莳时而暂唤者曰忙工。《三余赘笔》云：按《六典》"凡役之轻重，功有长短"，注以四、五、六、七月为长功，以二、三、八、九月为中功，以正、十、十一、十二月为短功。盖夏至日长至六十刻，冬至日短至四十刻。若一等定功，则枉弃日刻。大约中功以十分为率，长功加一分，短功减一分，至忙工价几倍之。④

史料1记录的是弘治朝之前吴江县的情况。吴江县隶属于苏州府，是江南最富庶的地区之一，也是中国经济最发达的地区之一。这条记述主要以农业雇工为对象，定义了长工、短工和租户。所谓长工，是指自己没有田地，投身于

---

① 莫旦：弘治《吴江志》卷六"风俗"，弘治元年刻印，南京图书馆藏，索书号"GJ/KB2642"。
② 正德《松江府志》第四卷"风俗"，参见陈威、喻时修、顾清：《正德松江府志》，收入《天一阁藏明代方志选刊续编》，上海书店，1990年版，第五册203页。
③ 嘉靖《吴江县志》卷十三典礼志之"风俗"。参见曹一麟修、徐师曾等纂：《嘉靖吴江县志》，收入《中国地方志集成》善本方志辑第一编，凤凰出版社，2014年版，第42册第173页。
④ 参见褚人获：《坚瓠秘集》，收入《清代笔记小说大观》，上海古籍出版社，2007年版，第二册第1952页。

富人之家，为其耕地以维持生存的人。其与租户即佃农的区别在于，两者虽同耕主人之田，但土地收成的归属不同。租户可以获得收获物，并向主人缴纳一定的租米。而长工不能取得收获物，只能从雇主处获得一定的报酬。短工是在农忙期短暂为人雇佣务农之人。长工和短工的本质区别并不在于雇佣期限的长短，而是在于长工是稳定的农业雇工，短工只在农忙期短暂帮佣。相比之下，长工应该更加熟悉农业上的操作，主人才能放心将土地交给其耕种，短工则未必如此。因此，流动性和专业性构成了区分两者的要素。史料2描述的是弘治到正德年间松江府的情况。松江府与苏州府地界相邻，几乎可以看作是同一经济区域。弘治朝之后就是正德朝，因此，史料2的情况与史料1非常接近，同样是以农业雇工为对象。无田之人，受雇为他人耕田，是长工；农忙时期短暂帮工，这条史料里称为忙工。到了史料3，情况发生了明显的变化。史料3描述的是嘉靖前后的场景，同样以吴江县为观察区域。随着商业的发展，史料3对于雇工的描述不再专门以农业雇工为对象，而是使用了普遍性的表述方式。以年为单位获取报酬的雇工是长工，以季为单位获取报酬的是短工，以日为单位获取报酬的是忙工。区分三者的标准转变为议定报酬的时间单位，短工也不再局限于农忙时期的帮工。史料4的作者是明末清初人，记述的也是吴中田家的情况。其中长短工的判断标准不再强调受值以"年"或受值以"时"，而是用了"久佣"和"暂佣"的语词对比。并且，这条史料更清晰地界定了忙工的含义。即便都是短雇月余，但月份不同，白天的时长便不同，佣工之人付出的辛苦也随之改变。因此，短工是一个普遍性的概念，只要是"暂佣于人"都算是短工。而短工之中，在农忙期短雇于人者，又可以特别称呼为忙工，是最为辛苦的一种短工。

综合四条史料来看，首先，长工和短工的判断标准，以及人们对于他们的感觉，是随着时代的变化而发生变化的，并不存在一个恒定的指标。其次，除了史料1将短工对应为农忙时期的农业雇工之外，史料3和4中，短工的判断标准都具有弹性，与长工之间缺乏明确的分界，并且没有考虑到一些特殊情况。比如史料3中，计年和计时之间存在很大的空间，比如工期半年要作何处理？此外，如果约定计年受值，但在做工途中，由于某些事由，双方决定提前终止合同，实际工作的时间不满一年，则雇佣人的身分是长工还是短工呢？再比如虽然约定计时受值，但已连续受雇超过一年，则该佣工是长工还是短工呢？史料4中，"久"和"暂"的区别更是非常依赖于个人的感觉，不同的案情会带来不同的情感偏向，这些都会影响裁判官对长工和短工身分的判断。

第二，新题例对于以"雇工人"论处的长工，规定了两个条件，即"立有文券"和"议有年限"。但如果只满足其中的一个条件,比如写立了契约,但没有约定具体的雇佣年限(不被辞退可以一直工作下去),或者口头约定工作年限及酬劳,但是没有写立书面契约,"雇工人"身分是否能够成立呢?问题又回到了裁判官的主观判断上。

(二) 司法的困境

从司法的情况来看,主要的问题也确实集中于上述的两点问题。最为典型的案例要属《止园集》卷二十六谳书二中所记载的一起题名为"应州 一起奸通二命事 斩罪 丁万金"的案件:

> 前件曾审得:据招丁万金之佣工于钱本,在二十九年约有两月或与饭食,或与些须工钱。在三十年算有九月,与工银二两五钱,盖零雇,非长工也。至三十一年立有契约,而工银数目系钱本自填,且无年限,安得遂执以为长工乎?查万历十六年题奉钦依,凡倩工作之人,立有文券、议有年限者,以雇工人论。止是短雇月日,受值不多者,依凡论。则丁万金之未有年限与例不合,而二两七钱之佣值,遂引例不保其首领,或非新题钦恤之本意也。该道另议详夺。
>
> 批:丁万金通奸康氏,既非长工难服大辟,依拟改杖赎发。奸妇宣淫自有死道,律无埋葬之条,银不准给。实收,缴。①

在这起案件中,丁万金受雇于钱本。万历二十九年(1601)的时候他零零碎碎地承担了一些劳动,有时得到了一些饭食,有时得到了很少的工钱。到了万历三十年的时候,丁万金获得了更多的劳动机会,十二个月中有九个月为钱本佣工,得到了二两五钱的工价银。到了三十一年,大约是因为前两年的工作让钱本觉得满意,双方缔结了书面雇佣契约,但未约定雇佣年限,佣工金额是钱本后来自己写上去的,双方最初并没有一同写入契约书中。在受雇期间,丁万金与钱本的女眷康氏通奸,从案卷中关于康氏的部分来推断,应该是钱本愤怒之下杀死了康氏。案发后,官府介入进行裁决。

根据《大明律》的规定,凡人之间的和奸只会判处杖刑,而如果是"雇工人"奸家长妻的话,法定刑是斩刑,差距悬殊。从本案标题中标注的"斩罪"可以看出,在初审时,裁判官是将丁万金作为"雇工人"来论处的。这意味着在初审裁判官看来,从二十九年到三十一年,尽管丁万金并非连续受雇,但总

---

① 吴亮:《止园集》,天启元年序刊本,京都大学人文科学研究所藏,索书号"集-Ⅱ-8-910"。

体时间已经不短。三十一年时开始写立契约,虽未载明雇价和工期,但仅凭文契已经可以判定"雇工人"身分。但其上级官员即这段判词的作者吴亮认为,这个判定是不符合新题例的。丁万金与钱让虽立有文契,但并未议有年限,没有同时符合新题例规定的两个条件。此外,工价银二两七钱的数目也不多,符合短工"受值无多"的特征。因此,丁万金应该是短工,属于凡人身分。还需要注意的是,在吴亮看来,新题例的本意在于"钦恤",所谓钦恤,意味着要体察民间疾苦,对于没有田地不能自给自足的普通百姓来说,佣工本是迫不得已,因此当他们只是短暂受雇收取些微工银的时候,应该肯定其凡人地位,而不是在法律上继续给他们以压迫。可以想见,在法律身分存在疑问的情况下,出于"钦恤"的考虑,吴亮在裁决案件的时候都会严格要求长工必须符合文契和年限两项条件,才会以"雇工人"论处,否则便会尽量做出有利于雇佣人的判决。

再举一例。《谳豫勿喜录》卷八林县"一起雇工人殴杀家长期亲死者斩罪一名":

> 会审得,李思秉受雇有约,固明是勾家一雇工人矣。构麦浮浅,而勾成有言,亦主者分固然耳。此而遂仇之,而遂杀之。至于脊膂心坎无不受其拳脚土坯之伤,而立死焉。此岂雇工人所出者乎。明例具在,而谳者犹敲推绞斩之间,不已迂乎。候决。①

在这起案件中,李思秉受雇于勾成,双方订立了文契,但判词中并未提到议有年限,则应该是未议年限,只符合两个条件之一。这是一起会审的案件,可见此前已经经历了三次左右的裁判。会审官员提及"谳者犹敲推绞斩之间",可见前几次裁判中对于李思秉的判决意见并不统一。根据《大明律》的规定,凡人间斗殴致死,应处以绞刑,而如果是"雇工人"殴杀家长,则是最重的斩刑。由此可见裁判意见之所以不统一,问题出在对李思秉的法律身分的判定上。有些裁判官认为他是凡人身分,有些裁判官则认为他是"雇工人"身分。造成这种分歧的主要原因,即在于李思秉与勾成之间只有契约而并未议定年限。李日宣作为会审官员,直接指出李思秉毫无疑问属于"雇工人",与上一个案例中吴亮所主张的"钦恤"立场截然相反。两相对比,可以看出,明代的官员对于立有文契而未议定年限的雇佣人的看法并不统一。

因为明初制定的《大明律》中缺乏对"雇工人"判断标准的规定,导致了

---

① 李日宣:《谳豫勿喜录》,崇祯五年刻本,中国国家图书馆藏。

司法裁判中的参差不齐，所以有了万历"雇工人"新题例的出台。但新题例的规定又带来了新的问题，导致司法裁判过程中又发生了新的不确定性。这是明朝廷始料未及的。没有等到再次调整，明朝就已经走到了尽头。直到清代，才有了新的条例。清代雇佣人的情形，留待本书第五章进行考察。

（三）外出随行人员的司法地位

需要附带论及的是，上一节讨论过的关于"雇工人"判断标准的不同意见中，第三类观点提到了外出随行人员的法律身分问题。万历新题例并未对此作出相应的规定，我们不妨通过案例来观察一下司法中的情形。《莆阳谳牍》卷一"本府一件人命事（笞罪方柱）"一案的内容如下：

> 审得廖霖川之侄承保，有陈二奇等商贩雇作仆从。承保以病死南都，二奇等告照归榇，且出费以襄之葬，情属无他。廖霖川已受雇工二两七钱，而得陇望蜀，告给埋葬。侄死而叔橐多金，出于何名目？贫而愚矣。念贫老免罪。方柱挑讼，薄笞之。①

在这起案件中，承保被陈二奇等商贩雇佣，作为外出随行的仆从。承保随商队出发后，客死异乡，陈二奇等人将其尸身运回，并给其亲属银钱助其下葬，可谓仁至义尽。从成书时间等因素来推断，本判词的时间要略晚于上文引用过的《止园集》"应州 一起奸通二命事 斩罪 丁万金"案，但巧合的是，两案中雇佣人所受取的工价银都是二两七钱。在上一起案件中这一数目被认为是"受值无多"，可知该数目在当时至少不是普遍感觉很高的金额。承保既是短雇，又属于受值不多的情况，因此，在本案中，裁判官很自然地将承保和陈二奇等人之间作为凡人间的关系进行了评述，完全没有考虑承保有可能是"雇工人"。

由此可知，虽然当时有将外出随行者作为"雇工人"处理——本质上是将"服役之人"作为"雇工人"处理的理论萌芽，但并没有被朝廷正式采纳。在司法实践中，也没有被普遍地施行。将这种观念真正体现于法律规定之中，是清朝才完成的。

---

① 祁彪佳：《莆阳谳牍》，收入杨一凡、徐立志《历代判例判牍》，社会科学文献出版社，2005年版，第五册第28页。

第四章　清代奴仆法律身分的变化

清朝顺治三年编纂的《大清律例》①几乎完全继承了《大明律》的内容，"雇工人"这一法律身分到了清代也依然存在于律典之中。然而，清朝是满族人建立的政权，旗人社会的风俗习惯和思想观念与汉人社会存在不小的差异。为了实现民族之间的融合，也为了使法律能够与现实的社会状况相适应，清朝廷通过制定条例的方式逐渐对最初的法典内容进行了调整和改善。尤其是在雍正和乾隆朝，律典的修订非常频繁，与"雇工人"身分相关的条例也经过了数次改变，对现实中的奴仆和雇佣人都产生了极为重大和深远的影响。本章主要讨论各种奴仆法律身分的变化。雇佣人的问题则在下一章中进行分析。

在清代初期，奴仆的社会地位与明代并没有太大的差异。清代文献《研堂见闻杂记》中有如下记载：

> 吾娄风俗，极重主仆。男子入富家为奴，即立身契，终身不敢雁行立；有役呼之，不敢失尺寸；而子孙累世，不得脱籍。间有富厚者，以多金赎之，即名赎而终不得与等肩。此制驭人奴之律令也。②

通过这段记述可以看出，尽管经历了朝代的更迭，社会中的主仆关系特征以及奴仆的身分性质、地位等却依然保持了较为稳定的状态。奴仆要恭谨地侍奉主人，完成主人交代的工作，终身不能离开，甚至子子孙孙都要世代为主人家服役。即便是由于赎身离开主人家，在名分上也不能完全回复到凡人之间的关系，这些都与第二章介绍过的明代的情况是相同的。

奴仆的身分性质虽然相似，但如本书第21页引用的史料3和4中所体现

---

① 关于顺治律的颁行时间究竟是顺治三年还是四年，学界尚有争议。具体可参见苏亦工：《明清律典与条例》，中国政法大学出版社，2000年版，第五章第一节。

② 《研堂见闻杂记》，不著撰人，所记载的内容都是清代初期的事件。最后一条记录是关于康熙五年时的情况。引文参见《研堂见闻杂记》，收入《台湾文献丛刊》，台湾大通书局印行，人民日报出版社影印，2009年版，第98册第30页。

的那样，在买卖契约的修辞和保有名义等方面却有所不同。史料3实质上是财买之仆（投靠的情况也包含其中），史料4则是财买义男，与真正作为乞养子孙的义男在名义上有所重合。这些奴仆在明初的法律身分都是"雇工人"，到了明末则发生了一定的变化。进入清代之后，随着奴婢与"雇工人"法令的发展变化，这些身分种类不同的奴仆所对应的法律身分也发生了改变。本章拟对二者分别进行讨论。

一、财买奴仆的法律身分与社会身分

（一）清初的情况

如本书第一章所述，在清初的立法中，"立嫡子违法"条中禁止民间蓄奴的规定添加了夹注部分，使得文意发生了一定的变化。就法理而言，即便是庶民之间，如果存养原本就是奴仆身分的人，比如存养其他人家的家生奴仆等，也并没有违反律例的规定。但事实上，在清初的司法实践中，至少直到康熙朝为止，汉人的庶民之家依然受到存养奴婢禁令的限制。在《大清律辑注》中，沈之奇明确指出：

> 庶民之家，当自勤劳力作，故存养奴婢者，杖一百，即放从良。谓其身等齐民，压良为贱，越分实甚也。但言庶民，则士大夫之家，在所不禁矣。或谓有罪缘坐之人，方给付功臣之家为奴，非功臣概不得有奴婢。此说太拘。各律内言奴婢者甚多，岂尽为功臣言哉？盖功臣之家有给赐者，士夫之家，则自存养耳。①

又：

> 奴婢乃有罪之人缘坐之人，给付功臣之家者也。常人之家，不当有奴婢。按：祖、父卖子孙为奴婢者，问罪。给亲完聚，是无罪良人。虽祖父亦不得卖子孙为贱也。由此观之，常人服役者，但应有雇工，而不得有奴婢。故今之为卖身文契者，皆不书为奴、为婢，而曰义男、义女，亦犹不得为奴婢之意。然今问刑衙门，凡卖与士大夫之家者，概以奴婢论，不复计此矣。②

---

① 沈之奇：《大清律辑注》卷四户律户役"立嫡子违法"条之律上注，第196~197页。
② 沈之奇：《大清律辑注》卷二十刑律斗殴"良贱相殴"条之律上注，第746~747页。

《大清律辑注》是清初律学著作之集大成者，书中观点对当时及后世的裁判均产生了重要的影响。综合两段律注，沈之奇认为，庶民之家，应当自力更生，役使其他与自己同等地位的良民为自己服务，属于"压良为贱"，是极为僭越的表现。哪怕是尊亲属，如祖父之类，自愿将卑幼卖给他人为奴，都是法律所不允许的。在他看来，庶民之家即使存养本就是奴仆身分之人，也是超越了"本分"的行为，恪守本分是很重要的事情，因此，庶民之家只可以有雇工，无论如何，都不能存养奴婢。只有士大夫之家，才有资格成为存养奴婢的主体。对于当时普遍流行的假托财买义男存养奴仆的做法，他指出这正是由于法律对于奴婢的存养主体有严格限制的缘故，但问刑衙门却将卖与士大夫之家的义男一律作为奴婢论处，这是违背了法律精神的。至少在明代万历新题例之中，对于财买义男还是有所区分，并赋予其不同的法律身分。从中，我们还能推断出，沈之奇只说士大夫之家，意味着在康熙朝的司法实践中，庶民之家的财买义男仍然是以"雇工人"论处的。此外，托名义男尚且要受到限制，直接以奴仆的名义进行保有的无期劳动力，自然更加不能取得奴婢法律身分。

那么，在康熙朝，司法裁判中为何会出现将士大夫之家的奴仆作为奴婢处理的情况呢？要回答这个问题，首先要了解清代的满汉之别。清朝是满族人入主中原后建立的少数民族政权，社会中除了汉人外，还有着为数不少的满人。汉人尤其是庶民阶层在蓄奴的时候，会顾及律令的规定，采取一些规避法禁的手段。与此形成鲜明对比的是满族旗人的风俗习惯。在旗人社会中，无论是宗室、觉罗等贵族阶层，还是士大夫阶层，甚至一般旗人构成的庶民阶层，存养奴婢都是司空见惯的事情，在满洲原本的法律中也从未对任何主体的蓄奴资格加以限制。清朝入关初期，附籍于主人户籍之下的奴仆构成了旗人社会中一个人数庞大的阶层。清初的史料文献中所见"盛京带来人""带地投充人""远年掠夺人"等都是入册奴仆，在法律上都属于奴婢身分。这种情况被汉人官员看在眼里，会潜移默化地动摇和瓦解他们对于士大夫之家不能任意存养奴婢的信念和认识，日积月累，汉人的官僚阶层出于自身利益的考虑，在司法中将本阶层的人家所存养的奴仆作为奴婢论处，也就不足为奇了。

需要注意的是，清朝建立了大一统的中央王朝之后，全国统一通行的法典只有《大清律集解附例》（在此基础上，又制定了《大清律例》）。虽然对于旗人社会来说，"雇工人"是极为陌生的法律身分，但立法官员们还是尽力做出了适应和调整，除了上文提到的入册奴仆是奴婢身分外，清朝廷将旗人社会中的财买奴仆（包括投靠和当身奴仆）按照一定的标准分别对应于奴婢和"雇工人"的法律身分。只不过，所谓一定的标准，并不是如同汉人社会一样根据保有主体进行区分，而是根据买卖契约的形式来判定其法律身分。《定例成案合镌续增》刑部斗殴中有一则标题为"旗人殴杀当身并白契所买之人（康熙四十六年十二月）"的案例：

> 一、刑部会看得：旗人王四草毒死当仆刘英、诬告李大打死一案。臣部查，先经护军雅图杀死白契所买家人赵之茂，照故杀雇工人律拟绞。刘英系当身之人，行令该抚定拟在案。今据该抚具题前来，王四草合依家长故杀雇工人律拟绞监候，秋后处决。又该抚疏称，嗣后旗人殴杀当身并白契所买之人，俱照雅图之例，永为定例通行等语。据此应如该抚所请，俟命下之日通行直隶各省遵行。奉旨王四草依拟应绞，著监候，秋后处决。余依议。①

在这起案件中，王四草只是普通的旗人，并不具备任何官僚或者士人身分。刘英是其当身奴仆。所谓当身奴仆，是指事先收取一定的金钱，将自己典当给主人，在当身期间听凭服役使唤。当契约届满之时，当身之人应按照契约文书中约定的金额，将赎身银交付给主人，以取得人身自由。如果在契约届满之时未能支付赎金，则终身归属于主人，成为奴仆。在当时的人看来，当身奴仆在服役期内与普通奴仆并无分别，即便期满可以赎身，也与财买奴仆的赎身行为相类。更何况，期满后无力赎身的情况也相当普遍。因此，当身奴仆的社会地位与财买奴仆基本一致。省级裁判中，将刘英的法律身分判定为"雇工人"。而该省如此裁判的依据是在此之前发生的雅图杀死赵之茂案。赵之茂作为财买奴仆，因为买卖契约为白契，所以被认定为"雇工人"。所谓白契，是指买卖契约系私人行为，没有加盖官府的印章。因为在官府履行登记程序需要缴纳一定的费用，因此，民间的买卖契约，不仅限于人身买卖，还包括房屋、土地买卖等，常常只有中人作证，而没有官方盖章，这类契约被称为白契。加盖了官府红色印章的契约，则被称为红契。旗人的红契奴仆作为入册奴仆，是作为奴婢论处的。经过本案，形成了新的定例，此后无论是白契奴仆还是当身奴仆，都明确被规定为"雇工人"身分。到了雍正五年，律例馆又奏准将其作为附律条例：

> 旗人故杀白契所买并典当之人，俱照故杀雇工人律，拟绞监候。若殴

---

① 孙纶：《定例成案合镌续增》，乾隆中刊本，东京大学东洋文化研究所藏，索书号"大木-法类-例案-3"。

打死者，照律治罪。①

（二）雍正朝的规定

满汉之间在蓄奴问题上的相互影响并不仅止于司法领域，在日常生活之中，也在日积月累地发生着各种变化。在雍正朝，皇帝终于下达了如下谕令：

> 谕内阁。满洲风俗，尊卑上下，秩然整肃，最严主仆之分。家主所以约束奴仆者，虽或严切，亦无不相安为固然。乃至见汉人陵替之俗，彼此相形，而不肖奴仆，遂生觖望，虽约束之道，无加于畴昔，而向之相安者，遂觉为难堪矣。乃至一二满洲大臣，渐染汉人之俗，亦有宽纵其下，渐就陵替者。此于风俗人心，大有关系，不可不加整饬。夫主仆之分一定，则终身不能更易。在本身及妻子，仰其衣食，赖其生养，固宜有不忍背负之心。而且世世子孙，长远服役，亦当有不敢纵肆之念。今汉人之奴仆，乃有傲慢顽梗，不遵约束，加以诃责，则轻去其主。种种敝俗，朕所洞悉。嗣后汉人奴仆，如有顽傲不遵约束，或背主逃匿，或私行讪谤，被伊主觉察者，应作何惩治？与满洲奴仆之法，作何划一之处？著满洲大学士、九卿，详悉定议具奏。②

在这段圣旨中，雍正皇帝指出满洲的风俗最严主仆之分，汉人风俗却并非如此。本书在第二章中曾经提到，自从明代中期开始，随着商品经济的发展，主仆关系的根本也发生了动摇，在有些人的观念中，主仆关系从施恩与接受转变成了一方出资一方出力，因此，奴仆对于主人的态度日渐轻慢，甚至轻易背主而去。主人为了留住奴仆，不得不采取怀柔政策。到了清代，汉人社会的情况也并未有太大的改善，甚至还影响到了满洲旗人，不仅主人对奴仆日渐宽容，奴仆对主人也不复昔日的尊敬。雍正帝对此极为不满，重申了奴仆应当终身且世代服役的原则，并且在对主人的态度上也要恭敬柔顺。他还要求内阁议定具体的措施，以约束汉人奴仆，一方面不致于带坏满洲风气，一方面也可以使满汉之间的奴仆法令得以统一。而大学士与九卿讨论的结果，是制定了相应的条例。在雍正五年发布的关于主仆关系的法令之中，最为引人注目的部分如下：

---

① 参见光绪《清会典事例》卷八百一十刑部八十八刑律斗殴"奴婢殴家长"条，中华书局，1991年版，第九册第843页。

② 参见《大清世宗宪皇帝实录》卷五十之雍正四年十一月癸丑条，华文书局，1969年版，第768~769页。

> 凡汉人家生奴仆，印契所买奴仆，并雍正五年以前白契所买及投靠养育年久，或婢女招配生有子息者，俱系家奴，世世子孙永远服役，婚配俱由家主，仍造册报官存案。[1]

首先，该条例并未对奴婢的保有主体进行限制，也就是说，即便是庶民之家，其财买的奴仆也被纳入了奴婢的范畴。"立嫡子违法"条夹注的法律效力终于得到了官方确认，庶民之家取得了财买已经是奴婢身分者的资格。其次，这一条例在法律上明文确认了奴仆必须终身且世代服役的原则。最后，条例中提及"婢女招配生有子息"的情况下，其子息也是家奴，需要继续为主人服役。在当时，以婢女招配，吸引男性劳动力来家中服役的情况是比较普遍的。如果赘婿是以奴仆的身分进入主人家，生下的子女自然也是主人家的奴仆。但如本书第二章中引用过的案例所示，很多情况下，婢女招配来的赘婿并不是终身奴仆，双方会约定做工一定的年限作为财礼，期满后赘婿可以带着妻子一同离开主人家。在这种场合，子息的归属就成为问题。这一条例对此做出了明确的规定。条例中提到的家生奴仆、印契所买奴仆、白契所买奴仆及投靠奴仆、婢女所生子息等，都是满洲社会中存在的奴仆类型，所以该条例专门进行了规定。与此相对，托名义男而进行存养的奴仆，虽然汉人社会自古以来就一直存在，但对于满人来说却是比较陌生的存在，因此条例中完全没有提及。

先行研究多认为这一条例包含了很多历史信息，比如高桥芳郎认为，这一条例创造出了新的奴婢类型。[2] 小山正明认为包括该条例在内的明末以来的一系列相关条例体现了统治阶层更狭窄地限定奴仆身分的意图，反映出当时奴仆劳动的矛盾与解体。[3] 岸本美绪则指出，雍正皇帝试图通过该条例，追认明末以后日益加深的社会流动，使法律更贴近社会现实。[4] 但由于研究者们通常将明清时代的变革看成一个连续的过程，因此更多的是立足于汉人社会的情况进行分析，却很少从满汉之别的角度来阐发该条例的整体作用。如果考虑到旗人的情况，则高桥氏所谓的新型奴婢身分并不是在这一条例颁行之后才出现的，

---

[1] 参见光绪《清会典事例》卷八百一十刑部八十八刑律斗殴"奴婢殴家长"条，中华书局，1991年版，第九册第843页。
[2] 参见高桥芳郎：《宋至清代身分法研究》，李冰逆译，上海古籍出版社，2015年版，第195～199页。
[3] 参见小山正明：《明代の大土地所有と奴僕》，收入小山正明《明清社会经济史研究》，東京大学出版会，1992年版，第357页。
[4] 参见岸本美绪：《冒捐冒考诉讼与清代地方社会》，邱澎生、陈熙远《明清法律运作中的权力与文化》，广西师范大学出版社，2017年版，第194页。

而是在此之前就已经存在了。此外，在当时全国只有一部统一法典的背景下，旗人和民人之间的差别主要通过条例的方式来体现，朝廷在颁布条例的时候，往往会在开篇就指明其针对的对象是旗人或者民人、旗员或者官员，等等。这一条例便是只针对汉人有效的。而朝廷当然不希望一直延续满汉在法律上各行其是的局面，为了实现法律上的统一，雍乾年间曾出台了多项条例①，仅在雍正五年便有数条之多，内容涉及多个方面，该条例仅是其中之一。条例开篇即强调针对"汉人"，在后半段列举了各种情况后（具体内容参见本书第 9 页"雍正朝的法律修改"），规定要比照"满洲"的情况进行处理，可见其意图在于弥合满汉之间奴仆身份的法律差异。② 因此，将其看成是满汉合流的手段之一是更为恰当的。

那么，在这一条例颁行后，旗人与汉人在奴仆方面的所有处理办法是否都得到了统一呢？上文曾提到，同样是雍正五年，还颁行了如下条例：

> 旗人故杀白契所买并典当之人，俱照故杀雇工人律，拟绞监候。若殴

---

① 这类条例的主要特征在于以"凡旗民人等"作为起始语句，或者在条例中写明"旗人有犯，向民人一体办理""民人照八旗之例办理"等，意在统一满汉之间的法律规定。例如，刑律贼盗"盗田野谷麦"的律条正文为：凡盗田野谷麦菜果及无人看守器物（谓原不设守及不待守之物。）者，并计赃准窃盗论，免刺。若山野柴草木石之类，他人已用工力砍伐积聚而擅取者，罪亦如之。（如柴草木石虽离本处，未驮载间，依不得财笞五十。合上条有拒捕，依罪人拒捕条。）乾隆二十四年制定的附律条例为：凡拿获偷参贼犯，严审明确，如有身充财主雇人刨采，及积年在外逗留已过三冬者，不论参数多寡，俱发云贵两广烟瘴地方管束。若并无财主，系一时乌合，各出资本，及受雇偷采，或只身潜往，得参者，均杖一百，流三千里。未得者，杖一百，徒三年。代为运送米石者，亦如之。旗人有犯，同民人一体办理。犯应军流者，销去旗人档，系旗下家奴，发驻防兵丁为奴。乾隆三十二年制定的附律条例为：凡旗民人等偷刨人参，人至四十名以上，参至五十两以上者，为首之财主，及率领之头目，并容留之窝家，俱拟绞监候。为从，系民人发云贵两广烟瘴地方，系旗人销去旗档，同民人一体发遣。（参见光绪《清会典事例》卷七百九十二刑部刑律贼盗"盗田野谷麦"条，中华书局，1991 年版，第九册第 673、676 页。）

② 对于汉人社会中的奴仆，如果是满人熟悉的类型，比如卖身为奴者，清朝廷通过法律规定加以严格约束，使其符合满洲风俗。但对于满人并不熟悉的奴仆类型，比如皖南佃仆，便解放其身份以调和满汉之别。雍正帝认为除非明确有文契等证明主仆关系，如果"文契不存、不受豢养"，则"似世仆而非世仆"，不能将其贱视为奴。出于移风易俗的考虑，雍正六年朝廷又发布条例宣布将其开豁为良。参见经君健：《清代社会的贱民等级》，浙江人民出版社，1993 年版，第八章第六节。此外，从雍正元年到雍正十年，雍正帝连续下旨废除了山西、陕西的乐籍，又豁除了浙江堕民、闽广疍户以及常昭丐户等群体的贱籍。这些被开豁为良的贱民都没有特定的主人，他们对于满人来说同样是陌生的。可以说，雍正时期关于贱民和奴仆等一系列规定都是相互关联的，对于国家治理和统一法律而言具有积极的影响。岸本美绪则指出，雍正皇帝的开豁贱民与雍正五年条例的颁行，看似背道而驰，一个赐贱民以"解放"，一个容忍和放任良人沦为奴婢，但在客观效果上都有促进身份流动化的意义。参见岸本美绪：《冒捐冒考诉讼与清代地方社会》，邱澎生、陈熙远《明清法律运作中的权力与文化》，广西师范大学出版社，2017 年版，第 194 页。

打死者，照律治罪。①

汉人社会中的家生奴仆、印契所买奴仆等都与旗人社会中的情况一样，在法律上被规定为奴婢身分。但汉人社会中在雍正五年之前已经产生的白契奴仆也被规定为奴婢，而根据这一条例，旗人社会中的白契奴仆却依然是"雇工人"法律身分。再来看司法的情况。《刑案汇览》卷三十九"奴婢殴家长"部分收录了一起题名为"殴死婢女应分别红契白契"的成例，内容如下：

> 刑部侍郎张条奏：窃惟孟子云：天无二日，民无二王。左传云：天有十日，人有十等。二义相反而实相成，偏废一义则教化不明，良非细故。主仆之分亚于君臣，仆若犯主，虽不至若人臣无将之律，而与子孙同例。盖廉远堂高，明君臣之义于主仆间，使舆台、皂隶皆知天泽之分，此左传天有十日，人有十等之说也。然而普天之下莫非王土，率土之滨莫非王臣。无论后王、君公、大夫、师长，即皂隶、舆台，皆我皇上之赤子。张载曰：乾称父，坤称母。大君者，我父母宗子。宁有宗子之民而可任意戕贼之理，岂不与孟子所称天无二日，民无二王之义，实有违欤。况我世宗宪皇帝洞悉习俗恃主仆之分草菅人命之害，定有红契、白契之分。若白契所买奴婢，止以雇工人论，故杀者，绞。而历来内外问刑衙门，于白契所买婢女则又俱照红契定拟。即如安氏一案，系白契所买之婢，且止得半年，而该司谓从来如此办理。臣检查旧案，果属相符。是又不可不奏请更为申明等语。查定例内，旗人故杀白契所买并典当之人，俱照故杀雇工人律拟绞监候。若殴打死者，照律治罪等语。是红契则为家奴，白契即同雇工。殴杀、故杀攸分，罪名迥然各别。但历来成案，惟家主致死白契所买家人，则照雇工人科断，而白契所买婢女，俱照红契定拟者，盖因旗民价买婢女，契内必系写明任凭婚配或任听随房使用等字样。原非暂时典买者可比。且条例开载止称白契所买之人，及白契所买奴仆，并无载明白契所买婢女作何议拟之条。况旗人所买婢女，自来俱不印契，民人亦多不印契者。此内外问刑衙门于致死婢女之案，俱照红契定拟之根由，并非意为开脱也。然立法务期无偏，而章程须归一致。家奴既有红契、白契之分，则婢女与家奴事同一例，亦应分晰申明，以便遵守。应请嗣后凡旗民立契价买婢女，俱照价买家人之例，将原立文契送官钤印。旗人止令买主带同原

---

① 参见光绪《清会典事例》卷八百一十刑部八十八刑律斗殴"奴婢殴家长"条，中华书局，1991年版，第九册第843页。

卖及中保人等呈明该管佐领，查询登记档案，先用图记交买主自赴税课司验印。其所买之人，既有中保承管，毋庸带同妇女出官，以免纷扰。民人仍照契买家人例，写立文契报明本地方官，钤盖印信。至旗人有契买民间婢女者，在京令具报五城、大宛两县，在外令具报该地方官查明用印立案。倘旗民有情愿用白契价买者，仍从其便。但遇有殴杀、故杀之案，问刑衙门务须验讯红契、白契，分别科断。再查旗民白契所买婢女，如有已经配给红契奴者，亦应准照红契办理外，其余既不得任意比拟，致违定例等因。奏准。（乾隆七年通行已纂例）①

这是一起乾隆七年通行的成例。其中提到，旗民白契所买家人和奴仆，以及典当家人，一直是按照"雇工人"处理的。红契奴仆，则作为奴婢论罪。但婢女的情况却有些特殊。虽然按照法理，白契所买婢女也应当属于"雇工人"，但在司法中，却历来将其按奴婢处理。因为奴婢买卖契约中一般会写明"任凭婚配或任听随房使用"，相比较作为"雇工人"论处的典当家人，人身隶属性要高得多，因此，为了平衡正义的感觉，便约定俗成地将白契婢女作为奴婢处理了。而新发布的通行成例纠正了一直以来的错误做法，强调"不得任意比拟，致违定例"，除非白契奴婢嫁给红契奴仆，其身分性质随丈夫而转为奴婢，其他白契奴婢应一律作为"雇工人"处理。

综合法律条例和司法实践两方面的情况来看，从康熙朝到乾隆朝，满洲的白契奴仆都是作为"雇工人"身分处理的。那么，既然雍正五年条例有调和满汉法律之间参差不齐之处的意图，甚至雍正帝也强调要将汉人奴仆与满洲奴仆同样处理，为何该条例会将汉人中的白契奴仆规定为奴婢身分呢？从该条例产生的直接原因来看，是因为雍正皇帝注意到汉人奴仆骄纵懒惰，甚至有凌驾于主人之上的情况，导致满洲社会的主仆风气也日益崩坏，为了扭转这种局面，他才发布上谕，要求内阁想出具体的方法。而汉人奴仆的身分原本就是"雇工人"，如果比照满洲白契奴仆的规定，同样是作为"雇工人"处理，那便没有丝毫变化了，并不能起到震慑的作用。由于汉人中白契奴仆所占的比重很高，如果想要迅速取得理想的效果，就必须以雷霆的手段打击汉人中骄仆的气焰才行。因此，该条例将汉人奴仆不分白契、红契，一律规定为奴婢，使得主人的法律地位更高，而奴仆的法律地位更低，主仆名分更加严明，只有如此，才能真正起到改善风气、清肃主仆关系的效果。对于满洲奴仆来说，也是一种震慑

---

① 祝庆祺：《刑案汇览》，收入《刑案汇览全编》，法律出版社，2007年版，第2016~2018页。

和警示。

需要注意的是,这一条例的本质是以法律手段推行的权宜之计,朝廷并没有全面赋予汉人白契奴仆以奴婢身分的意图。雍正五年条例只针对当下和过去,目的是确认现状,对汉人社会中已经存在的各种奴仆明确赋予奴婢身分并在官府登记存册,他们的子孙也因此永远都是奴婢。但该条例并不针对未来,其效力并不及于雍正五年后新产生的白契奴仆,嗣后产生的白契奴仆依然是"雇工人"身分。雍正六年二月,皇帝批准了礼部议奏:"嗣后庶民之家照例不许存养良家男女为奴仆,其印契典卖奴仆,应其自便。"① 这一奏议明确提到庶民之家除了不能压良为贱外,存养已经身为奴仆之人,是法律所允许的。庶民之家都可以存养,则士大夫之家更不存在任何阻碍。从明初开始,关于奴婢存养主体的种种争论,到此终于彻底告一段落。同时,这一条例并没有专门针对民人或者旗人,那么,在该条例发布之后,对于社会中新产生的奴仆,满汉的规定趋于统一,奴仆的身分性质均取决于契约的性质,红契为奴婢,白契则为"雇工人"。

(三) 乾隆朝的变动

到了乾隆七年,情况发生了一些变化。朝廷对于雍正五年条例做出了修订,其内容变化为:

> 民人于雍正十三年以前白契所买家人,照八旗之例准为家奴,永远服役。倘伊主殴杀、故杀,俱照红契,一例拟断。其乾隆元年以后,除婢女招配者,亦照旗人配有妻室不准赎身之例作为家奴外,其余白契所买之人,俱以白契定拟。②

这同样是一条针对汉人的条例。对白契奴仆赋予奴婢身分的期限被延期至雍正十三年,即整个雍正朝及以前产生的所有财买奴仆,不分红契、白契,都一律被追认为奴婢。进入乾隆朝以后,除了婢女招配之人要按照旗人之例处理外,其余新产生的所有白契奴仆,都依旧是"雇工人"身分,与旗人白契奴仆的处理方法保持了一致。

在此之后,朝廷又多次发布了与白契奴仆有关的规定。这些条例的内容不再区分旗人和民人,满汉的处理办法终于得以统一。《清会典事例》卷八百一

---

① 梁懋修:《定例续编》卷五,转引自经君健《清代社会的贱民等级》,浙江人民出版社,1993年版,第145页。

② 光绪《清会典事例》,中华书局,1991年版,第九册第843~844页。

十刑律斗殴"奴婢殴家长"条所载乾隆二十四年条例：

> 白契所买奴婢，如有杀伤家长及家长缌麻以上亲者，均照红契奴婢一体治罪。家长杀伤奴婢，仍分红、白契办理。①

根据这一条例，骂詈等行为姑且不论，一旦白契奴仆有杀伤等重大恶性行为，无论是针对家长本人，还是针对家长的缌麻以上亲属，均要加重处罚。缌麻是五服中最轻的一等，缌麻以上亲属，意味着所有五服亲属均包含其中，这一范围十分广泛，五服之外的亲属关系已经极为稀薄了。而按照红契奴婢一体治罪，则意味着这种情况下白契奴仆的法律身分不再是"雇工人"，而是奴婢。奴婢的刑罚要重于"雇工人"，因此可以说，这一条例体现出清朝廷严格约束财买奴仆严重忤逆家长行为的意图。反过来，在家长杀伤白契奴仆的情况下，并没有比照红契奴仆的情况减轻家长的处罚，依然是按照杀伤白契奴仆即"雇工人"论处的。

这一条例实施了约三十年的时间，朝廷又做出了新的调整。《清会典事例》卷八百一十刑律斗殴"奴婢殴家长"条所载乾隆五十三年条例：

> 凡白契所买，并典当家人，如恩养在三年以上，及一年以外、配有妻室者，即同奴仆论。倘甫经典买，或典买未及三年，并未配有妻室者，仍分别有罪、无罪，照殴死雇工人本律治罪。②

这一条例规定了白契财买奴仆和典当家人的情况。白契奴仆根据存养年限及是否配有妻室等因素来衡量接受主人恩义的程度，如果已受主人恩养超过三年，或者一年以上并由主人进行婚配，便可认为主人情深义重，此时，尽管是白契，但仍照奴婢律论罪。如果财买不久，或者服役未满三年，主人也未为其婚配，在被家长殴杀的情况下，白契奴仆的法律身分依然是"雇工人"。与乾隆二十四年条例相对照，家长殴杀白契奴仆的情况下，如果对其已经施予了足够的恩义，则刑罚相对变得更轻了。需要注意的是，是否为其婚配的衡量标准在万历十六年新题例中已经有所体现。而根据恩养时间来衡量恩义深浅的标准，则在乾隆二十四年关于"雇工人"判定标准的条例中有所体现，到了乾隆三十二年条例又有所调整，对这部分内容，下一章将进行讨论。从中也可以看出，乾隆五十三年条例的目的并不是单纯为了减轻主人杀伤奴仆的刑罚，而是与整个法律体系的量刑调整有关。

---

① 光绪《清会典事例》，中华书局，1991年版，第九册第844页。
② 光绪《清会典事例》，中华书局，1991年版，第九册第843页。

第四章 清代奴仆法律身分的变化

从司法的情况来看，这两条条例得到了普遍的适用。试举一例。《驳案新编》卷二十一斗殴中记述了一起题名为"奸淫起衅凶残幼婢绞决"的案件：

江苏司（奸淫起衅，任意凶残婢女，年在十五岁以下，绞决。新例。）
一起为申请代验事。会看得宝山县详徐二姐与陈七通奸，勒死婢女素娟灭口一案。

据江苏巡抚闵鹗元疏称，缘徐二姐之父徐桂珍于乾隆四十九年间，契买杨凤鸣之女，更名素娟，给伊女徐二姐服役。徐二姐许与程景文为妻，尚未过门成婚。徐桂珍同伊妻吴氏并幼女、小郎同住前进楼屋，徐二姐与素绢同在后楼住宿。陈七与徐桂珍对门邻居，素识往来，徐二姐见面无忌。五十一年二月二十二日，徐二姐在后楼墙院内遇见陈七在外走过，彼此叫应闲谈。陈七即扒墙进院，与徐二姐调戏成奸，后非一次。徐桂珍等并不知情。是年九月内，陈七复与徐二姐奸宿，经素娟看见，徐二姐嘱勿声张。五十二年四月初八日，陈七又往奸宿，向借首饰当用，徐二姐应允，陈七当即走回。初九日，徐二姐即将珠饰等物用纸包裹，令素娟送给而回，适伊母徐吴氏在旁，不敢询问。二更时分，徐吴氏等俱进房睡宿。徐二姐随至卧房向素娟查询，时素娟先已睡熟，答应不清。徐二姐气忿责打，素娟负痛哭嚷，声称徐二姐偷汉打人，明日定要诉知伊母。徐二姐恐被说破奸情，起意致死灭口。随乘素娟睡熟，寻取麻绳向素娟颈内穿过绕转，用力收勒，复在项后打结，素娟当即殒命。徐二姐畏罪，即取剪刀戳伤咽喉晕倒。次早经徐桂珍掮门进内，将徐二姐灌醒，询悉前情。报验审供不讳。究诘至再，委无帮同加功之人。查徐二姐与陈七通奸，因恐素娟说破奸情，起意勒死灭口。素娟系伊父徐桂珍白契所买婢女。将徐二姐依例拟绞监候，陈七拟以枷杖等因。具题前来。

应如该抚所题，徐二姐合依"故杀白契所买之人，照'故杀雇工'律拟绞监候"例，拟绞监候，秋后处决。该抚既称"陈七不知勒死素娟情事，合依'军民相奸'例，枷号一个月，满日杖一百，折责发落"等语，应如该抚所题完结等因。乾隆五十三年三月十六日题，十八日奉旨："徐二姐因与陈七通奸，恐婢女素绢说破，起意致死灭口，主婢之分已绝。且素娟年止十二，徐二姐乘伊睡熟用绳收勒毙命，实为凶淫可恶。徐二姐著改为绞决。嗣后遇有奸淫起衅，任意凶残婢女，年在十五岁以下者，俱照此办理。余依议。钦此。"①

在这起案件中，徐二姐已经订婚，尚未过门。其父母、妹妹和小郎等住在前楼，徐二姐与婢女素娟住在后楼。乾隆五十一年（1786），徐二姐与邻居陈七勾搭成奸，并长期保持了和奸关系。乾隆五十二年，徐二姐将首饰借给陈七当用，素娟负责递送包裹。因徐二姐向素娟询问的过程中发生冲突，徐二姐将其责打，素娟声称要揭发其奸情，因此被徐二姐用麻绳勒死。案发后，经过县审调查，素娟是徐二姐之父徐桂珍财买奴仆，身契为白契，购买时间为乾隆四十九年，死亡时间为乾隆五十二年四月初九日。也就是说，素娟在徐家服役已有三年左右的时间，但究竟是满三年还是未及三年，由于案例中没有明示购买的具体月份，因此并不明确。根据乾隆二十四年条例，家长杀伤奴婢，需要区分红契、白契，因此，素娟属于"雇工人"身分，本案应按照"（家长）故杀白契所买之人，照故杀雇工律拟绞监候"条例办理。由于案件涉及人命，刑罚在徒刑之上，属于省内不能审结的案件，需要由江苏巡抚奏报刑部，等候皇帝裁决。因此，案件的处理流程花费的时间较久，奏报时已经到了乾隆五十三年。但此案审结在乾隆五十三年条例颁行之前，因此，裁判官并未调查素娟恩养年限是否已满三年。而就在案件审结后不久，即出台了五十三年条例。该案作为通行成案，又形成了附律条例②，故《刑案汇览》中也收录了此案，并且，《刑案汇览》中案后还特意附有按语，提醒后来的裁判官注意：

> 查故杀雇工律应绞候，故杀奴婢罪止拟徒。前以红契所买者依奴婢论，白契所买者依雇工论。是罪名之徒、绞，应以红契、白契为断。此案，徐二姐故杀白契所买之素娟，照故杀雇工律拟绞。今现行例内杀伤白契所买恩养年久、配室家者，以杀伤奴婢论。若甫经契买、未配室家，以杀伤雇工人论。是罪名之徒、绞，应以恩养久、暂为断。今昔例意不同，记出以备参考。③

这段按语特别点出了乾隆二十四年条例和乾隆五十三条例的区别。前者以红契和白契作为判别奴婢和"雇工人"法律身分的标准，后者则以恩养日久或者短

---

① 全士潮辑：《驳案新编》，收入朱梅臣辑《驳案汇编》，何勤华、张伯元、陈重业等点校，法律出版社，2009年版，第403页。
② 《清会典事例》卷八百一十刑部刑律斗殴"奴婢殴家长"条律后载入了乾隆皇帝的圣旨内容，个别文字有所不同，主旨不变。可参见光绪《清会典事例》，中华书局，1991年版，第九册第849页。
③ 参见祝庆祺：《刑案汇览》第三十九卷"奴婢殴家长"目"家长之女因奸勒死白契婢女"案，收入《刑案汇览全编》，法律出版社，2007年版，第2019页。

暂作为评判依据。由于家长殴死奴婢只判处徒罪，殴死雇工人则是绞罪，差距相当悬殊，如果该案审理是在乾隆五十三年条例颁行后，素娟又是在乾隆四十九年四月初九日前购买，则因其财买已满三年，虽是白契奴仆，依然属于奴婢身分，徐二姐便只会被处以徒刑。生死之别，着实让人感慨。此外，在这起案件中，乾隆皇帝还指出，素娟年仅十二岁，徐二姐因为和奸之事，将其残忍杀害，不仅主婢名分已经完全被抹杀，绞刑也仍不足以抵偿其罪恶。因此，将其从监候改为立决，并谕令嗣后因奸起衅、婢女年龄在十五岁以下者，都以绞监候处理。由此形成了新的特别通行办法。

到了嘉庆六年（1796），清朝廷对乾隆二十四年条例和乾隆五十三年条例进行了调整和统合，形成了新的统一条例。《清会典事例》卷八百一十刑律斗殴"奴婢殴家长"附律条例：

> 白契所买奴婢，如有杀伤家长及杀伤家长缌麻以上亲者，无论年限，及已、未配有室家，均照奴婢杀伤家长，一体治罪。其家长杀伤白契所买、恩养年久、配有室家者，以杀伤奴婢论，若甫经契买、未配室家者，以杀伤雇工人论。①

由于乾隆二十四和三十二年条例分别规定了奴仆杀伤家长及家长杀伤奴仆的情况，并且判定的条件不同，因此很容易让人产生是否可以彼此通用的疑问。嘉庆六年条例则明确了各行其是的标准，在白契奴仆杀伤家长及家长五服亲属的情况下，不问恩养年限和是否配有室家等条件，一律按照奴婢身分处理。这一规定对于保障主人的生命安全以及捍卫主仆名分，起到了积极的作用。而在家长杀伤白契奴仆的情况下，区分恩养年限及是否配有室家，只有主人对奴仆恩义深重的情况下才以奴婢论，否则便以"雇工人"论处。在一定程度上，也保障了白契奴仆的利益。这一条例在颁行后一直保持稳定，并沿用到了清末，在司法中也得到了广泛的应用。例如《新增刑案汇览》卷十一"奴婢殴家长"目收录的相关判决中，有一起题名为"故杀白契所买未久七岁婢女"的案件：

> 皖抚　题怀宁县民妇李嵇氏故杀白契婢女秀英身死一案。查例载，家长杀伤白契所买奴婢，若甫经契买、未配室家者，以杀伤雇工人论。又例载，家长殴雇工人故杀者，绞监候各等语。此案李嵇氏因年甫七岁之婢女秀英溺污被褥，管责哭闹，辄起意致死，用烧红铁钳烙伤其两臀等处，越十四日因伤溃烂殒命，实属逞忿故杀。查该婢女秀英系李嵇氏家白契所

---

① 光绪《清会典事例》，中华书局，1991年版，第九册第844页。

买,恩养未久、亦未许配,例以雇工人论。虽据自行投首,惟系侵损于人,无因可免,例应依律问拟。应如该抚所题,李嵇氏合依家长殴雇工故杀者绞监候。事犯到官在同治十一年正月初四日并九月十八等日恩旨恩诏以前,系故杀雇工拟绞,情节较重,应不准其减免。该犯妇复逢十月初九日恩诏,无关十恶,应准援免。后再有犯,加一等治罪。(同治十二年说贴)①

在这起案件中,秀英是李嵇氏家白契所买的奴仆。因秀英被管责时哭闹,李嵇氏心烦意乱,遂起杀意。她用铁器烙伤秀英臀部,秀英十四日后殒命。根据清代的法律规定,用铁器或汤火伤人的保辜期限正限为三十日,余限又有十日。秀英在期限内身死,李嵇氏故意伤人罪成立。由于秀英恩养未久,也未及婚配,因此属于"雇工人"身分。李嵇氏论处绞监候。虽然秀英未满十五岁,但李嵇氏并非因奸而故杀,所以并不成立绞立决。因为是侵损于人的行为,虽然李嵇氏有自首行为,也不能减刑。但她在等待秋后处决期间,遇到两次恩赦,第一次因情节较重不在赦免之列,第二次因不涉及十恶,所以得到了赦免。对比上文引用的"奸淫起衅凶残幼婢绞决"案,可知乾隆皇帝将监候改为立决,并不只是死亡时间提前的问题,而是有没有免死机会的问题。由于古代的恩赦是较为普遍的,无论是旱灾、水灾,或者地震、雷劈,又或者太后、妃嫔病重等,恩赦的缘由五花八门,监候意味着如本案一般,在关押期间迎来免死的机会,立决则再无转机。由此看来,虽然杀死红契奴仆和恩养年久、配有室家的白契奴仆拟徒,杀死恩养未久、未配室家的白契奴仆拟绞监候,量刑看似殊为不同,但实际的结果却未必有那么大的差别,主人依然有逃脱死刑的机会。

综上所述,清初由于法律上的松动,以及旗人社会中大量财买奴仆的存在,汉人社会中的财买奴仆也逐渐取得了合法存在的空间。到了康熙朝,汉人社会中士大夫之家所存养的财买奴仆在司法中常被作为奴婢论处,庶民之家不能存养奴婢的规定则勉强得以维持。旗人社会中的白契奴仆基本被作为"雇工人"处理,但白契婢女在司法中惯常以奴婢论,红契奴仆的法律身分为奴婢。自雍正朝起,清朝廷开始了调和满汉之别、统一规定财买奴仆法律身分的进程,多次制定了新的条例。为了清肃汉人主仆关系,雍正帝下旨将雍正五年之前(乾隆朝时这一规定的时限被延至雍正朝结束)已经产生的各类奴仆全部规定为奴婢身分,要终身且世代在主家服役。已经在官府登记的奴婢,可以合法

---

① 潘文舫:《新增刑案汇览》,收入《刑案汇览全编》,法律出版社,2007年版,第218页。

地进行买卖，庶民之家正式成为存养奴婢的合法主体，"立嫡子违法"条的奴婢禁令基本成为一纸空文。乾隆朝不再区分满汉之别，对财买奴仆的法律身分统一进行了规定，红契奴仆一律属于奴婢身分，白契奴仆在有些情况下，也被规定为奴婢身分。其中最为重要的条例是乾隆二十四年条例和乾隆五十三年条例。其中规定，白契奴仆若杀伤家长及其五服亲属，一律按照奴婢论处。家长杀伤白契奴仆，在恩养年限及配有家室等条件都符合法律规定的情况下，一部分白契奴仆被作为奴婢处理。与此同时，乾隆朝还对"雇工人"的身分判定问题进行了摸索，先后制定了一系列条例，最终于乾隆五十三年确定了沿用至清末的判断标准。整体来看，可以说清朝廷在经过多方考量之后，终于承认奴仆与一般雇佣人在本质上有所差别，因此，除了将所有的红契奴仆都规定为奴婢，一部分白契奴婢在一定条件下也成了奴婢身分者。明代时混乱不明的"雇工人"群体得到了一定程度的清理，大部分财买奴仆都被排除出了"雇工人"范畴。嘉庆朝对前朝的条例进行了整合，但并没有本质性的修改，财买奴仆的法律身分直到清末变法之前都没有再发生过改变。

二、义男之仆的法律身分与社会身分

义男自古有之，关于乞养义子的问题，历代法典中也一直有明确的规定。在讨论清代的义男之仆时，有必要对明代的法律规定做一简要回顾。

（一）明代法律规定之回溯

明代由于庶民之家不许存养奴婢的法禁，导致民间以义男的形式保有奴仆的情况十分普遍。因此，当文献中出现"义男"一词的时候，既可能是指被主人役使的奴仆，也可能是真正被养父母视如己出的义男。关于这一点，海瑞在担任淳安知县的时候深有体会，他在"兴革条例"中提道：

> 奴仆。率土之滨，皆天子之民也。律止功臣之家赐之以奴，其余庶人之家，止有雇工人，有乞养义男。雇工人月满则止。谓之义男，与己为男也。与己为男，则当与己子论年，列为兄弟，与子孙列为伯叔侄。服劳奉养，理所当然。虽不能兼爱，然衣食婚丧与己子孙不宜相甚远。闻之建德县待义男稍合律法，淳素不然，直以奴仆待之，所当改革。[①]

[①] 海瑞：《海瑞集》，陈义钟编校，中华书局，1962年版，第73页。

在海瑞看来，庶民之家不能存养奴婢，只有雇工人和乞养义男。二者的区别在于，前者是短期雇佣，后者则积年累月生活在主人家中。既然名为义男，就应该与亲生子同等对待，给予衣食，为其婚配，这也是古代恩义观念的核心内容，故海瑞认为义男也应该为主人劳动和养老。这在新题例中也有所体现。建德县的风气符合律文的主旨，很多人对待义男的态度较为接近亲子。但海瑞来到淳安县后，发现淳安的风气很差，对待义男与奴仆无稍分别，因此提出要进行改革。

与这一社会现实相对应的是，在整个明代的法律之中，以义男为调整对象的条例也分别有不同的针对目标。在所有条例之中，影响最为深远的有两条。一条是弘治年间颁行的《问刑条例》之中，附于刑律"殴祖父父母"条律后的条例。虽然这一条例并未言明针对的是作为子孙的义男，还是作为奴仆的义男，但从条例使用的语词来看，可以判断该条例主要是针对作为子孙的义男而言的。其内容如下：

> 凡义子过房，在十五岁以下、恩养年久，或十六岁以上、曾分有财产、配有室家者，若于义父母及义父之祖父母、父母，有犯殴骂、侵盗、恐吓、诈欺、诬告等项，即同子孙，取问如律。若义父母及义父之祖父母、父母殴杀、故杀者，并以殴杀、故杀乞养异姓子孙论。若过房虽在十五以下、恩养未久，或在十六以上、不曾分有财产、配有室家者，并以雇工人论。义子之妇，亦依前拟岁数，如律科断。其义子后因本宗绝嗣，或应继军伍等项，有故归宗，而义父母与义父之祖父母、父母无义绝之状，原分家产、原配妻室，不曾拘留，遇有违犯，仍以雇工人论。若犯义绝及夺其财产、妻室，与其余亲属，不分义绝与否，并同凡人论。①

另一条是万历"雇工人"新题例。由于该条例颁行的目的即是为了解决缙绅之家的蓄奴权限问题，因此条例所针对的对象毫无疑问是作为奴仆的义男。为了便于比较，将其中关于财买义男的部分列出：

> 其财买义男，如恩养年久、配有家室者，照例同子孙论。如恩养未久、不曾配合者，士庶之家依雇工人论；缙绅之家比照奴婢律论。②

两相对照，可以看出两个条例在用词方面的差别是很明显的。尽管作为子孙的

---

① 《大明律》卷二十，怀效锋点校，法律出版社，1999年版，附录《问刑条例》，第421页。
② 高举：《大明律集解附例》卷二十刑律斗殴"奴婢殴家长"条，明万历间浙江官刻本（万历三十八年抄本配补），台湾学生书局，1970年版，第四册第1599页。

义子有些情况下也是用钱买来的，但弘治《问刑条例》中并不提财买二字，对其进入义父母家庭的修辞是"过房"，有过到新家成为其中一员的意味。而万历新题例中规定的义男，称呼上直接叫做"财买义男"，条例丝毫不提过房，只论恩养，强调主人对奴仆的付出，以突出奴仆服役的正当性。此外，作为子孙的义男，若符合过房在十五岁以下、恩养年久，或者虽然在十六岁以上，但曾经分得家产并配有室家的条件，便以子孙论处。而作为奴仆的财买义男并不考察财买时义男的年龄，也不问是否分有财产，只要符合恩养年久、配有家室的条件，就以子孙论处。作为子孙的义男没有被规定为奴婢身分的情况，如果不符合子孙的条件，便属于"雇工人"法律身分。在有合法理由回归本宗的情况下，如没有义绝情状，遇有违犯行为，依然属于"雇工人"身分，如已经义绝，便回复为凡人地位。作为奴仆的义子如不符合同子孙论的条件，则根据保有主体的不同，分别比照奴婢和"雇工人"论处。

从理论上说，两个条例各自规定了一种情形的义男，官员们在审理案件的时候，只要根据义男的种类对应相应的条例，便可以轻松审结。但问题在于，在有些情况下，条件并不那么分明。比如托名义男名义存养的投靠之仆，并非财买，能否以财买义男论处呢？再比如庶民之家，在很贫穷的情况下，即使是亲生子，亦难免要做很多体力活以维持生存，对于其财买义男，应如何判断是作为子孙养育还是作为奴仆存养呢？凡此种种，都给司法官员留下了不小的难题。

（二）清初的法律规定与司法实践

进入清代之后，《问刑条例》中关于义男的规定基本被继承了下来，但个别词句做了一些修改，雍正和乾隆朝又进行了细微的调整。光绪《清会典事例》卷八百十三刑部刑律斗殴"殴祖父母父母"条的附律条例如下：

> 凡义子过房在十五岁以下、恩养年久，或十六以上、曾分有财产、配有室家，若于义父母及义父之祖父母、父母有犯殴骂、侵盗、恐吓、诈欺、诬告等情，即同子孙，取问如律。若义父母及义父之祖父母、父母殴杀、故杀者，并以殴、故杀乞养异姓子孙论。若过房虽在十五以下、恩养未久，或在十六以上、不曾分有财产配有室家者，及于义父之期亲并外祖父母有违犯者，并以雇工人论。义子之妇，亦依前拟岁数，如律科断。其义子后因本宗绝嗣，有故归宗，而义父母与义父之祖父母、父母无义绝之状，原分家产、原配妻室，不曾拘留，遇有违犯，仍以雇工人论。若犯义绝及夺其财产、妻室，与其余亲属不分义绝与否，并同凡人论。（义绝，

如殴义子至笃疾，当令归宗。及有故归宗，而夺其财产、妻室，亦义绝也。谨案此条系原例，原文本宗绝嗣下有或应继军伍等项七字。雍正三年删，乾隆二十一年又于义父之期亲下增尊长二字。)①

该条例相比明代，一是在以"雇工人"论处的情况中，增加了违犯义父之期亲和外祖父母的行为；二是对义绝做了更详细的说明，除了明代列举的情况外，还增加了殴打义子至笃疾的情况等。但条例的主旨与明代保持了一致。在义子过房年幼、与义父母相处日久或者分得财产、接受婚配等情况下，均与子孙同等处理。其余情况，根据不同的条件，分别以"雇工人"或者凡人论处，并没有以奴仆论处的情况。

另外，万历"雇工人"新题例并没有直接被顺治三年（1646）编纂的《大清律集解附例》所继承，因此，该条例的内容在清初并不具有正式的法律效力。对此，沈之奇说得很清楚：

> 按：旧律有例，凡官民之家所雇工作之人，立有文券、议有年限者，以雇工人论。若短雇工人、受值不多者，以凡论。其财买义男，恩养已久，配有室家者，照例同子孙论。如恩养未久，不曾配合者，士庶之家，照依雇工论，缙绅之家，照依奴婢论。此虽不可引用，而其义可采也。②

所谓旧律，指的是前朝的《大明律》，从引用的内容来看，正是万历十六年"雇工人"新题例的规定。新题例在清初没有被继承，意味着裁判中不能直接加以援引，但沈之奇认为这个"旧例"的思路是可取的，在司法中可以起到参考和指导的作用。需要说明的是，清朝廷似乎是有意未将"雇工人"新题例写入律典之中的。因为同是新题例的规定，有些条例却出现在了《大清律集解附例》之中。③ 可见清朝廷是有选择地继承了一些内容。至于清朝廷为何不采纳"雇工人"新题例，则留待以后发现更多的史料来解明。

就律典的规定而言，"雇工人"新题例的缺失，意味着清初并没有关于财买义男即作为奴仆的义男的明确规定，在整个法律体系中，关于义男的规定只

---

① 光绪《清会典事例》，中华书局，1991年版，第九册第871~872页。
② 沈之奇：《大清律辑注》卷二十刑律斗殴"奴婢殴家长"条，怀效锋、李俊点校，法律出版社，2000年版，第753页。
③ 比如《大明律》刑律人命"谋杀祖父母父母"条的附律新题例规定："今后在外衙门，如有子孙谋杀祖父母、父母者，巡按御史会审情真，即单详到院，院寺即行单奏。决单到日，御史即便处决。如有监故在狱者，仍戮其尸。"清初的《大清律集解附例》同条律后即载有此项条例，只省略了"今后在外衙门"几个字，并将"如"字改为"凡"字。参见光绪《清会典事例》，中华书局，1991年版，第九册756页。

剩下"殴祖父母父母"条的附律条例。这样一来，如果严格按照法条来裁判，那么无论是真正作为子孙的义男，还是财买的作为奴仆的义男，因为名义上都被称为义男，便都只能按照唯一存在的"殴祖父母父母"条的附律条例来裁判。根据不同的情况，义男对应的法律身分有三种：子孙、"雇工人"和凡人，并不包括奴婢。但如上一节所示，满洲社会和汉人缙绅之家保有私奴婢的现象已经十分普遍，在裁判当中，有相当数量的印契财买奴仆被作为奴婢论处。那么，关于财买义男，在司法裁判中，应该拘泥于"义男"的称谓，适用规定真正义男的"殴祖父母父母"条的附律条例呢？还是应该看重奴仆的实质，即便没有条例可以援引，也依然作为奴婢判决呢？就判例的情况而言，答案是十分有趣的。在州县的审理中，财买义男往往直接被作为奴仆论处，因为难以说明其法律身分，所以裁判官会直接略过这一环节，直接以"仆"来称呼和裁判。例如《棘听草》卷六谳词"婺邑"目中记载的"本县一件为宪究豪势等事"：

> 审得汪应宿之侄汪福寿，其父于顺治四年卖与陈八五二为义男，改名陈春，券可凭也。今应宿老而无子，孤独一身，现充坊长，欲赎归其侄，生则帮役，死则绍后，其情亦可矜已。在八五二不愿听赎，但念仆役可以别寻，血嗣不能更得，姑令应宿于原价之外，量加银二两交还八五二，听令福寿归宗，以全汪嗣。自后福寿须念故主五年抚育之恩，尽情尽礼，勿得视同陌路也。①

这是一起发生于顺治年间的案件。案发时《大清律集解附例》已经颁行，但大约因为是民事裁判的关系，李之芳并没有过多地考虑律文的规定而是根据情理做出了裁判。在这起案件中，汪福寿被父亲卖给了陈八五二，改名为陈春，名义是义男，但写立了卖身文契。汪福寿的叔叔汪应宿因年老无子，希望为其赎身，但主人陈八五二不同意，因此发生了诉讼。李之芳认为仆役是可以替代的，但叔侄关系却无法另寻，因此，判令汪应宿照卖身价上再加二两为福寿赎身。并且明确表示汪福寿与旧主陈八五二仍有主仆名分，不能视同凡人关系。如上文所述，在审理案件时，并没有"雇工人"新题例可以援引，法律上只有作为子孙的义男。但李之芳从事实出发，直接将汪福寿的社会身分定性为奴仆。更意味深长的是，李之芳认为赎身之后双方的主仆名分还依然存在。按照新题例的内容来说，陈八五二是庶民之家，不得有奴婢，只能有"雇工人"，

---

① 李之芳：《棘听草》，收入杨一凡、徐立志《历代判例判牍》，中国社会科学出版社，2005年版，第九册第174页。《棘听草》是李之芳于顺治五年到顺治十年之间在浙江省金华府任推官时候的判牍集。

而"雇工人"与旧主之间散则无义,不再具有名分上的牵绊。而在规定义子的"殴祖父母父母"条附律条例中,强调了作为子孙的义子归宗之时不曾义绝,则此后如有违犯要按照"雇工人"论处,即保留了名分和恩情的约束力。姑且不论由于陈八五二不同意汪福寿赎身,双方是通过诉讼来解除关系的,且汪应宿在卖身银价的基础上又加了补偿,双方可以视为恩义已绝。即便确实未绝,此案审理的结果,意味着李之芳以财买义男的规定将汪福寿认定为奴仆,又以子孙的规定判令双方名分犹存,在法理上是相互矛盾的。可见清初地方一级的裁判确实存在很大程度的任意性,裁判官跳脱法律规定,以情理来判决的空间是非常大的。

前引《大清律辑注》卷二十刑律斗殴"良贱相殴"条的按语中提道:"故今之为卖身文契者,皆不书为奴、为婢,而曰义男、义女,亦犹不得为奴婢之意也。然今问刑衙门,凡卖身与士大夫之家者,概以奴婢论,不复计此矣。"沈之奇指出将卖身文契写为义男、义女,原本是为了规避关于奴婢存养主体的法律禁令,但由于明末法禁松动,缙绅之家的财买义男已可以作为奴婢处理,再加上清初蓄奴风气盛行,所以在清初的地方裁判中,不仅直接以奴仆名义判决的情况时有发生,直接将缙绅之家的财买义男作为奴婢处理的情况也已经非常普遍了。

不过,中央刑部的裁判与地方的情况大不相同。《成案质疑》卷二十斗殴"奴婢殴家长"目记有一起题名为"家长殴打义男自碰身死比照过失杀父拟流"的成案,内容如下:

> 康熙五十六年二月刑部议覆直抚赵咨称玉田县旗妇董氏告家人宋自立持炷扎死伊夫宋世兴一案。缘宋自立自幼在宋世兴家佣工,于康熙五十年间世兴用银十五两白契买为义男,复与婚娶,并无嫌隙。于五十五年十一月十五日世兴令其拉送秫秸,昏暮醉归,因而呵叱。讵自立醉中出言抵撞,致世兴赶打仆地,跌在木棍上碰伤囟门偏右,延至十二月初五日殒命。尸妻董氏恶其不逊,遂以宋自立持火炷扎死伊夫等情控告。今严审宋自立,坚供并无持火炷扎伤情事。董氏亦供我丈夫原是碰伤的,因恨他告的是实等语。验看尸伤,实系磕碰毙命。将自立比照子贫不能营生养赡其父致父自杀,子依过失杀父律,杖一百,流三千里。系旗人,枷号两个月,鞭一百。宋世兴尸棺责令自立厚葬等因前来。查该督既称宋世兴实系

碰伤身死，并非被扎殒命，应如该督所拟，将宋自立枷责。完结可也。①

这是一起发生于康熙朝的案件，当事人都是直隶地区的旗人。因为案件结果涉及人命，刑罚是徒罪以上的流罪，所以该案一直上报到中央刑部。在这起案件中，宋自立从小便在宋世兴家中佣工，后来宋世兴出身价银十五两，将其收为义男。就情理而言，应该是双方逐渐熟识，宋世兴认为宋自立干活得力，所以订立买卖契约，将其收为终身奴仆，为了规避法禁，托用了义男的名义。买卖契约的性质为白契。在宋自立服役期间，宋世兴又为其婚配。大约五年以后，宋自立在干活期间偷偷出去喝酒，被宋世兴责骂，不忿顶撞，宋世兴在追打他的途中跌倒，撞到头部，二十天后身死。因在保辜期限之内，所以宋世兴的死被认为与跌倒行为有因果关系，宋自立需为此承担法律责任。但《大清律例》中没有明确对应的条文，直隶巡抚通过比附类推，比照"子贫不能营生养赡其父致父自杀，子依过失杀父律"，判处了满流。案卷送到刑部后，刑部作为中央最高的司法机关，必须遵守法律的规定，不能像地方审判机关一样以情理直接裁判。尽管宋自立的身分是奴仆，但由于宋世兴是以义男而非奴仆名义与宋自立订了契约，而当时万历新题例中关于财买义男的规定又属于"前朝旧例"，无法直接援引，因此，刑部只能根据"殴祖父母父母"条所附关于义子孙的条例，将宋自立作为恩养年久、配有室家的子孙论处。基于子孙的身分进行类推，才有了上述案卷中看起来略有些让人意外的比附。这一裁决得到了皇帝的认可。还需要注意的是，如案卷中提到的那样，宋自立是旗人，所以并不会真正执行律例规定的刑罚，而是会采取"换刑"的措施。所谓"换刑"制度，是指《大清律例》名例"犯罪免发遣"条的规定：

> 凡旗人犯罪，笞、杖，各照数鞭责。军、流、徒，免发遣，分别枷号。徒一年者，枷号二十日，每等递加五日。总徒、准徒，亦递加五日。流两千里者，枷号五十日，每等亦递加五日。充军附近者，枷号七十日；边卫者，七十五日；边远、沿海、边外者，八十日；极边、烟瘴者，九十日。②

也就是说，当旗人犯笞、杖罪时，并不执行板刑，而是照所判数目执行鞭刑；如果是充军、流放和徒刑等需要发遣的罪刑，也并不真正离开居住地发遣到指

---

① 洪弘绪、饶翰：《成案质疑》，乾隆二十年刊本，东京大学东洋文化研究所藏，索书号"大木－法类－例案－14"。

② 《大清律例》，田涛、郑秦点校，法律出版社，1999年版，第91页。

定地区，而是按照一定的标准折算成枷号刑。学界一般认为这是对旗人的特殊照顾，是特权的一种表现。① 但也有学者指出："顺治十三年规定旗人换刑旨在更加严厉地处罚而不是优待旗人。同时，换刑规定以清律中的五刑为依据，这等于间接承认了五刑的权威。依据五刑来换刑的前提是清廷将《大清律》应用于旗人，因此换刑规定可以视作清廷确立《大清律》在旗人中的权威的一个重要标志。换刑规定使得旗人犯罪处罚较民人为轻，所以这一规定是清廷为了确立清律权威和维护旗人利益采取的一个折中措施。它本身就是满、汉两种司法制度妥协的产物。清代旗人换刑特权缩小了而不是扩大了满、汉之间在刑罚上的差别对待。"②

（三）雍乾嘉时期的条例修改

1. 雍正三年条例

无论是中央与地方的区别，还是满汉之间的区别，都给司法裁判带来了一定程度的混乱。尤其是由于清初没有将万历"雇工人"新题例的内容纳入律典，使得作为奴仆的财买义男缺乏明确而合理的法律身分。鉴于实践中的种种问题，雍正朝修订法律的时候，终于将万历"雇工人"新题例的内容作为附律条例写入了法典，但与明代不同的是，这一条例并没有如同万历"雇工人"新题例一样附于刑律斗殴"奴婢殴家长"条的律后，而是放在了刑律人命"谋杀祖父母父母"条的律后。《清会典事例》卷八百"谋杀祖父母父母"条所载雍正三年条例如下：

> 官民之家，凡雇倩工作之人，立有文券、议有年限者，以雇工人论。止是短雇月日、受值不多者，依凡论。其财买义男，如恩养年久、配有室家者，照例同子孙论。如恩养未久、不曾配合者，士庶之家依雇工人论，缙绅之家比照奴婢论。从谋故杀、殴骂、凌迟、斩、绞各条科断。③

这一条例与万历"雇工人"新题例在文字上略有出入，但主旨不变。汉人社会中的财买义男，如果主人恩义深厚，便与子孙同样论处。如果恩养尚浅，士庶

---

① 比如瞿同祖认为换刑制度是清代旗人有恃无恐的关键。参见瞿同祖：《中国法律与中国社会》，中华书局，1981年版，第249页。再比如林乾：《清代旗、民法律关系的调整——以"犯罪免发遣"律为核心》，载《清史研究》2004年第1期，第43页。
② 胡祥雨：《清代法律的常规化：族群与等级》，社会科学文献出版社，2013年版，第23页。
③ 光绪《清会典事例》，中华书局，1991年版，第九册第756页。

之家作为雇工人处理，缙绅之家作为奴婢处理。需要注意的是这一条例的主体分类，沿袭了新题例中士庶之家和缙绅之家的两分，与沈之奇庶民之家和士大夫之家的两分有所区别。士人阶层，是四民之首，作为尚未取得官职的知识分子阶层，虽然与庶民有别，但在这一条例中，法律并没有给予其更优厚的法律地位。只有缙绅之家的财买义男，才属于奴婢身分。但无论如何，规定子孙的"殴祖父母父母"条附律条例中，不同条件的"义男"分别对应子孙、雇工人和凡人三种法律身分，而规定财买奴仆的雍正三年条例中，"义男"分别对应子孙、奴婢和雇工人三种身分。清代作为子孙的义男和作为奴仆的财买义男，在法律上从此被明确地区分开来了。

雍正三年条例颁行后，解决了司法上财买义男的身分性质难题，在一段时间内，被频频援引处理相关案件。比如《成案质疑》卷二十斗殴"奴婢殴家长"收录了一起题名为"义男恩养未久照雇工拟罪援赦宽免"的成案：

> 乾隆元年十月刑部会看得阳春县民陆亚保殴伤张文详跌磕身死一案。据广抚杨 疏称，缘陆亚保丧母无银殡葬，伊叔陆旋京立契凭中将陆亚保卖与张文详之父张京鉴为义男，得受身价银五千八百文。于雍正九年十月内陆亚保潜逃，张文详托莫亚长访缉。于雍正十三年五月初三日有陈引举见陆亚保在罗德升家打磨，告知莫亚长，即令转报张京鉴。张京鉴令男张文详、张文注同往莫亚长家捉拿。莫亚长往诱陆亚保到家，张文详等在屋后纸寮等候。张文详即于寮内拾柴棍藤条以备拴捉之用。时值昏黑，陆亚保前至莫亚长家，张文详等三人齐到莫亚长门首，张文详持棍打入，陆亚保蹲身桌下逃出门外山坡。因山坡斜窄，傍临深坑，内多乱石，张文详丢棍赶上，手扭陆亚保衣领，陆亚保拳撞张文详右耳窍倒地。陆亚保随扭跌压张文详身上，张文详复揪陆亚保发辫，张文注向前抱捉，陆亚保逃脱，将身挣耸，张文注撞落山坑，被半坑竹林所阻，伤着颔额，张文详同陆亚保在山坡缠扭，一齐滚跌，直至坑底。陈引举拉救不及，以致张文详右耳窍以及左右肩甲等处俱被磕伤。张文注下坑将陆亚保捉住，张文详解下藤条拴住回家。讵张文详因受伤深重，于初五日夜殒命。张文注伤轻平复。屡审不讳。查例载财买义男，恩养未久、不曾配合者，以雇工人论等语。今陆亚保系张文详之父张京鉴财买义男，未经配合，殴伤张文详滚跌毙命，将陆亚保依雇工人殴家长期亲死者斩律，监候等因具题。
>
> 应如该抚所题，陆亚保合依雇工人殴家长期亲死者律，拟斩监候。秋后处决。再该抚疏称陆亚保事犯在雍正十三年九月初三日恩赦以前，查赦款内并未开有雇工殴死家长期亲不准赦免之文，应否援免，相应声明，

听候部议等语。查本年六月内本部议覆兰州巡抚许题丁自杰殴死义父之子自旺一案，将丁自杰议以援赦免罪。奉旨依议，钦遵在案。今陆亚保所犯情罪与丁自杰相同，应将陆亚保援赦免罪。仍令该抚向该犯名下照追埋葬银二十两，并身价银五千八百文给付尸亲收领。身契涂销。奉旨："依议。"①

在这起案件中，陆亚保被张京鉴收为义男，虽然案件中并没有说明是作为奴仆还是子孙，但从陆亚保潜逃后又去罗德升家中做工的情节来看，其在张家显然是作为奴仆而非子孙的，否则没必要逃走。按照当时的法规，主人有权利追回逃奴，本案中，张家在访知陆亚保下落后，选择自行前往缉拿，原本也在情理之中。不料陆亚保态度不逊，武力值又高，导致张文详身死。在裁判时，巡抚对其适用规制财买义男的条例，是合理的。由于陆亚保恩养未久、不曾婚配，张家又是庶民之家，所以最终陆亚保被判定为"雇工人"法律身分。案件原本发生于雍正十三年五月，但由于对应的刑罚为斩监候，需要上报刑部并由皇帝做出最终裁决，程序时间较长，刑部审理时已经是乾隆元年十月。陆亚保被关押期间，遇到了雍正十三年九月恩赦，刑部查看过往成案，比照丁自杰殴死义父之子得到赦免一案，判定陆亚保可以免罪，追讨身价银和埋葬银，涂销身契。陆亚保获得了人身自由，不再是张家的奴仆。案情本身比较清晰，在法律适用上也不存在疑难之处。但对比上一节关于财买奴仆的规定，就会发现比较有意思的问题。虽然同是财买奴仆，但如果本案中的陆亚保是以奴仆的名义进行买卖和存养的，则根据雍正五年条例和乾隆初年的追认，陆亚保不论是红契还是白契所买，都属于奴婢身分。而本案中陆亚保是以义男的名义进行交易的，根据对应的条例，就变成了"雇工人"身分。可见在帝制中国，名分确实是很重要的问题。不同的名分，会带来完全不同的法律身分和审判结果。

需要注意的是，有些情况下，财买义男和作为子孙的义男之间应该如何区分，取决于裁判官的个人判断。例如《驳案新编》卷二十五刑律斗殴目载有一起题名为"比照雇工殴伤家长期亲（冯可顺）"的案件：

> 安徽司
> 一起为逆孥党匪等事。会看得阜阳县民冯可顺等殴折冯德腿骨一案。先据升任安徽巡抚赵国麟疏称，缘冯可顺系亳州民刘春之子，于八岁

---

① 洪弘绪、饶瀚：《成案质疑》，乾隆二十年刊本，东京大学东洋文化研究所藏，索书号"大木－法类－例案－14"。

时卖与冯德胞兄冯君然为仆,至十岁收为义子,娶张异斋之女为妻,豢养二十余年。后冯君然物故,遗有谷行,冯可顺欲行顶充,冯君然亲子冯豹变不允。乾隆元年九月,冯可顺在外饮酒,归家将张氏詈骂。冯豹变之母同冯豹变之叔冯德将冯可顺责逐,冯可顺怀嫌。于乾隆二年三月十六日,同伊兄刘四并伊岳张异斋父子及崔魁等商谋殴打泄忿,遂纠约李培、孔袁并大刘三、小刘三、刘二、表弟王二共十一人,于三月二十八日先令孔袁、崔魁探听,适冯德入城,孔袁遂计留冯德吃饭。崔魁报信,冯可顺等各持刀械铁尺至城西刘家巷内,将冯德截住攒殴,崔魁将冯德右腿殴折。冯豹变控县,验讯通详,据该犯供称,从前被冯德责逐,心怀怨恨,起意谋约刘四等攒打泄忿,并无欲死之心。严诘至再,矢口无异。查例载"义子有犯义父之期亲,以雇工人论"等语,将冯可顺依律拟绞监候。崔魁依"折跌人肢体"律拟徒,帮殴之刘四、刘二、大刘三、小刘三、王二、张振、李培均照"无赖凶徒将人混行殴打为从"例各杖一百,共谋并未下手之张异斋及计留冯德吃饭通信之孔袁概照"不应"重律各杖八十等因具题。

查例内"凡义子在十五岁以下恩养年久配有室家,若于义父之期亲有犯者,以雇工人论""其义子有故归宗而义父母无义绝之状,仍以雇工人论""若犯义绝,与其余亲族不分义绝与否,并同凡人论"等语,今冯可顺因同义父冯君然亲子冯豹变相殴,既经冯豹变之母同冯豹变之叔冯德责逐半载有余,其逐出之后是否归宗,该抚疏内未经声明。且查冯可顺供称被冯德逐出,而冯德与冯豹变供内止有将冯可顺责打情由,并无逐出之语。是冯可顺曾否归宗既未研讯明确,则其果否以雇工人论抑应同凡人论之处,无从悬定。至崔魁帮同冯可顺殴折冯德右腿,该抚既坐冯可顺以折伤之罪,则听从指使之崔魁应照"折人肢体杖一百、徒三年,为从减一等"科断。今该抚仍将崔魁照"折人肢体"律拟以满徒,情罪均未妥协,不便率结。应令该抚再加详审妥拟具题,到日再议等因。

题驳去后,嗣据该抚晏斯盛疏称,遵驳覆审,据冯可顺供认,被冯豹变之母叔责打虽有不令在家之语,系伊自行避至妻父家中,冯德、冯豹变并未实在逐出,亦未归宗。冯可顺仍照原拟绞监候。崔魁前拟满徒未协,应改依"为从减一等"律杖九十、徒二年半等因具题前来。

查冯可顺系冯德故兄冯君然之义子,因怀冯德责逐之嫌,遂纠人殴打泄忿,以致崔魁殴折冯德之腿。先经该抚审题,将冯可顺依"雇工人殴家长期亲折伤"律拟以绞罪,崔魁依"折跌肢体"律拟以满徒。经臣部等衙门以冯可顺被逐后，如果已经归宗，则不应以雇工人论。且律无两岐，如果应坐冯可顺以折伤之罪，则不应复坐崔魁以折伤肢体之条，是以驳令该抚另审妥拟。今该抚虽称"冯可顺并未归宗，仍以雇工人论拟绞"等语，但查例载"同谋共殴人伤者，各以下手伤重者为重罪，原谋减一等"。律注内称"共殴人不分首从，以所伤轻重论罪"。又律载"雇工人殴伤家长之期亲伤者，不问重轻杖一百，流三千里，折伤者绞"等语，今冯可顺止扎伤冯德头上与左手心两处，其冯德之腿实系崔魁打折。虽该抚覆讯崔魁，据供是冯可顺的主意，而前供内止有冯德不过约人打他之供，并无主意要打折腿之语。且崔魁听从冯可顺指使，冯可顺亦止系原谋，不得竟以折伤定拟。该抚先因冯德一人之折伤，将冯可顺与崔魁两人均坐以"折伤为首"之罪，及臣部驳诘，遂将崔魁改依"为从"，而原谋殴打并未殴折冯德肢体之冯可顺仍以折伤坐罪。前后审拟均与定例不符，不便草率完结，仍令该抚另行确审妥拟具题，到日再议等因。

  题驳去后，续据该抚陈大受疏称，查冯可顺既系原谋，又扎伤冯德头上及左手心，二罪相等，从一科断。冯可顺改依"雇工人殴家长期亲伤者"律，杖一百、流三千里。下手之崔魁应照"折跌人肢体"律，杖一百、徒三年。援赦等因具题前来。

  应如该抚所题，冯可顺合依"雇工人殴家长之期亲伤者"，杖一百、流三千里；崔魁合依"折人肢体。杖一百、徒三年"律，应杖一百、徒三年。查冯可顺、崔魁均事犯在乾隆三年四月十六日恩赦以前，应援赦免罪等因。乾隆六年三月二十五日题，四月初二日奉旨："依议。钦此。"①

这起案件的情况比较复杂。刘春将自己八岁的儿子卖给冯君然为仆，改名冯可顺。两年后，冯可顺被收为义子，娶妻张氏。冯君然病故后，冯可顺欲争家产，被冯君然亲子冯豹变及冯君然胞兄冯德一同借故赶出家门。半年后，冯可顺伙同其他十一人将冯德殴打泄愤。冯德被打折了右腿，控诉到县，县审认定冯可顺属于"雇工人"法律身分，按律判处其绞监候。刑罚徒罪以上不在省内审结之列，由巡抚上报到中央刑部。刑部对于地方问刑衙门在法律适用方面的错误进行了批驳，但对于冯可顺的法律身分并未提出质疑。而这起案件的微妙之处恰恰在于冯可顺的法律身分。冯可顺在乾隆元年被赶逐之时，已经被收养二十余年，则其被卖为仆，应该是康熙年间的事情。康熙朝汉人庶民之家并没

---

① 全士潮辑：《驳案新编》，收入朱梅臣《驳案汇编》，何勤华、张伯元、陈重业等点校，法律出版社，2009年版，第459~461页。

有存养奴仆的资格，但经过雍正朝的雍正五年条例，这些奴仆已经取得了奴婢法律身分。而这起案件中并没有将其判定为奴婢，应该是因为其在被卖两年后，被冯君然收为义子的缘故。那么，他究竟是作为子孙还是作为奴仆被存养的呢？从判牍公文看来，冯君然有亲生子冯豹变，没有乞养异姓义子的必要性。而冯君然开有谷行，冯可顺在其死后希望分得谷行，可以推断冯可顺应该曾在谷行打点工作，出于生意往来的需要，冯君然才收其为义子，让其对外经营时有名分上的倚仗，行事更方便。如果冯君然想将其作为真正的义子收养，必须获得宗族的认可，这样的话冯豹变和冯德也无法轻易将其赶逐。由此可见，冯可顺的本意是收其为得力的奴仆，而非亲子。冯可顺符合财买的特征，又被收为义子，虽然并非最初就以义男的名义进行保有，但将冯可顺作为财买义男处置，是符合情理的方法。然而，本案中援引的法条却是"殴祖父母父母"条附律条例的内容，也就是说，冯可顺是作为过房义子而非奴仆被论处的。这依然体现出古代社会名分重于实质的特征，名为义子，即便实质为仆，裁判官也并没有顺水推舟地将其作为财买义男来处理。

2. 乾隆五年条例

明代只允许功臣及三品以上官员之家蓄奴，为了保障缙绅之家的利益，万历"雇工人"新题例以财买义男这种迂回的方式，间接赋予缙绅之家存养奴婢的主体资格，也维持了不许庶民之家蓄奴的立场。这使得以财买义男名义存养奴仆的情况变得非常普遍。虽然雍正三年条例直接继承了明代的内容，看似解决了托名财买义男的奴仆的法律身分问题，但如上一节讨论的那样，由于时代背景的变化，不仅普通旗人可以存养奴婢，根据雍正五年关于白契奴仆的条例及雍正六年皇帝对礼部奏议的批示，汉人社会的庶民之家也取得了存养奴婢的资格。这意味着以财买义男的名义来保有奴仆的必要性被大大降低了，雍正三年条例也很快便丧失了存在的合理性和必要性。进入乾隆朝之后，清朝廷注意到了这种现实状况，对雍正三年条例中关于财买义男的部分进行了实质性修改，关于雇工的部分则保持不变。《清会典事例》卷八百刑部刑律人命"谋杀祖父母父母"条所载乾隆五年条例的内容如下：

> 官民之家，凡雇倩工作之人，立有文券、议有年限者，以雇工人论。止是短雇月日，受值不多者，依凡论。其财买义男，并同子孙论。①

---

① 光绪《清会典事例》，中华书局，1991年版，第九册第756页。

在朝廷彻底放弃了明代限制民间蓄奴的思路之后，财买义男在法律上也不再被定性为奴婢。出于引导民间思维和行为模式的考虑，朝廷采取了较为极端的方式，将所有的财买义男都一律规定为子孙身分。但显然，这种做法又有些矫枉过正。自上而下的法律引导需要慢慢推进，社会中以财买义男来保有奴仆的现象并不能一下子禁绝，对于那些新产生的财买义男，也许主人的目的依然是存养奴仆，将其作为子孙处理并不符合情理和实际情况。即便是作为真正的义男存养，若其过房不久，恩养不深，也未及婚配，根据这一条例，依然是子孙身分，又与"殴祖父母父母"条的附律条例存在矛盾之处。

到了乾隆五十三年，清朝廷对奴婢和"雇工人"法律身分的诸多条例都做出了较为重大的调整。也许是觉得时机已经成熟，社会中以财买义男保有奴仆的情况已经较为少见，因此，清朝廷宣布废止乾隆五年条例，也没有制定新的关于财买义男的条例。一直到清末为止，律典中都没有再出现与财买义男有关的规定。

3. 嘉庆六年条例

关于作为子孙的义男，嘉庆六年颁行了新的法规。《清会典事例》卷八百十三刑部刑律斗殴"殴祖父母父母"条载：

> 义父之期亲尊长并外祖父母，如义子违犯，及杀伤义子者，不论过房年岁，并以雇工人论。义绝者以凡论。其余亲属不分义绝与否，并同凡人论。①

这一条例对律典中"殴祖父母父母"条的原例做出了部分修改。义男与义父之期亲尊长及外祖父母之家发生纠纷时，不仅规定了义子侵犯了尊长，还考虑到了尊长杀伤义子的情形，一并做出了规定。两种情形均采取了同样的处理办法，不再考察义子的过房年龄、恩养时间及继承财产的状况等，直接将义子以"雇工人"论处。其他亲属，即五服之外关系比较疏远的亲属，同原例一样，以凡人论处。对于已经义绝的义子，直接以凡人处置。在此之后，清朝廷对于义子的规定再无任何原则性改动，这一条例的主旨和效力一直延续到了清末。

嘉庆朝以后，司法中的重要变化之一，即在于与义男有关的判例中，作为奴仆的义男比重极小，绝大多数都是作为子孙的义男。对于前者，裁判官一般是援引"殴祖父母父母"条的附律条例，将其作为"雇工人"定罪量刑。关于

---

① 光绪《清会典事例》，中华书局，1991年版，第九册第872页。

第四章 清代奴仆法律身分的变化

后者,从案卷的记述来看,大多都分有财产,甚至配有妻室,地位与亲生子无异。孙鼎烈《四西斋决事》卷五"太平治牍、批、判"中收录了"徐廷高判":

> 章氏孤姓迁居莞渭庄有年,查阅粘呈系图,孟会生三子,长仲广,次仲友,三仲容,是为三房。讯据章助青供称,仲友无子,以王姓子入继,取名亨得,生助昌。仲广一子仁间,生助贵。仲容一子仁干,即章金氏之夫,生三子,即争继之助青兄弟也。助贵身故无子,其妻徐氏抱养异姓子冒为亲生,致章金氏出控,欲以助青兄弟听凭徐氏择立一人。乡愚无知,姑置弗论。惟助青兄弟皆无子,此外别无近支,则助贵故后,并无昭穆相当可继之人。异姓原不得乱宗,而事穷则变,义可从权,况有王氏入继之例在前,章金氏等更无容借口,应断以章徐氏抱养之子作为助贵义子,抚育成立,日后与徐氏相为依倚,惟不得冒称亲生,至乱宗派。金氏母子亦不许任意妄争,各具遵结完案。此判。①

这段判词记录了章氏一家的世代谱系。在三代之间,章家已经有两次乞养异姓义子的行为。前有章仲友无子,收养了王姓义子过房,义子所生子女按照家谱取了名字,可见是得到了宗族的认可,作为亲子抚养的。到了助字辈,助贵也无子,其妻徐氏抱养了一名异姓子,谎称亲生,被族中长辈控告到县。两个义子均分得了家产,这与上文中引用过的《驳案新编》"比照雇工殴伤家长期亲(冯可顺)"案形成了鲜明对照,冯可顺在义父死后,希望分得家业,被义父的亲子和亲兄弟联手驱逐,可见作为奴仆的义子与作为子孙的义子在社会身分上有天渊之别。乞养的异姓义子虽然可以分得财产,但是法律并不允许他们继承门户,因为这会导致血缘关系的混乱,而血缘在帝制中国是一个非常重要且神圣的问题。但通过这篇判词,可以看出在实际的社会生活中,官府对于异姓乞养子孙继承门户的行为并没有严格加以限制,该行为甚至不需要得到整个宗族的认可,只要夫死,宗族内也没有符合条件的人可以作为继子,寡妇便可以按照自己的喜好来立继。在这种情况下,义子既继承了家产,又要承担祭祀义父母及祖先的义务,其社会身分已经与亲生子无异。只是在族谱中依然要说明是异姓乞养,以免混淆血脉。

一般而言,义子在分得家产之后,理应扶养父母,承担起家庭的责任。若是有故归宗,与原义父母之间依然有名分上的牵绊,若有违犯,照例要以"雇

---

① 《四西斋决事》收录的是孙鼎烈在光绪二十年前后出任浙江省绍兴府会稽县、台州府太平县和临海县等地的知县时所做出的判决。参见孙鼎烈:《四西斋决事》,收入杨一凡、徐立志《历代判例判牍》,中国社会科学出版社,2005年版,第十册第601~602页。引文对原书标点略有改动。

工人"论处。但若是归宗义子的子孙与原义父母之间发生冲突，律无正条，又该如何处理呢？《刑部比照加减成案》卷十九刑律斗殴之"奴婢殴家长"目记录了刑部对此问题的答复：

> 直隶司 嘉庆二十二年
>
> 直督咨 李双喜殴伤义祖母沙李氏平复一案。李双喜之父李起富，自幼经沙明远收为义子，抚养成人，娶妻生子，即李双喜，已历四十余年。迨沙明远因己子长成，遂令李起富归宗，复分与地亩房屋，同村居住。李双喜向沙明远之妻沙李氏借粮不遂，辄将沙李氏推殴。例内并无义子之子与义祖母有犯作何治罪明文，惟义子有故归宗，义父母与义父之祖父母并无义绝之状，遇有违犯，以雇工人论。则义子之子亦可一律问拟。李双喜应照"雇工人殴家长伤者"律，满流。①

在这起案件中，李起富是沙明远的义子，自幼收养，说明过房在十五岁以下。沙家不仅将其抚养长大，还为他娶妻，生子李双喜。李起富在沙家生活了四十余年，而沙明远在收养他之后又有了自己的孩子，待己子长大成人后，便主动提出让李起富归宗。沙明远还分给李起富房屋和土地，使其能以力自活，可谓仁至义尽。这也是本案裁判官认定两者并未义绝的理由。后来，李双喜对沙明远之妻有犯，但律无正条，直隶总督并不能确定应该做何处理，因此咨文刑部，请求指示。刑部指出义子之子应该与义子同样处理，故本案应将李双喜以"雇工人"论。这与第二章讨论过的奴仆与旧主人的关系有异曲同工之妙。恩义带来的名分，并不因为现实生活中实际关系的断绝而消亡，而是一直存在，当接受恩义的一方对施与恩义的一方有所侵犯时，便会在裁判中发挥作用。

综上所述，明代关于义子的条例主要有两条。一是以作为子孙的义子为调整对象的弘治《问刑条例》之规定，这一条例被清初的《大清律集解附例》直接继承，即"殴祖父母父母"条的附律条例。明代的另一个条例是以作为奴仆的财买义男为调整对象的万历十六年"雇工人"新题例，这一条例在清初并没有被正式写入律典之中。直到雍正三年，出于司法裁判的需要，才正式入律。但由于不久之后财买奴仆便取得了合法的奴婢身分，这一条例也丧失了存在的必要性。乾隆五年，朝廷作出修改，将财买义男一律规定为子孙身分。但这一规定又与法律体系中的其他相关规定不相协调，于是在乾隆五十三年被废止。

---

① 许楳、熊莪：《刑部比照加减成案》，何勤华、沈天水等点校，法律出版社，2009年版，第215页。

财买义男的相关法律规定也彻底消失于历史长河之中。关于义男，只剩下"殴祖父母父母"条的附律条例在继续发挥作用。在司法中，从乾隆朝开始，作为奴仆的义男案件便大幅减少，嘉庆朝以后，关于义男的案件几乎都是将其作为真正的子孙存养的情况。这意味着"义男"一词所指代的含义，在明代由于奴婢禁令，逐渐变为奴仆的代称，到了清代，随着"雇工人"条例的修改，终于又回到了原有的状态，变回了对于乞养的异姓子女的称呼。从中能清楚地看到，不仅社会身分会给法律的修改造成不小的推动力，法律规定对于社会身分的变迁，同样有着深远的影响。

（四）关于现行研究中奴仆问题的再探讨

基于本章的论述，在此有必要对先行研究中重田德提出的与奴婢律有关的重要结论重新进行探讨。

如第一章第二部分所示，重田氏指出，"雇工人"阶级的形成主要有两条路径：一是由奴婢身分上升成为"雇工人"，二是由凡人身分下降成为"雇工人"。对于后一条路径，他特意列举了赎身及放免奴婢、白契奴仆和义子的例子，以论证奴婢上升为"雇工人"的途径。"（赎身或者放免的奴仆）由于自我解放，或者在血缘上与主人变得疏远，（白契奴仆）由于与主人的关系还并不深厚，因此两者都由本来的奴隶形态转变为远离奴隶的形态，这即是雇工人律适用的结果。（义子）也可以看作是同样的情况。"在此基础上，重田氏得出了关于"雇工人"律性质的重要结论：雇工人律的适用对象，与其实际身分是否是雇工并没有直接的关系，该条例的适用也不是用于规定身分的，可以说具有相对性。雇工人律的本质在于，其处在奴婢本律周边的位置上，作为奴婢本律的派生条款，发挥着补充本律的作用。①

关于赎身或放免奴仆、白契奴仆以及义子的条例是支撑重田氏结论的重要论据，然而，根据本章的论述，这些条例并不能证明其结论。下面逐一进行分析。

首先，关于赎身或者放免的奴仆，重田氏引用了乾隆四十二年条例的一部分。《清会典事例》卷八百一十刑部刑律斗殴"奴婢殴家长"条所载乾隆四十二年条例中有：

> 殴死赎身奴婢之子女者，以良贱相殴论。若赎身奴婢干犯家长并家长

---

① 参见重田德：《清律における雇工と佃戸——「主僕の分」をめぐる一考察》，重田德《清代社会经济史研究》，岩波书店，1975年版，第92页。

期服以下亲者，俱依雇工人律科断。赎身奴婢之子女干犯家长及家长期亲、外祖父母，亦以雇工人论。干犯家长大功以下亲，以良贱相殴论。如家长或家长期服以下亲殴、故杀放出奴婢，及放出奴婢干犯家长并家长期服以下亲者，仍依奴婢本律定拟。殴、故杀放出奴婢之子女，或放出奴婢之子女干犯家长及家长期服以下亲者，各依雇工人律科断。①

重田氏指出，赎身或者放良之奴婢从原本的奴婢身分中被解放出来，变成了"雇工人"律的适用对象，这说明"雇工人"律是奴婢律的补充。如果这一结论能够成立，其前提应是赎身或者放良奴婢在条例颁行之前一直稳定地适用"雇工人"律。但是，如上文讨论过的那样，清初期赎身或者放免的奴婢与主人的关系原本被认定为凡人间的关系，后来根据各种不同的条件，分别对应不同的规定。比如乾隆二十八年，朝廷发布条例规定旗人官员殴杀赎身或者放免奴婢，照奴婢本律减等处理，而不是适用"雇工人"律。到了道光年间，朝廷又发布了道光十二年条例，乾隆二十八年适用于旗员的规定被用到了汉人官员身上，官员殴死赎身或者放出奴婢，照奴婢本律减等处理，对旗员的处罚变成了枷号和鞭刑。② 如果"雇工人"律真如重田氏所说，是奴婢律的补充，那么在想要比照奴婢律减等处理时，正应该适用"雇工人"律才对。但这两条条例一个颁行于乾隆四十二年条例之前，一个在之后，条例中规定了降级和减等，却并没有规定比照"雇工人"律处理。即便是乾隆四十二年条例本身，在规定赎身奴婢及其子女违犯主人比照"雇工人"律处理的同时，还规定了放免的奴婢于主人有犯时，依然适用奴婢本律，因为其比赎身奴婢受到了主人更多的恩义，只有其子女侵犯主人时，才适用"雇工人"律。看上去，赎身奴婢和放免奴婢两相比较，轻者适用"雇工人"律，重者适用奴婢本律，是符合重田氏的思路的。但如果按照这个逻辑来推演，放免奴婢与在役奴婢也有所不同，若在役奴婢适用奴婢本律，则放免的奴婢应该适用更轻的规定，即适用"雇工人"律才对，如此一来，便形成了悖论。事实上，清朝廷一直在摸索应该如何处理离开主人的各种奴婢与旧主人之间的关系问题，结果是既有依照奴婢论处的情

---

① 光绪《清会典事例》，中华书局，1991年版，第九册第846页。
② 《清会典事例》卷八百一十"奴婢殴家长"条所载乾隆二十八年条例：旗员殴死赎身及放出奴婢，并该奴婢之子女者，即照殴死族中奴婢降二级调用例，减一等、降一级调用。故杀者，即照故杀族中奴婢例，降三级调用。同条所载道光十二年条例：官员殴死赎身及放出奴婢，并该奴婢之子女者，照殴死族中奴婢降二级调用例，减一等、降一级调用。故杀者，即照故杀族中奴婢例，降三级调用。旗人殴死赎身奴婢者，枷号四十日、鞭一百。（参见光绪《清会典事例》，中华书局，1991年版，第九册第846页。）

况，也有比照奴婢律减等处理的情况，还有以"雇工人"论处的情况。在这一问题上，"雇工人"律并没有普遍地作为比奴婢律轻一个等级的刑律被使用。

其次，关于白契奴仆的问题，重田氏引用了前述乾隆五十三年条例作为论据：

> 凡白契所买，并典当家人，如恩养在三年以上，及一年以外、配有妻室者，即同奴仆论。倘甫经典买，或典买未及三年、并未配有妻室者，仍分别有罪、无罪，照殴死雇工人本律治罪。①

但正如本章所论述的那样，白契奴仆的法律身分是一个不断变动的过程。在清初时期，旗民中白契奴仆的法律身分本来就是"雇工人"，汉民中的白契奴仆就法理而言也应该属于"雇工人"，司法实践中士大夫之家的白契奴仆虽常常被作为奴婢论处，但庶民之家的白契奴仆依然维持了"雇工人"身分。雍正时期，出于严主仆、正风俗的考量，朝廷将现存的白契奴仆规定为奴婢身分，但事后产生的白契奴仆依然是"雇工人"身分。到了乾隆朝，白契奴仆反而有一部分被明确规定为奴婢身分，另一部分是"雇工人"身分。在这一系列变化中，很难看出重田氏所说的奴婢获得解放上升为"雇工人"的过程，恰恰相反，是一部分白契奴仆在法律上明确下降为奴婢地位。这样一来，也就无法推导出"雇工人"律是奴婢律补充的结论。即便仅就乾隆五十三年条例本身而言，按照恩养年限等条件，规定了两种情况，重则为奴婢，轻则为"雇工人"，两者是并列的内容，而不是主体和补充的关系。

最后，关于义子的问题，重田氏引用了《大清律例按语》卷八十四刑律斗殴"殴祖父母父母"条的附律条例：

> 若过房虽在十五以下、恩养未久，或在十六以上、不曾分有财产、配有室家，及于义父之期亲尊长并外祖父母有违反者，并以雇工人论。

引文中"恩养未久"和"雇工人"下方的着重号为重田氏所加，他的目的应该是为了强调正因为"恩养未久"，所以才适用"雇工人"律。在此基础上，重田氏指出"雇工人"律的适用对象不仅是雇工，"雇工人"律是作为比奴婢本律轻一个等级的抽象规定在发挥作用的。结论中的前一部分是没有问题的，但后一部分却很难成立。仅从逻辑上说，重田氏的结论能够成立的前提，是恩养年久的义子是作为奴婢处理的，这样才有可能推导出，恩养未久的义子的法律身分比奴婢差一个等级，属于"雇工人"，因此"雇工人"律是奴婢律的补

---

① 光绪《清会典事例》，中华书局，1991年版，第九册第843页。

充的结论。但根据本章的考察,"过房在十五岁以下、恩养年久"的义子是同子孙论的,并不属于奴婢身分。那么,难道能够说"雇工人"律是比子孙律轻一个等级的抽象规定,是子孙律的补充吗?答案显然是否定的。子孙、奴婢、雇工人、凡人,作为几种相关的法律身分,各自对应不同的情况,发挥不同的作用,很难说哪个律文是另一个的补充,或者哪个身分是居于次要地位的。

综上所述,无论是赎身或放免奴仆、白契奴仆还是义子,在清初期到乾隆朝结束这一段历史时期内,相关的法律规定一直都处在变动之中。清朝廷既要考虑调和满汉之间的法律差异,又要考虑使满汉主仆风俗相融合等因素,在摸索中逐渐对相关的法律规定加以调整,先后产生了一系列法律条例。重田氏只分别选取了三者众多相关条例中的一条,并且所选条例也不是同一时期的产物(比如关于白契奴仆的条例是调整后的定型条例,关于义子的条例则是清初的附律条例),以此来论证从奴婢到"雇工人"的解放途径和"雇工人"律的性质,就方法论而言,似有不妥之处。此外,明初设立"雇工人"身分的确是为了解决庶民之间不许存养奴婢的规定所带来的法律问题,但到了清代,奴婢的存养主体已经解禁,已不再需要借助"雇工人"身分对庶民之家的他人劳动力加以规制,但"雇工人"却没有消失于律典之中(与此相对,因为不再需要托名义男保有他人劳动力,财买义男这一法律身分在乾隆朝彻底退出了法律舞台),这是因为"雇工人"已经成为一种稳定的法律身分,与奴婢、义子和凡人一样,用于调整一部分雇佣人和奴仆。因此,其与奴婢律之间并不存在补充和主律的关系,而是同等重要的身分法规。就逻辑而言,也不能因为"雇工人"律的规定比奴婢律相差一个等级,就说"雇工人"律是奴婢律的补充。正如"雇工人"律比凡人律的规定也相差一个等级,同样也不能因此说"雇工人"律是凡人律的补充。

当然,重田氏指出"雇工人"律的适用对象并不完全是实际上的雇工,"雇工人"律是在抽象意义上发挥作用的条例,这一结论是十分重要的。事实上本书第三章所引龚大器《(新刊)招拟指南》即点明了这个问题,"雇工人"律的适用对象,既有"真"雇工人,即用钱雇募在家佣工者,也有"假"雇工人,即"以"雇工人论的群体,比如财买义男等。重田氏从抽象理论的层面对此进行了归纳。正是在其理论的基础上,高桥芳郎进一步进行阐发,提出了被日本学界认为是划时代性的理论——奴婢身分可以分为两种,即通过演绎性的方法设定的奴婢身分和通过归纳性的方法设定的奴婢身分。

第五章　清代的雇佣人与"雇工人"身分

如本书第三章所述,万历十六年新题例中关于"雇工人"法律身分的判断标准主要有两条:一是立有文契,二是议有年限。但对于并未同时满足两个条件的雇佣人应该如何处理,朝廷并未再度做出回应,司法中也存在不统一的情况。进入清代之后,如第四章第二部分所述,万历新题例的内容一直到雍正三年才作为"谋杀祖父母父母"条的附律条例出现于律典之中,但规定本身存在的问题却并未得到解决。于是,到了乾隆年间,清朝廷先后对"雇工人"律进行了三次修改。乾隆二十四年条例在继承万历新题例主旨的基础上,又加入了考察实际雇佣期间的标准。乾隆三十二年条例对二十四年条例进行了修正,对关于实际雇佣期间的规定进行了更为合理的调整,同时引入了有无主仆名分的新标准。乾隆五十三年条例完全放弃了此前根据文契、年限以及实际雇佣期间等客观条件来判断"雇工人"身分的思路,开始采取是否具有主仆名分即是否为服役之人的新标准,根据这一标准,"雇工人"身分是否成立几乎完全取决于主雇双方的主观判断。这一转变影响重大,本章将在对清代一系列立法变化展开分析的基础上,深入论述乾隆五十三年条例的历史意义所在。

一、清初的法律规定与司法实践

(一)清初的司法状况

清初,由于法律规定的空白,与明代万历新题例颁行之前的状况相类似,官员们对于何谓"雇工人"这一问题,并没有形成一致的认识。因此,司法中对于雇工人身分的认定带有一定程度的随意性,无论是地方级别的裁判文书,还是中央层级的卷宗,都很少详细地解释说明作出判断的理由。很多时候,裁判官仅仅因为现实中雇佣关系的存在,或者是主雇之间对雇佣关系成立存在共识等简单的理由,就很自然地将雇佣人判定为法律上的"雇工人"。在判词等文书中，惯用的叙述是"某某为某家雇工人""某某雇于某家佣工"及"雇工人某某"等。例如赵吉士《牧爱堂编》卷十二参语"人命"中记录了"一件打死人命事"：

> 审得覃万世命雇工人郭小娃子司户。顾小子无良，不遵守主人之宅，乃窃取赁房人之钱，虽十八文其事至微，充其为有不可问者矣。乃赁房人王凤杨夫妻诉之，万世搜诸驴圈而还之，万世之妻王氏内之室而责之。情也，理也，亦家法也。岂意缝裳之纤手竟作沤麻之老拳，而小娃子告毙矣。按律家长殴雇工人致死者，杖一百，徒三年而已。乃万世无知惧罪，从而系之缳，若为自缢者然。复从而投之井，若为自溺者然。夫溺矣，何为而项有痕。缢矣，何为而尸在水。伤哉，茧茧愈巧而愈拙矣。及讯万世妻王氏供称，打之数掌，不幸而身死。又据邻佑康荣、李尚仁等公呈，实因王氏家法教训而死。是小娃子不死于缢，不死于溺，确死于王氏之手，无烦检而已明也。小娃子盗钱实应受扑，若照雇工违犯教令致死勿论之条，虽死者之目可瞑，而生者之心未甘。断王氏出银十两给与小娃子之父郭光玘，埋子之骨，以养余生。虽律例之所不载，亦以广法外之仁也。重责覃万世，以惩其作伪。着即押埋，取领立案。①

在这起案件中，郭小娃子受覃万世的雇佣，负责看守门户。郭小娃子盗取了覃万世家租客的钱财，被租客投诉。覃万世的妻子王氏因此动手责打了郭小娃子，不料郭小娃子被殴打致死。覃万世为了掩盖案件的真相，对郭小娃子的尸体做了种种伪装，却被裁判官赵吉士一一识破。赵吉士认为，郭小娃子属于"雇工人"身分，按照律令的规定，无故殴死雇工人应杖一百，徒三年。若雇工人违犯教令在先，家长可以不承担法律责任。只是考虑到情理的平衡，赵吉士以"法外之仁"的名义，判处王氏要对郭小娃子的父亲进行经济赔偿，并重责覃万世作伪的行为。其中，如果王氏对郭小娃子的殴杀行为能够成立"雇工违犯教令致死勿论"，重要的前提是，郭小娃子必须是法律上的"雇工人"。否则便是凡人相殴致死，法律责任要重得多。关于郭小娃子的法律身分，清初的律典中没有明确规定，如果参考前朝旧例，则按照万历新题例的规定，郭小娃子必须是立有文契、议有年限的长工才符合条件，如果只是短雇，是无法成立"雇工人"身分的。但在这篇判词中，对于郭小娃子与覃家的雇佣关系是什么

---

① 参见赵吉士：《牧爱堂编》，郝平点校，商务印书馆，2017年版，第360页。书中有个别字有误，引文已纠正。

形式，是否立有文契、议有年限等重要问题，均未置一词。这说明裁判官并不是理性地严格遵照法律作出裁决，而是根据雇佣关系的存在便直接将郭小娃子划入了"雇工人"的范畴。

如果说地方裁判的目的在于和息诉讼，因此裁判官运用情理裁判的情况普遍存在，导致郭小娃子一案看似轻率地赋予了雇佣人以"雇工人"身分的话，在普遍比较谨慎也比较拘泥于法令的中央裁判中，依然以同样的方法判定"雇工人"，就比较能够反映出问题所在了。《成案质疑》卷二十斗殴"奴婢殴家长"目中记载了一起题名为"谋杀雇工比照故杀"的成案：

> 康熙三十年　月刑部会覆丁兰曾等谋杀王志敏一案。据安抚审拟绞罪具题。查丁兰曾典王志敏夫妇佣工，兰曾与志敏妻张氏通奸，欲纳为妾，顿萌杀机。嘱氏弟张文太谋害志敏。文太听从，于康熙二十九年九月十七日晚在空庙见志敏睡熟，辄砖击额角、耳根，复抱豆叶焚尸。是夜志敏死而复苏，地邻闻声往救，禀州讯明口供，越五日殒命。历审情真。丁兰曾造意谋杀王志敏，律内无家长谋杀雇工人之条，丁兰曾合比依"家长故杀雇工人"律拟绞监候，秋后处决。张文太合依"谋杀人从而加功"律，拟绞监候。张氏合依"奸夫自杀其夫者、奸妇虽不知情"律，拟绞监候，秋后处决。奉旨："丁兰曾、张文太、张氏俱依拟绞，著监候，秋后处决。"①

在这起案件中，王志敏夫妇是典当雇佣人。王志敏的妻子张氏与雇主丁兰曾通奸，丁兰曾因此找人谋害王志敏。王志敏受到袭击后被地邻所救，却因伤重身亡。丁兰曾被比照"家长故杀雇工人"律判处绞监候。案情其实很简单，其中值得一提的地方在于王志敏的法律身分问题。依照当时的习惯，典当之人多被称为典当家人或者当身奴仆，一般的情形是，典身之人事先接受主人的金钱，在契约期间内为主人做工，期限届满时偿还本金，获取自由。如果期限届满时无力偿还，其人身便要归属于主人所有。本案中裁判官没有说明典身的具体情况，但从其用词来判断，至少在裁判官看来，王志敏夫妇并不是奴仆，而是佣工，所以此案并不是根据白契奴仆和典当家人以"雇工人"论的惯例来裁决的。裁判官也并未考察王志敏的文契、年限等条件，而是仅凭佣工的事实就判定了其法律身分。由此可见，在清初的司法裁判中，对"雇工人"的判断非常

---

① 洪弘绪、饶翰：《成案质疑》，乾隆二十年（1755）刊本，东京大学东洋文化研究所藏，索书号"大木－法類－例案－14"。

随意，多以现实的雇佣关系和裁判官的主观意见为准，缺乏法律上的明确依据。

（二）雍正三年条例

到了雍正三年，万历新题例的内容重新成为附律条例。司法裁判中也终于有了指导原则。如果立有文契和议有年限的条件同时满足，雇佣人毫无疑问属于法律上的"雇工人"，但如果两者不能同时满足，又当如何处理呢？明代并未能够解决的理论困境，在清代雍正三年以后的司法实践中，也未能形成较为统一的做法。但就笔者管见所及，清代这一时期的判例存在如下倾向：在中央刑部的裁判中，未立文契的雇佣人一般不会作为"雇工人"论处，而是以凡人对待。地方问刑衙门却常常将未立文契的雇工看作"雇工人"。《成案质疑》卷二十斗殴之"奴婢殴家长"目中记载了一起题名为"虽未立有文券亦以议有年限亦作雇工人论"的成案：

> 雍正十三年八月刑部议覆先据直督李 咨称新城县居住旗人刘七达子殴死工人时毛儿一案。缘刘七达子之父刘玉雇时起惠之子时毛儿佣工，议定每年工价钱七千文，因属同村，未立文契，已经两载，毫无嫌怨。雍正十一年十一月二日，时毛儿偕刘七达子赶集，因值天冷，一齐赴店沽酒御寒。时毛儿旋又他往。刘七达子傍晚回去，行至场园井边，见时毛儿已醉，行走歪斜，刘七达子恐其倾跌，上前扶掖，时毛儿反行詈骂，刘七达子气忿，遂用拳打其领颔，时毛儿拾砖还殴，刘七达子亦用砖连击时毛儿额角偏右，时毛儿仍行嚷骂，刘七达子又拾井边木楔打伤时毛儿右腋肢仆跌在地，磕落上牙一个，并伤及下唇吻等处。时毛儿仍骂不休，刘七达子又用脚踹时毛儿小腹偏右，至晚殒命。历审不讳。查定例内官民之家，凡倩工作之人，立有文券、议有年限者，以雇工人论。止是短雇月日，受值不多，依凡论等语。今刘七达子雇时毛儿，虽未立有文券，但雇已经二载，初非短雇月日可比。每年给工价钱七千文又与受值不多者有间。刘七达子合依旗人殴雇工人致死者枷号六十日、鞭一百。再查时起惠止生时毛儿一子，今被刘七达子殴死，年迈无依，情殊堪悯，应于该犯名下量断二十两给付尸父收领，以为养赡之资等因。
>
> 本部以定例内凡倩工作之人，立有文券、议有年限者，以雇工人论等语。今刘七达子雇时毛儿并未立有文券，开明年限。该督照殴死雇工人定拟，与例未符。且刘七达子持砖击时毛儿额角等处，已伤重仆地，又复用脚踹其致命小腹偏右殒命，系有意欲杀，应令该督再行详审，按律妥拟

第五章 清代的雇佣人与"雇工人"身分

具题。

去后，今据该督咨称覆加严讯，据刘七达子供，乡间风俗，雇外来之人，恐其来历不明，必须写立文券为凭。今时毛儿系同村素识，彼此相信，其年限工价即以口头为定，虽无文契，实系长年雇倩，并非短雇。质之尸父时起惠，供亦相同。至刘七达子脚踹时毛儿致命小腹偏右之处，实因时毛儿辱骂不休，一时忿激，失足误伤，并非出于有意。查定例凡隶身门下为长随者，既无文券，亦无年限，尚照典当雇工人论，何况刘七达子雇倩时毛儿，每年议工价钱七千文，已经二载。虽未写立文券，实系议有年限。刘七达子仍照原拟依殴雇工人致死例，枷号六十日、鞭一百。仍于刘七达子名下量追银二十两，给付尸父时起惠领回，以为养赡之资，相应咨明等因前来。据此刘七达子应如该督所拟，完结可也。①

这是一起发生于雍正十一年的案件。当事人刘七达子是旗人，其父雇佣时毛儿在家佣工。工作已满两年，工价银按年支付，每年七千文，从这两项条件判断，时毛儿可以看作是议定了年限之长工，但双方并未写立文契。刘七达子和时毛儿一起去赶集时，时毛儿酒后失态，对刘七达子嚷骂，刘七达子愤怒之下殴打了时毛儿，导致其伤重殒命。在地方裁判中，直隶总督关注的重点在于长短工之别。他认为时毛儿已经受雇两年，且七千文并不是小数目，因此时毛儿肯定不是短雇月日、受值无多的短工或者日雇，而是长工。虽然未立文契，但其法律身分依然应该被判定为"雇工人"。因此直隶总督判处了枷号六十日、鞭一百的刑罚。题本呈送到中央刑部后，刑部着眼的重点并不在于长工和短工的区别，也没有否定时毛儿的长工身分。但刑部认为，必须同时满足立有文契、议有年限两项条件，才能成立"雇工人"身分。时毛儿未立文契，自然也就没能在文契中写明年限，因此，很难以"雇工人"定拟，责成直隶总督重新进行审理。直隶总督虽然再次对事实进行了确认，但并没有遵从刑部对于毛时儿的身分判断。他指出，乡间风俗，只有外来人口才要写立文契，以免来历不明招致祸端。但本村人口，知根知底，乡民又多不能写文识字，因此一般采用口头约定的方式缔结契约。毛时儿受雇两年，每年受值七千文，并非短雇，而是长工，符合议有年限的条件。即使未写立书面契约，依然应该以"雇工人"论处。由此可见，在地方的裁判操作中，出于对民间风俗的了解和遵从，一贯坚持的是承认口头约定，只凭议有年限一个条件即可判定"雇工人"身分的标

---

① 洪弘绪、饶翰：《成案质疑》，乾隆二十年（1755）刊本，东京大学东洋文化研究所藏，索书号"大木－法類－例案－14"。

准。本案中，刑部最终接受了直隶总督的解释，同意将时毛儿以"雇工人"论处。但从刑部最初的批驳可以看出，在刑部的日常操作中，不能同时满足两项条件，一般是不会作为"雇工人"看待的。需要附带指出的是，上一章讨论过财买奴仆的规定，清朝廷采取的是区分民人和旗人，分别对应不同法律身分的处理方法。相比之下，在雇佣人的规定上，朝廷至少采取了统一的标准，并未区别民人和旗人，一律适用《大清律例》。只是在确定具体的刑罚后，对旗人给予换刑的待遇，旗人事实上仅需要承担枷号六十日、鞭一百的责罚。

在这起案件裁判之后不久，乾隆五年（1740）时朝廷发布了新的条例。修改的内容主要集中于财买奴仆，雇佣人的部分并没有修改。那么，该条例发布后，刑部对于没有写立文契的雇佣人，有没有改变立场呢？我们不妨来看一下《（新增）成案所见集》卷十婚姻"强占良家妻女"目所载"雇工人先与工主侄女调戏成奸继复纠人抢夺依强夺良家妻女为妻妾律绞候"一案：

> 刑部　题据苏抚审理常熟民王品纠约王敖□强抢菊姊成婚一案。该抚将王品比照强夺良人妻女奸占为妻妾例拟流咨部。经臣部以律载豪强之人强夺良家妻女奸占为妻妾者绞监候等语。盖谓豪强之人，能迫人以不得不从之势，故律深恶之。此案王品雇为陆圣平佣工，与伊侄女菊姊调戏成奸，旋即纠人抢夺为妻，在王品平素虽无豪强之势，但纠约多人执持器械于黑夜之际打入陆成年家内，将陆成年捉住，并将陆九皋打伤，强夺菊姊而去。此等凶暴，视豪强之人更加一等。虽菊姊犯奸似非良人，然原其未雇王品之先，居然良家处女。乃为雇工王品始而调奸，继而纠抢，淫恶为甚。其未立文契，王品纵可逃于干名犯义之条，论其黑夜逞凶，王品断难宽于强夺良家之律。若将此等淫恶凶犯减等发落，殊属宽纵，应令该抚再行确审妥拟，具题到日再议等因。
>
> 题驳去后，续据该抚将王品改依强夺良家妻女奸占为妻妾律拟绞监候具题。臣部于乾隆十三年五月内议覆，奉旨："王品依拟应绞，著监候，秋后处决。余依议。"①

在这起案件中，王品受雇佣工于陆圣平之家，与雇主侄女菊姊调戏成奸，意欲娶其为妻。不知是家长不允或是其他缘故，王品动了抢亲的念头，纠合多人手持器械深夜闯进雇主家，将菊姊夺走。由于刑律中只有豪强之人强夺良家妻女

---

① 马世璘撰、谢奎等辑：《（新增）成案所见集》，乾隆五十八年（1793）刊本，日本法务图书馆藏，索书号"法务图186"。刊本中模糊不清、难以辨认的字，引文中以□代替。

奸占为妻妾的规定，而王品只是普通的佣工之人，因此江苏巡抚认为应该比照豪强之人减等处理，判处满流之刑。咨文送到刑部之后，刑部官员表达了反对意见。在其看来，豪强之人倚仗的是压迫人的势力，王品身为雇工，没有能够倚仗的威势，却敢深夜聚众持械抢人，胆大妄为，危害甚至超过了豪强之人，因此不能够减等处理，应照原律拟绞监候。值得注意的是，刑部在案卷中提到，"其未立文契，王品纵可逃于干名犯义之条"，所谓干名犯义，是指帝制中国卑幼违犯尊长而成立的违背伦常道德的罪名，由于奴婢和"雇工人"被置于家族成员的延长线上，因此，他们对于主人的触犯行为也受到干名犯义条的约束。刑部认为王品可以不受该条的调整，即默认王品不属于"雇工人"身分。这样判断的原因则在于王品未立文契。王品佣工几载，受值几何，是否议有年限等情况，文书中一概没有提及，只凭未立文契一条，就足以否定"雇工人"法律身分的成立，由此可见，虽然在上一起裁判于雍正十三年的案件中，刑部在表达了反对意见后勉强同意了直隶总督的裁决，但并没有因此改变立场。这起案件的最终裁决发生于乾隆十三年，可以推测，在这十三年的时间里，刑部依然坚持着未立文契便不是"雇工人"的原则。

然而，正如上文所引《成案质疑》"虽未立有文券亦以议有年限亦作雇工人论"案中直隶总督所指出的那样，乡间风俗，原本就不重视文券。尤其是同村"雇倩"的情况下，都是熟人社会中的成员，仅凭口头约定，对彼此便具有等同于文契的约束力。如果刑部无视这种民间习惯，一定要强调文券和年限同时满足才能成立"雇工人"法律身分，会使得很多真正的"雇工人"只能以凡人论处，并不利于司法的公平。此外，雍正五年条例对财买奴仆的法律身分做了更严格的规定，便更加反衬出雇工政策的宽松。当中央和地方之间的意见分歧积累到一定程度，终于在乾隆二十四（1759）年，由山西按察使永泰拉开了改革的序曲。

二、关于乾隆二十四年条例

乾隆二十四年，山西按察使永泰上奏朝廷，请求从法律上变更"雇工人"身分的判断标准：

> 刑部为敬陈等事。据山西按察使永奏称："……又查例载：凡倩工作之人，立有文券、议有年限者，依雇工人论；止是短雇月日、受值不多者，依凡论。诚以雇工、凡人问罪悬殊，故必以文券为凭，以杜枉纵。但乡民工作多系随便雇觅。其始也，原止暂时短雇，未经立有文券；其既

也，情意交孚，历久相安，不暇他计，往往有终身受雇而未立有文券者。此等之人遇有干犯，顾以未立文券遽同凡论，揆之情理，殊属未协。并请嗣后：凡工作之人，如受雇在五年以上者，并非短雇可比，虽未立有文券，亦应照雇工人论。如受雇在十年以上者，恩义并重，无论有无文券，均照红契奴婢定拟"等语。

查……雇工之人与奴婢不同。奴婢或系立契卖身，或系家生灶养，衣食婚配，恩义并重。雇工则仅资力作，来去无常，民间经营耕获，动辄需人，亲属同侪相为佣雇，情形本难概论。定例立有文券、议有年限方作雇工，若随时短雇、受值无多者，即同凡论，法至平也。且查律文，于家长有犯，奴婢治奴婢之罪，雇工治雇工之罪，各有专条。今该按察使奏称："雇工人虽无文券而受雇在五年以上者，于家长有犯，作雇工；十年以上作奴婢定拟"等语。查雇工人立有文券、年限者，止依雇工本条；若无文券而年分稍久者，反与奴婢同论，殊与律义不符。应请嗣后："除'典当家人'及'隶身长随'俱照定例治罪外；其雇倩工作之人，立有文契、年限，及虽无文契、而议有年限，或计工受值已阅五年以上者，于家长有犯，均依雇工人定拟。其随时短雇、受值无多者，仍同凡论。"如此则情法胥得其平矣。①

在永泰看来，法律身分属于"雇工人"还是一般雇佣人（凡人），在量刑上具有重大的差别，稍有误判，便会造成严重后果。因此，刑部严格强调文契和年限的条件必须同时满足，以防止出现不公正的裁判。这种思路虽然是出于好意，却不符合实际情况。在现实生活中，很多长工并不是主雇双方最初就已经达成了合意，而是在雇佣中逐渐熟悉和习惯，日积月累，不知不觉中已工作多年。最初的短工阶段不立文契是普遍现象，熟悉之后不立文契也在情理之中，如果过于强调文券的重要性，难免会僵化地适用法律，做出不合适的裁判。问刑衙门尤其是中央刑部屡屡将没有文契的雇佣人作为凡人处理，而不考虑实际上的受雇期限等条件，已经危害到了现实中的主雇关系，改革势在必行。永泰建议可以从实际情况出发，即便未立文契，只要受雇已达五年以上，也应认定为"雇工人"身分，如果长达十年以上，可谓恩义深重，应作为红契奴婢处理。

刑部并没有完全采纳永泰的提议。刑部认为，永泰提出的对策是非常琐屑

---

① 参见《刑名条例》"名例"目"命盗"，乾隆二十四年，第6～9页，转引自李文治、魏金玉、经君健《明清时代的农业资本主义萌芽问题》，中国社会科学出版社，2007年版，第256～257页。

具体的方案，与整个法律体系中的其他相关规定并不相融，甚至有矛盾之处。比如奴婢与雇佣人性质不同，如果一个雇佣人既非立契卖身，又非家生奴仆，只因为受雇时间较长，就要沦为法律上的奴婢身分，既不符合常理，也未体现公平。但其在文契、年限之外，考察实际的受雇期间，以判断是否成立"雇工人"身分的思路是有可取之处的。在永泰提案的基础上，刑部略加改动，制定了乾隆二十四年条例：

> 除典当家人及隶身长随，俱照定例治罪外，其雇倩工作之人，若立有文契、年限，及虽无文契而议有年限，或计工受值已阅五年以上者，于家长有犯，均依雇工人定拟。其随时短雇、受值无多者，仍同凡论。①

根据这一条例，以"雇工人"论处的雇佣人可分为三类：第一，立有文契并议有年限之人；第二，虽未写立契约，但已议定年限之人；第三，既未写立文契，也未明确议定年限，但实际从事雇佣劳动已经达到五年以上的雇佣人，在侵犯家长的情况下，以"雇工人"论，若家长杀伤雇工，则不成立。第一点维持了万历新题例以来的一贯立场，保留了传统判定"雇工人"身分的标准。第二点改变了雍正三年以来中央刑部的立场，体现了法律对社会生活的妥协。第三点则采纳了永泰的建议，增加了实际受雇时间的考虑因素，引入了新的衡量"雇工人"身分的要素。众所周知，法律规定越笼统，司法中裁判官自由裁量的空间就越大；相反，法律规定越详细，则自由裁量的空间就越小，判决结果的确定性也越高。乾隆二十四年条例是针对司法中的疑难问题而专门做出的规定，在一定程度上提高了司法的确定性，但仍有一些细节的问题需要加以讨论和说明。下文拟结合上述三种分类，通过实际的判例，来考察当时的司法实践情况。

（一）立有文契并议有年限的雇佣人

如果雇佣人既订立了书面文契，又在其中写明了年限，其法律身分毫无疑问是"雇工人"。可若是两个条件不能同时满足，乾隆二十四年条例只规定了未立文契而议有年限的情况，却未讨论写立了文契，而其中并没有明确标注受雇年限的情况。那么，这种情况下是否成立"雇工人"身分呢？不妨来看看实践中是如何操作的。《成案所见集》卷二十六人命"谋杀祖父母父母"目内载

---

① 参见光绪《清会典事例》卷八百一十刑部八十八刑律斗殴"奴婢殴家长"条，中华书局，1991年版，第九册第845页。

有一起题名为"雇工人因窃银被逐挟恨入室砍伤工主及妻 驳改照谋杀斩决"的案件：

> 刑部　题据河抚审题柏城民周玉谋杀杨端，伤而未死，并砍伤杨端之妻邢氏一案。缘周玉系杨端雇工，立有文约。杨端将银十三两七钱包放堂屋柜内，周玉窃匙偷出银两，置买被褥、衣服，并零星使用，花银七两七钱，余银换钱交伊叔周全收藏。杨端失银日事咒骂，周玉听闻难堪，求崔浩如向杨端说知系伊偷窃，先还钱四千一百，余银随后措交。杨端收钱即将周玉逐出，并称如不给钱，必要送官。周玉畏罪怀恨，起意谋杀。素知杨端东屋挂有腰刀，潜匿杨端草房，至三更时拨门入室，取刀至杨端床前，掀被用刀扎伤杨端右胳膊。杨端惊醒喊叫，亦抽床头所挂腰刀回砍，周玉用刀砍伤杨端之妻邢氏额颅等处。因周玉凶砍出声一哼，杨端听系周玉声音，当即喊叫邻佑。郭连等闻声趋救，周玉先已逃回，遂拿获周玉，起出凶刀。查周玉雇与杨端虽立有文契，但业已逐出，查奴仆转卖依良贱相殴，则雇工被逐似应同凡论。将周玉依谋杀人伤而未死律绞候具题。经臣部查，周玉受雇与杨端家，会经立有文券，因偷窃伊主银两遂逐出，追赃后因伊主履行追逼辄怀忿恨起意谋杀，素知伊主屋有腰刀，衾夜入室，即抽刀揭被、扎伤伊主及伊主之妻致命多伤。是周玉即系契雇工人，文券现在杨端收执，其逐出原为追取赃银，并非工满辞出，与奴仆转卖者不同。该犯挟仇谋杀，实于名分攸关，该抚将周玉以凡人论拟以绞候，殊属轻纵。应令该抚另行按律妥拟具题到日再议等因。题驳去后，续据该抚将周玉改依雇工人谋杀家长罪与子孙同，子孙谋杀祖父母父母已行者，不问已伤、未伤，皆斩立决具题。臣部于乾隆二十五年四月内议覆奉旨："周玉著即处斩，余依议。"①

在这起案件中，周玉受雇佣工于杨端之家，双方写立了文契。由于周玉偷盗主人杨端的银两私用，被赶逐出门。杨端追讨银钱，声称要报官，周玉心怀怨恨，遂起杀意，于深夜持刀进入杨端家中，将其砍伤。事发后，河南巡抚认为，两人订立了书面契约，周玉可以看作是"雇工人"身份，但其被逐出之后，与杨端之间已经不存在主雇关系，奴婢转卖尚同凡人，更何况雇工人与主人之间的等级关系要轻于奴婢，因此，以凡人间的杀伤判处周玉绞刑监候。题本送至刑部，刑部对此进行了反驳。在刑部看来，双方已经写立了文契，则周

---

① 马世璘撰、谢奎等辑：《（新增）成案所见集》，乾隆五十八年刊本，日本法务图书馆藏。

玉是"雇工人"无疑。其虽被逐出，但并不是因为雇佣期满而离开，而是主人为了追讨失窃银两的一种手段，名分犹存，不能认为两者已经回复到了凡人之间的关系。河南巡抚听从了刑部的意见，重新拟好了题本，最终得到了皇帝的允可。无论是地方巡抚，还是中央刑部的官员，都只提到双方写立了契约，完全没有提及议有年限，可见契约中并未写明年限。尽管如此，各个审级的官员都一致认为周玉属于"雇工人"，说明在这段时期的司法实践中，只要写立了文契，即便未在立契之时明确约定雇佣期限，依然可以成立"雇工人"法律身分，因为文契本身便是主雇关系成立的最有力证明。尤其按照民间习俗，短工基本不立契约，写立契约的情况一般都是长工，凭契约来判断"雇工人"身分是合情合理的。此外，第二章中曾经讨论过明清时期奴仆与旧主之间的法律关系问题，但在一般的律学文献中，从未论及"雇工人"与旧主之间的关系，因为双方理应视同凡人。但在本案中，刑部明确指出在一定的条件下，"雇工人"与旧主之间并不随着实际雇佣关系的消灭而转为凡人关系，主雇名分的约束力与主仆关系一样，可以脱离现实中的实体关系而存在。这是需要特别留意之处。

（二）未立文契但议有年限的雇佣人

由于年限往往写于文契之中，因此，在乾隆二十四年之前刑部的司法裁判中，所谓议有年限，或指在文契中明确记载，或是从实际受雇已经一年以上等条件作出推断。但仅此一条，并不能单独构成认定"雇工人"身分的充要条件。从乾隆二十四年条例颁行之日开始，只要议有年限的雇佣人，都被作为"雇工人"处理。那么，这时的"议有年限"，究竟是要明确约定具体的雇佣年限才成立，还是只要约定了以年为单位支付报酬即算符合条件，抑或是存在其他判定的方法呢？这一问题的答案可以从刑部的裁判中找到线索。《驳案新编》卷十一"刑律人命"目记载了一起题名为"堂兄妾与雇工通奸加功活埋"的案件：

> 河南司
> 一起为查明禀究事。会看得中牟县民秦珩活埋伊妾完氏身死一案。
> 先据河南巡抚胡宝瑔疏称：缘秦珩年老乏嗣，于乾隆二十一年三月内，凭媒价买完氏为妾。二十五年正月内，有中牟县属民人戴进才雇与秦珩家佣工，议定一年工价钱二千三百文，未立文券。挈同母、妻即借秦珩空房居住。四月初十日晚，戴进才因向完氏讨取锁钥，遂即调戏成奸。十三日又复乘空宣淫。秦珩均未知觉。嗣因互相谈笑，当被戴进才之妻张氏

窥破，向夫盘问，戴进才告知通奸情由。张氏将夫数责而止。至四月二十四日，完氏与张氏角口，张氏即将与夫通奸之事揭出，适被秦珩闻知，欲将完氏责殴，完氏躲避。即将戴进才夫妇逐出。次日，戴进才复赴秦珩家接回伊母。秦珩窥见触起前忿，复将完氏殴打未中。完氏跑至秦珩堂弟秦珠家，央其劝解。秦珠询知责殴情由，恶其败坏门风，亦即抱忿。随至秦珩家内，询其何不管教。秦珩愧忿交加，起意致死，声言令其自尽，秦珠即以"死亦不屈"回答。秦珩遂唤完氏回房，撩给麻绳，将门外扣，令其自缢。并令秦珠帮同，督人刨坑掩埋，秦珠应允，一同赴地唤令佃户吴进才往豆地内刨坑。

……

再原疏内称"戴进才系秦珩雇工，虽未立有文券，但已议定年限，应以雇工人论。该犯与家长之妾通奸，合依'雇工人奸家长妻女者斩，妾各减一等'律，应减斩罪一等，杖一百、流三千里，至配所折责四十板。吴进才虽曾刨坑，初不知系活埋，迨临时知觉，畏惧奔避，合依'同行知有谋害，不即阻挡救护及被害之后不首告'律，杖一百，折责四十板"等语，均应如该抚所题完结等因。乾隆二十六年七月十五日题，十六日奉旨："依议。钦此。"①

在这起案件中，秦珩雇佣戴进才在家佣工，甚至戴进才举家都居住在秦珩家中。由于戴进才与秦珩之妾完氏通奸，秦珩惊怒交加将其逐出，复又活埋了完氏，在这一过程中，又有秦珩堂弟秦珠的参与，因此产生了多种法律责任。其中，关于戴进才与秦珩间的主雇关系，案卷中的陈述为，"议定一年工价钱二千三百文，未立文券"，而实际的受雇期间从二十五年正月内开始，到四月二十四日被逐出，大约为三个月左右。各个审级的裁判官对于戴进才的"雇工人"身分均无异议，可见不论实际受雇时间的长短，只要最初议定了年限，即属于"雇工人"身分。那么，判断是否议定年限的标准，又是什么呢？作为对比，可以再来看一下《驳案新编》卷十一"刑律人命"目内"谋杀驳改罪人不拒捕而擅杀"一案：

---

① 全士潮：《驳案新编》，收入朱梅臣《驳案汇编》，何勤华、张伯元、陈重业等点校，法律出版社，2009年版，第213~215页。

湖广司

一起为具报事。会看得宁乡县郭于梅谋杀廖世友身死一案。

先据湖南巡抚冯钤疏称,缘郭于梅与廖世友均系安化县民。乾隆二十五年正月二十七日,郭于梅雇廖世友在家佣工,议定每月工银五钱,未立文券。

……

应如该抚所题,郭于梅合依"奸夫已离奸所,本夫杀非登时,依'罪人不拒捕而擅杀'以斗杀论。斗杀者,绞监候"律拟绞监候秋后处决等因。乾隆二十六年十二月初九日题,十一日奉旨:"郭于梅依拟应绞,著监候,秋后处决。余依议。钦此。"①

在本案中,郭于梅是廖世友的雇主,其妻与廖世友通奸,郭于梅得知后,怒急攻心,杀死了廖世友。按照法律规定,只有在和奸之时杀死奸夫才能够免除刑事责任,而郭于梅属于事后杀人,即所谓"非登时",要被处以绞监候的刑罚。案卷中关于两人雇佣关系的记述,只有引文第一段的最后一句话。这一案件与上一起案件均发生于乾隆二十四年条例颁行之后,佣工之人同样是在家雇工,同样未写立书面文契,但上一个案件中的戴进才属于"雇工人"身分,本案中廖世友则是凡人身分。两相对比,造成这一法律身分差别的根本原因,即在于戴进才与雇主"议定一年工价钱二千三百文",廖世友与雇主间约定的则是"每月工银五钱",因此廖世友未被认定为"议有年限"。

总结而言,所谓"议有年限",重点在于"议",只要双方有约定,无论口头还是书面,无论是否实际执行,都可成立"议"的行为。而"议"的内容是"年限",年限的体现方式有两种:一是约定了雇佣关系的起止时间,或者雇佣劳动的具体时长,且在一年以上,自然属于双方约定好了"年限"。二是没有明确约定劳动期限,但有以年为单位缔结雇佣关系的意思表示,同样可以视为议有"年限"。通过案例可以看出,该意思表示的关键在于支付报酬的时间单位,如果以年为单位约定了工价银,至少是有意向长期雇佣的,因此符合"议有年限"的条件,与此相对,如果以月为单位约定雇佣劳动的报酬,短雇的意味更强,因此不符合"议有年限"的要求。

---

① 全士潮辑:《驳案新编》,收入朱梅臣《驳案汇编》,何勤华、张伯元、陈重业等点校,法律出版社,2009年版,第215~217页。

（三）虽无文契、年限，但实际受雇已达五年以上的雇佣人

从永泰的上奏文来看，他着眼的问题在于始于日雇、短工，未立文契、未议年限，但逐渐成了长工的雇佣人，如果法律上将其作为凡人处理，有违公平。因此永泰提出要考虑实际的情况，受雇五年以上即为"雇工人"，受雇十年以上便可视作红契奴婢，这样才能使法律身分与社会身分相互对应和平衡。但刑部并没有完全领会永泰的意图。虽然刑部看似采纳了五年以上受雇佣工可以作为"雇工人"论处的建议，事实上却附加了一个重要的前提，即必须是在侵犯主人的情况下，才成立"雇工人"身分，如果是主人侵犯雇佣人等情况，依然是以凡人间关系论处的。《驳案新编》卷二十一"刑律斗殴"目收入了一起题名为"殴死辞出雇工以凡论"的案件，详细地解释了相关立法原理，具有很高的史料价值，全文引用如下：

> 福建司
>
> 一起为乞究死因事。会看得安溪县已革监生叶世沾踢伤蔡奇身死一案。
>
> 先据福建巡抚吴士功疏称，叶世沾与蔡奇同里居住，素无嫌隙。蔡奇于乾隆十七年间在叶世沾家佣工，年给工银一两二钱，未立文券。至二十三年二月，叶世沾之父叶骏因蔡奇年老辞出。蔡奇随承耕叶骏田二段，载租谷十四桅。二十三年分蔡奇欠租三桅。叶骏于二十四年十月十九日赴县控追，差役吴沈押令算明清还。十一月十七日午后，吴沈同蔡奇至叶骏书馆算账，叶世沾在馆，吴沈当即出外觅火吃烟。蔡奇声言伊在叶世沾家雇工辛苦多年，欠租无几，不应告追。叶世沾回斥。蔡奇恃老拼命，将头向撞。叶世沾恐被撞及，以手推开，随势用右脚踢去，踢伤蔡奇肾囊倒地。叶世沾即遣工人叶侃将蔡奇背回。讵蔡奇伤重，次早殒命。屡审供认不讳。查律载"斗殴杀人者，斩监候；家长及家长之期亲殴伤雇工人致死者，杖一百、徒三年。"又例载"雇倩工作之人，虽无文契而议有年限，或计工受值已阅五年以上，于家长有犯，均依雇工人定拟"各等语。今蔡奇于乾隆十七年在叶世沾家雇工起至二十三年二月止，虽未立有文契，而已阅五年以上，但已经辞出，现佃叶世沾田亩。若照雇工人定拟，似与现雇工人无所区别；如竟照凡人问抵，又曾经受雇多年，揆诸主仆名分亦有未协。将叶世沾依"斗殴杀人拟绞监候"律酌减一等，杖一百、流三千里等因具题前来。
>
> 查乾隆二十四年十一月内，臣部议覆山西按察使永泰条奏，雇倩工作

之人虽无文券而议有年限，或计工受值已阅五年以上，于家长有犯，均依雇工人定拟。系专指雇工人有犯家长而言，盖既已服役年久，则虽无文券，究有主仆之义。故于家长有犯，不准概同凡论，所以重名分也。是家长杀伤雇工人定例，又必有文券，议有年限，方依雇工人定拟，所以防擅杀而杜奸伪。例义各有所取，分晰甚明。此案被伤身死之蔡奇，从前在叶世沾家佣工，既未立有文券，且已久经辞出，其被叶世沾踢伤身死，自应依律以凡斗论。该抚既知叶世沾不便依殴杀雇工人问拟，而又援照斗殴拟抵之律酌请减等，与例不符。应令该抚再行按律妥拟具题，到日再议等因。

题驳去后，续据该抚吴士功疏称，蔡奇于乾隆十七年间在叶世沾家佣工，年给工银一两二钱，未立文券。至二十三年二月，叶世沾之父叶骏因蔡奇年老辞出。蔡奇随承耕叶骏田二段，载租谷十四桅。二十三年分蔡奇欠租三桅，叶骏赴县控追。蔡奇至叶骏书馆算账，叶世沾在馆。蔡奇声言伊在叶世沾家佣工，辛苦多年，欠租无几，不应告追。叶世沾回斥。蔡奇恃老拼命，将头向撞。叶世沾恐被撞及，以手推开，随势用右脚踢去，致伤蔡奇肾囊倒地。讵蔡奇伤重，次早殒命。查蔡奇在叶世沾家佣工，虽阅五年以上，但未立有文券，且已因老辞出。其被叶世沾踢伤身死，诚如部驳，应照律以凡斗论，将叶世沾依律拟绞监候等因具题前来。

应如该抚所题，叶世沾应改依"斗殴杀人者，不问手足他物金刃，并绞监候"律，应拟绞监候，秋后处决。该抚原疏内称"叶侃劝救不及，应予免议；蔡奇所欠租谷，身死免追"等语，均应如该抚所题完结等因。乾隆二十六年三月十八日题，二十日奉旨："叶世沾依拟应绞，著监候，秋后处决。余依议。钦此。"①

在这起案件中，蔡奇原本是叶世沾家佣工，受雇期间从乾隆十七年间开始，一直持续到乾隆二十三年二月，已经超过了五年时间。因蔡奇年老，叶世沾之父叶骏将其辞退，但并未彻底断绝其生路，而是将自己家的田地租给蔡奇耕种，使其能够自活。但蔡奇又拖欠地租，叶骏控县追讨，差役带着蔡奇上门计算。在叶家，蔡奇又用头主动顶撞叶世沾，叶世沾在躲避过程中踢伤蔡奇，致其意外身亡。地方裁判中，福建巡抚认为蔡奇在叶家佣工已达五年以上，虽未立有文契，也应该成立"雇工人"法律身分。但问题在于蔡奇已经被辞出，从法理

---

① 全士潮：《驳案新编》，收入朱梅臣《驳案汇编》，何勤华、张伯元、陈重业等点校，法律出版社，2009年版，第392~393页。

上说,"雇工人"与前雇主之间应当视同凡人,从情理上说,主雇之间的恩义深厚,视同凡人又觉得对雇主不公平。经过多方衡量,福建巡抚判定比照凡人斗殴杀人减等拟流,并上报到中央刑部。而刑部反驳了该巡抚的题本,并细致阐发了乾隆二十四年条例的主旨所在。刑部认为,并非所有受雇佣已达五年以上的劳动者都属于法律上的"雇工人",在他们侵犯雇主的情况下,为了突出名分的重要性,才将他们严格处理。但在雇主侵犯了雇工的情况下,如果仅以雇佣时间判断双方的关系,又恐雇主飞扬跋扈随意杀人,毕竟杀"雇工人"罪名很轻,再加上赎刑和恩赦等情况,后果远比杀伤凡人要轻得多。这时,为了保障人命的安全,法律又要严格限定文契和年限等条件,只有完全符合各项要求的雇工,才能以"雇工人"处理。由此可见,刑部在乾隆二十四年条例中有条件地赋予计工受值达五年以上的雇佣人以"雇工人"身分,根本目的并不在于放低对"雇工人"的判断门槛,而是为了维持上下尊卑的等级秩序。有子曰:"其为人也孝弟,而好犯上者,鲜矣;不好犯上,而好作乱者,未之有也。"① 从这意义上说,将杀伤主人的受雇佣工之人严格处理,不仅仅能够保障主人的尊严和安全,更重要的是起到警示和威慑的作用,雇佣人如果不敢侵犯主人,就不敢犯上作乱,参与农民起义等危害统治秩序的行动。在阐明法理的基础上,刑部指出,即便蔡奇还在受雇期间,因为本案是主人杀伤雇佣人,蔡奇也无法依照"计工受值已阅五年以上,于家长有犯,均依雇工人定拟"的规定看作是"雇工人",更何况其已经被主人辞退,主雇之间毫无疑问属于凡人关系,应以凡人斗殴杀人的名义定罪。福建巡抚按照刑部的意见重新写了题本,最终得到了皇帝的肯定批示。从此案之后,只有在雇佣人杀伤雇主的情况下,本节讨论的第三条判断标准才能够发挥作用。其他情况下,依然只能依照前两条规定判断"雇工人"身分。

综上所述,乾隆二十四年条例与万历新题例或者说雍正三年条例最大的区别:一是将虽然并未写立文契但议有年限的雇佣人明确地规定为"雇工人"法律身分;二是调整了判断标准,在立有文契和议有年限的形式要件之外,额外加入了实际雇佣期间这一与现实主雇关系紧密结合在一起的条件,将实际雇佣期间达到五年以上的雇佣人有条件地赋予"雇工人"法律身分,既缓和了社会矛盾,起到维护统治秩序的作用,也促进了公平,一定程度上提高了司法裁判结果的确定性。但是,作为以解决实际问题为目的的条例,该条例的内容尚有一些不尽如人意之处。该条例对于实际雇佣期间的考察节点是五年,但五年是

---

① 《论语·学而篇》,参见杨伯峻:《论语译注》,中华书局,1980年版,第2页。

一段相当长的时期。同是没有订立雇佣契约的受雇之人，如果商定了年限，则即使实际劳动未满一年，甚至只有短短几个月，在法律上依然属于"雇工人"，与此相对，若并未议定年限，即便是服役数年，如果未满五年的话，都只能作为凡人论处，难免有刑罚失当之感。因此，短短几年之后，清朝廷就对这一条例进行了修正。

三、关于乾隆三十二年条例

乾隆三十二年，清朝廷发布了新的条例：

> 凡官民之家，除典当家人、隶身长随及立有文券、年限之雇工，仍照例定拟外，其余雇工虽无文券而议有年限，或不立年限而有主仆名分者，如受雇在一年以内，或有寻常干犯，照良贱加等律再加一等治罪。若受雇在一年以上者，即依雇工人定拟。其犯奸、杀、诬告等项重情，即一年以内亦照雇工人治罪。若止是农民雇倩亲族耕作、店铺小郎以及随时短雇，并非服役之人，应同凡论。①

吴坛在《大清律例通考》卷二十八刑律斗殴下"奴婢殴家长"条所附乾隆三十二年条例后加了一段按语，说明了这一条例的沿革过程：

> 谨按：此条系仍乾隆二十四年，山西按察使永泰条奏原例改定。查原例内开："一、除典当家人及隶身长随俱照定例治罪外，其雇倩工作之人，若立有文契年限及虽无文契而议有年限，或计工受值已阅五年以上者，于家长有犯，均依雇工人定拟。其随时短雇受值无多者，仍同凡论。"乾隆二十六年馆修附律。乾隆三十二年，律例馆以原例雇倩工作之人若立有文契年限，及虽无文契而议有年限，或计工受值已阅五年以上者，依雇工人论等语。查良贱相犯按律尚加凡人一等，雇工一项，民间多有不立文契年限而实有主仆名分者，如于家长有犯，必以受雇五年为断，其在五年以内，悉照凡人科罪，并无良贱之分。查受雇在一年以外，至二、三、四年，恩养已不为不久，若有干犯，不便竟同凡人问拟。因将原例量为酌改：如受雇在一年以内有犯，寻常干犯，照良贱加等律再加一等治罪。如受雇在一年以外，即依雇工定拟。若犯奸、杀、诬告等项重情，虽在一

---

① 参见光绪《清会典事例》卷八百一十刑部八十八刑律斗殴"奴婢殴家长"条，中华书局，1991年版，第九册第845~846页。

年以内，亦照雇工人治罪。增入前例。①

从这段按语来看，制定乾隆三十二年条例的主要目的，是为了对乾隆二十四年条例中的第三条标准进行修改。所以，一方面，乾隆二十四年条例中第一、二项判断标准依然有效，另一方面，第三条标准在受雇年限的规定上变得更为合理，在犯罪行为上也进行了更为细致的划分。根据这一条例，法律上的"雇工人"包含三种情况：（一）立有文契并议有年限的雇佣人；（二）未立文契但议有年限的雇佣人；（三）没有文契、年限却有主仆名分的雇佣人，如受雇在一年之内，寻常犯罪，虽然不作为"雇工人"处理，在量刑上却要加一等治罪。如果是奸、杀、诬告等重大犯罪，则直接以"雇工人"的身分治罪。如果实际受雇超过一年，便直接看作是"雇工人"身分者。

然而，学界对这一条例的关注重点却不在清人所重视的雇佣期间问题上，而是对条例中提到的"主仆名分"有很多阐发，将其看作是乾隆五十三年条例的铺垫性内容。但事实上，"主仆名分"并不是制定乾隆三十二年条例时突然创造出来的参考要素。《大清律例》卷二十七刑律斗殴"良贱相殴"条的律文为：

> 凡奴婢殴良人（或殴，或伤，或折伤）者，加凡人一等；至笃疾者，绞（监候）；死者，斩（监候）。其良人殴伤他人奴婢（或殴，或伤，或折伤笃疾）者，减凡人一等；若死及故杀者，绞（监候）。若奴婢自相殴伤杀者，各依凡斗杀伤法。相侵财物者（如盗窃、强夺、欺诈、诓骗、恐吓、求索之类），不用此（加减）律。（仍以各条凡殴伤杀法坐之。）
>
> ……
>
> 若殴（内外）缌麻、小功亲之雇工人，非折伤，勿论；至折伤以上（至笃疾者），各减凡人罪一等。大功（亲之雇工人），减二等。至死及故杀者（不问缌麻、小功、大功），并绞（监候）。过失杀者，各勿论。（雇倩佣工之人与有罪缘坐为奴婢者不同，然而有主仆之分，故以家长之服属亲疏论。不言殴期亲雇工人者，下条有家长之期亲若外祖父母殴雇工人律也。若他人雇工者，当以凡论。）②

根据《大清律例通考》该条的按语，这一条律文的规定是袭自明律，夹注部分

---

① 参见吴坛撰、马建石等校注：《大清律例通考校注》，中国政法大学出版社，1992年版，第840页。
② 《大清律例》，田涛、郑秦点校，法律出版社，1999年版，第454~455页。

则是顺治初年集入的。① 这意味着在清初制定《大清律例》之时,"雇工人"就被视作与主人具有主仆之分的存在,只是其身分性质与奴婢有别,并非终身服役之人。由于雍正三年条例的内容是来自万历新题例的,而明代的法律之中一直未提到"雇工人"与雇主之间具有主仆名分,因此,雍正三年条例并没有提及主仆名分,对其进行补充调整的乾隆二十四年条例也没有提到主仆名分。虽然目前没有发现有史料明确记述为何乾隆三十二年条例突然提及了"主仆名分",但至少这不是一次改变"雇工人"法律性质的变革,因为法理上早已承认"雇工人"是受主仆名分规制的,所以乾隆三十二年便直接规定了这一判断"雇工人"的标准。

这一条例确立之后的司法状况及存在的问题可以从下面这篇奏文中窥见端倪:

> 刑部尚书·降四品顶带·仍带革职留任臣喀宁阿等谨奏:为申明例义、酌加增易、以便援引、以昭慎重事。
>
> 窃查例载"雇倩工作之人,若立有文契、年限,及虽无文契而议有年限,或计工受值已在五年以上者,于家长有犯,均依雇工定拟。其随时短雇、受值无多者,仍同凡论。又雇工虽无文契而议有年限,或不立年限而有主仆名分者,如受雇在一年以内,有犯寻常干犯,照良贱加等律,再加一等治罪。若受雇在一年以上者,即依雇工人定拟。其犯奸、杀、诬告等项重情,即一年以内,亦照雇工人治罪。若只是农民雇倩亲族耕作、店铺小郎以及随时短雇,并非服役之人,应同凡论"各等语,是办理雇工之案,固以文契、年限为凭,尤当询其有无主仆名分及是否服役之人。如有主仆名分,虽无文契、年限,而一经受雇,即为服役之人,故在一年以内有犯寻常干犯,照良贱加等律,再加一等;若犯奸、杀等项重情,即以雇工人治罪。严雇工者,所以重名分也。若无主仆名分,则是雇倩工作之平民,虽议有年限、工价,并非服役,彼此无良贱之分,故例同凡论。宽平人者,所以慎庶狱也。例文互载分明,引断不容牵混。
>
> 兹据山东巡抚明兴题王成子强奸雇主王克仁之妻邢氏不从,将邢氏砍死一案。缘王成子与王克仁同姓不宗,乾隆五十年二月初二日,王成子雇与王克仁家佣工,言明十月为满,工价制钱七千文,未立文契。九月初一日,王成子同王克仁自地回家,王克仁外出,王成子见邢氏坐地扬簸芝

---

① 吴坛撰,马建石等校注:《大清律例通考校注》,中国政法大学出版社,1992年版,第834页。

麻，顿萌淫念，拉氏求奸，邢氏不从喊骂。该犯恐人闻喊往捕，顿起杀机，即取菜刀砍伤邢氏顶心殒命。将王成子依雇工杀家长期亲律，凌迟处死。又题齐刚谋杀雇主吕季常一案。缘齐刚于乾隆五十年正月雇与吕季常家工作，言定工价小钱六千五百文，未立文契。胡氏因其懒惰，时加村斥。十月间，胡氏将一年工价付清，令其他往，齐刚延挨未去。十月十三日，胡氏更加辱詈，不与饭食。齐刚怀恨，蓄意谋害。即于是夜三更，携带枪头，越墙进院。胡氏闻声出视，齐刚即用枪头向戳未中，胡氏喊救躲避。吕季常持棍赶出，击落齐刚所执枪头。齐刚闪进草屋，携出铡刀，砍伤吕季常胳膊倒地，赶入屋内，用刀砍伤胡氏顶心殒命。将齐刚依雇工谋杀家长律，凌迟处死各等因。先后具题到部。

臣等详核二案，王成子同王克仁在地工作，齐刚在吕季常家工作，均不过寻常庶民之家一同力作，无分良贱，即属农民雇倩耕作之人。且王成子自二月至九月，齐刚自正月至十月，受雇均在一年以内，并非日久，工价均止数千文，受值亦属无多。既无主仆名分，即与服役不同。按之律例，王成子强奸杀死本妇，例应斩决。齐刚谋杀人命，律应斩候。今该抚因其有十月为满及每年工价若干之语，谓之议有年限，而不论其有无主仆名分，治以因奸故杀家长期亲及谋杀家长之罪，拟以凌迟处死。查凌迟处死系属极刑，惟谋反、逆伦等案，罪大恶极，始定此无可复加之罪。今以农民雇倩耕作之人，并无主仆名分，因其谋故情重，即与谋反、逆伦等案同一科断，殊觉轻重不伦。且如该抚所题，不问其有无主仆名分，即以雇工定拟，是凡农民雇用长工，但有言明一二年为满者，皆得同于服役之人。设被雇主殴杀，即依殴杀雇工律，止拟杖徒，不同凡人问拟绞抵，不惟幸宽雇主之罪，且长凌虐工人之风，更恐食力良民不甘为服役之人，致绝其谋生之路。揆之情理，均未允协。

惟是例文内载雇工虽无文契而议有年限，或不立年限而有主仆名分者，本系一气相承，原无岐误。但外省问刑衙门未能贯通例义，往往仅执议有年限一语为断，而不问有无主仆名分，俱以雇工论，以致办理雇倩平民之案，拟入重刑，已属失当。设遇雇主殴死此等无主仆名分之雇工，转得从轻拟徒，尤非所以惩凶徒而重人命。虽近年来，臣部随案驳正，尚无错误，但与其逐案改驳，不如申明例文，共知遵守。臣等公同酌议，应请嗣后官民之家，除典当家人、隶身长随，以及立有文契之雇工仍照例定拟外，其余雇工之人，如无文契，不论议有年限与否，总以有无主仆名分，是否服役之人为断。如有主仆名分，为之服役者，即照例以雇工论。若非服役之人，只是农民雇倩耕作，店铺小郎，既无主仆名分，不论是否亲族，俱依凡人科断。如此明立界限，庶援引既无牵混，平民不致轻入极刑，雇主亦不得幸邀宽纵，于刑名益昭慎重矣。如蒙俞允，臣部将例意修纂明晰，并通行直省问刑衙门一体遵办。

所有山东省王成子、齐刚二案，即照本犯谋故杀例，改拟具题。是否有当，伏候圣明训示遵行。为此谨奏请旨。①

这是刑部尚书喀宁阿等人于乾隆五十一年四月十六日关于修改"雇工人"条例的上奏文。为了说明司法过程中存在的问题及调整律例的必要性，这篇奏文中提到了两起典型刑案。在第一起案件中，王成子是王克仁家的雇佣人，双方并未订立文契，但言明工作十个月，工价银七千文。王成子因求奸主母遭拒，唯恐受到牢狱之灾，因而杀人灭口。地方裁判时将王成子作为"雇工人"处以凌迟极刑。那么，地方裁判官员将其视为"雇工人"的法律依据是什么呢？根据乾隆二十四年和三十二年条例的规定，王成子未立文契，不符合第（一）类立有文契、议有年限的条件。但双方约定雇佣期限为十个月，刑部奏文中提到这一情节在地方裁判官看来算是明确议定了年限，因此王成子属于条例中第（二）类"未立文契但议有年限之雇佣人"，是法律上的"雇工人"。在第二起案件中，齐刚受雇在吕季常家佣工，同样未立文契，且并未明确约定工作期限，但从主母胡氏将其赶逐时支付了一年份报酬的情节推断，可以认为双方当初约定的六千五百文工价银是年价，并且，刑部的奏文中也肯定了这一点，提到"每年工价若干"等语。这意味着齐刚同样是根据条例中的第（二）类标准被判定为"雇工人"的。齐刚因为记恨主母胡氏将其赶逐，且不与饭食，蓄意报复，不仅趁深夜砍伤雇主吕季常，更是砍伤胡氏顶心致其殒命。地方裁判中同样将齐刚判处凌迟之刑。在上文对乾隆二十四年条例发布前后的司法状况进行讨论时，分析过《驳案新编》中记载的"堂兄妾与雇工通奸加功活埋"案。其中，戴进才与雇主之间并未写立文契，实际受雇期间也只有短短三个月，但因为双方最初约定了以年为单位计算劳动报酬，因此戴进才被作为"雇工人"论处，刑部也认同了这种法律身分的判定。戴进才在雇佣关系上的各项条件与本段引文中齐刚的情况基本一致，与王成子的情况也是相通的，因此可以说，这两起案件的地方裁判是符合清初尤其是乾隆二十四年条例颁行以来的一贯做

---

① 参见《刑部尚书喀宁阿等奏议改"雇工人"条例折》，乾隆五十一年四月十六日，中国第一历史档案馆：《清代档案史料丛编》第十一辑，中华书局，1978年版，第40~42页。本书对引文的标点略有改动。

法的，并且具有法律上的明确依据，是完全合情合理的裁判。但意味深长的是，刑部却对这两起案件的身分判定提出了异议。

刑部指出，"惟是例文内载雇工虽无文契而议有年限，或不立年限而有主仆名分者，本系一气相承，原无岐误"，也就是说，刑部认为乾隆三十二年条例规定的第（二）、（三）项条件并不是并列的关系，而是一气相承的，地方裁判往往仅以第（二）条标准便直接判定"雇工人"，却不去考察主雇之间是否具有"主仆名分"，这种做法是不恰当的，并没有理解律例的本意。然而，正如《驳案新编》中"堂兄妾与雇工通奸加功活埋"案所示，乾隆二十四年条例的第（二）条标准是判定"雇工人"身分的充要条件。而如《大清律例通考》"奴婢殴家长"条乾隆三十二年条例所附按语所示，乾隆三十二年条例并没有对二十四年条例的（一）、（二）两项做出改动，主要是针对第（三）项标准做出的改动。由此可见，乾隆三十二年条例中的第（二）项条件应该也是充要条件才对。那么，刑部为什么会不认同这种做法，提出要进一步考察"主仆名分"呢？与其说刑部的意见是出于对法理的阐发，毋宁说是基于实际统治的需要，上奏文中也明确体现了这一点。刑部指出，在现实中，有很多受雇佣工之人与雇主之间并不具有主仆名分，但问刑衙门却根据是否写立文契、议定年限等形式要件，去判断主雇之间的法律关系，使得很多雇佣人虽然在社会身分上与主人并非主仆，在法律上却成了受主仆名分约束的"雇工人"，如果有侵损家长的情况，尤其犯谋、故杀等重大罪名时，刑罚之重与谋反和逆伦等行为处于同一水平。这会导致很多雇主有恃无恐，任意凌虐雇佣人。更为重要的是，很多无法自食其力的农民为了自保或者逃避"雇工人"法律身分而不愿为人佣工，从而断绝生路。被逼上绝路的农民或者社会闲散人员很可能走上犯罪甚至是农民起义的道路，无论是对于社会治安还是对于国家统治，都是极大的威胁。从现实的情况来看，乾隆时期的社会矛盾的确十分尖锐，发生过多次大规模的农民抗租运动，到了乾隆朝中后期，还多次爆发较大规模的农民武装起义。虽然暂未动摇国本，却引起了朝廷的极度重视。为了缓和农民对于朝廷的暴力反抗，刑部改变策略，给雇佣人更为宽松的法律环境，使其愿意从事雇佣劳动来养活自己，也是顺理成章的考量。

在本书第一章第二部分的研究综述中，曾经引用了《驳案新编》卷二十一刑律斗殴"雇佣之人殴死雇主仍同凡论（高喜文）"一案，在该案中，高喜文在雇主陈夫亮家佣工，未立文契，但约定从正月劳动到年末，并商定工价银为一千五百文大钱。在受雇三个多月后，高喜文殴死了雇主。地方裁判将高喜文判定为"雇工人"，中央刑部同样纠正了地方的做法，认定高喜文与雇主之间属于凡人关系，给出的理由是："且如该督所拟，以一年为满之语，谓之议有年限，而不问其有无主仆名分，即以雇工人科断，是农民雇用长工，凡有言明一、二年为满者，皆得同于服役之人。设被雇主殴杀，即应依殴雇工人律，问拟杖徒，不同凡人论抵矣。不惟特宽雇主之罪，恐长凌虐工人之风，且恐食力良民不甘为服役之贱，而绝其工作谋生之路。揆之情理，尤未允协。"这与喀宁阿等人奏文中的措辞几乎完全一致。综合这三起案件，可以看出刑部在有意通过通行成案的方式改变司法裁判中的惯行做法，尽可能避免过多地将受雇佣工之人作为"雇工人"处理，以起到缓和社会矛盾的作用。为了获得法理上的支撑，刑部以乾隆三十二年条例第（三）条判断标准中出现的"主仆名分"为依据，导致第（二）条标准被架空，名存实亡。高喜文案发生于乾隆四十八年，裁判于乾隆四十九年，上奏文中提到的两起案件都发生于乾隆五十年，裁判于乾隆五十一年，这说明刑部官员最迟在乾隆四十九年的时候已经试图引领司法领域的改变，但直到乾隆五十一年为止都没有取得理想的效果。于是，刑部官员感到必须通过新的条例来明确规定新的标准，才能达到预期的目的，因此上奏皇帝请其定夺。

在乾隆皇帝看来，将谋杀家长的"雇工人"处以极刑，原本是因为重视主仆名分的缘故。但如果不分青红皂白将没有主仆名分的雇佣人都作为"雇工人"处理，使凌虐佣工的雇主轻易脱罪，难免有违律例的本意。从这个意义上说，的确有必要对乾隆三十二年条例进行修改。但是，到底应该如何区别"雇工人"和凡人，刑部只提出以是否具有主仆名分和是否服役来判断，却没有给出具体可行的标准。于是，乾隆皇帝下令军机处会同刑部共同制定具体的细则。根据皇帝的要求，大臣们拟定了如下奏文：

> 乾隆五十一年四月十九日 臣和珅等谨奏，为遵旨详议具奏事。
>
> 本月十六日，刑部具奏雇工致死家长，请申明例义、酌加增易一折。本日奉旨："刑部奏酌改雇工致死家长条例一折，立意虽觉近是，但向来雇工谋、故杀家长者，例应问拟凌迟，原所以重主仆名分。若仅雇倩佃户及店铺雇觅佣作之类，并无主仆名分，亦未服役者，俱照雇工例概拟极刑，则雇主殴死雇倩平民，皆得援例问拟杖徒轻罪，殊未允协，自应分别科断。但雇工与雇倩平民如何分别主仆名分及是否服役之处，必须明立界限，庶问拟两不相混。刑部所奏尚未详尽，著交军机大臣会同该部详晰酌议具奏。钦此。"仰见我皇上正名定分、详慎庶狱之至意。
>
> 查服役雇工与雇倩平民，名分本自判然，但不明立界限，细为区别，援引终多牵混。刑部议奏仅以有无主仆名分、是否服役之人为断，尚属笼

统定议，未能条分缕晰，诚如圣谕所奏尚未详尽。臣等公同酌议，应请嗣后除典当家人、隶身长随以及立有文契服役之雇工仍照旧例定议外，凡官民之家，如车夫、厨役、水火夫、轿夫及一切打杂受雇服役者，平日起居不敢与共，饮食不敢与同，并不敢尔我相称，系听其使唤之人，是有主仆名分。无论其有无文契、年限，均照例以雇工论。若农民佃户雇倩耕种工作之人，并店铺小郎之类，平日共坐同食，彼此平等相称，不为使唤服役者，此等人并无主仆名分，亦无论其有无文契、年限，及是否亲族，俱依凡人科断。

如此详细分晰，庶服役雇工与雇倩平民各有明条，而主仆名分及是否服役之处亦有界限。内外问刑衙门遇有雇工干犯家长及杀伤之案，并家长杀伤雇工与雇倩平民互有杀伤等案，援引得有依据，拟罪亦昭允协矣。如蒙俞允，刑部即将此例纂入例册，并将旧例删除，通行直省问刑衙门一体遵办。所有山东省王成子、齐刚二案，该抚因其奸杀情凶，拟以凌迟，于原例内若犯奸杀、诬告等项重情，即一年以内亦照雇工人治罪一条符合。今既分别界限，立定科条，应请将此二案即照新例改拟具题。

谨将遵旨会同详议缘由，缮折复奏请旨。

乾隆五十一年四月十九日奉旨："依议。钦此"。①

这篇奏文提出，立有文契、议有年限之雇佣人，即符合乾隆二十四年和三十二年条例中的第（一）类标准的雇工，依然按照定例以"雇工人"论处。其余的雇佣人，如果是打杂受雇之人，比如车夫、厨役等服役劳动者，因为社会身分低下，与主人并不能平等相待，而是供主人呼来喝去使唤劳动，因此可以认为是具有"主仆名分"的人，应该作为"雇工人"处置。而如果平日里与主人平等相称、同坐共食之人，比如受雇耕种或者店铺小郎之类，并不是服役劳动且听凭主人日常使唤的社会身分，没有主仆名分，其与主人在法律上便可以凡人关系看待。虽然奏文认为根据这种标准，"主仆名分及是否服役之处亦有界限"，但事实上仍然留有暧昧之处。一方面，奏文提出考察主雇之间是否平等相称、是否同坐共食等标准，以确定是否具有主仆名分，但另一方面，奏文中又举出了具体的例子，如服役的车夫、厨役和并不为主人任意使唤的耕种工作之人及店铺小郎等，前者是"雇工人"而后者不是。但如果车夫与主人平等相称、同坐共食，又当如何处理呢？对此，奏文并没有清楚表述。此外，奏文中

---

① 参见《军机大臣和珅等奏遵旨议改"雇工人"条例折》，乾隆五十一年四月十九日，中国第一历史档案馆编：《清代档案史料丛编》第十一辑，中华书局，1978年版，第43~44页。

还提到了王成子和齐刚两起案件,与地方裁判官认为其符合乾隆三十二年条例的第(二)项标准不同,中央刑部和军机处的大臣认为其符合的是乾隆三十二年条例中的第(三)项标准。经过对乾隆二十四年条例的改良,乾隆三十二年条例确立了重大犯罪受雇一年之内依然可以视为"雇工人"的原则,据此,王成子和齐刚原本可以照"雇工人"治罪,但既然已经决定了新的考察方式,便应按照新例定拟。由于按照新例两人的刑罚更轻,恰巧符合了现代刑法理论中主张的"从旧兼从轻"原则。该奏议得到了皇帝的许可后,乾隆五十三年条例得以颁行。

四、乾隆五十三年条例之规定及其历史意义

在和珅等人的上奏文的基础上,乾隆五十三年条例规定:

> 凡官民之家,除典当家人、隶身长随,仍照定例治罪外,如系车夫、厨役、水火夫、轿夫及一切打杂受雇服役人等,平日起居不敢与共,饮食不敢与同,并不敢尔我相称,素有主仆名分者,无论其有无文契、年限,俱以雇工论。若农民、佃户雇倩耕种工作之人,并店铺小郎之类,平日共坐共食,彼此平等相称,不为使唤服役,素无主仆名分者,亦无论其有无文契、年限,俱依凡人科断。①

这一条例与上述奏文的内容有一点重大的区别。奏文中提道:"典当家人、隶身长随以及立有文契服役之雇工仍照旧例定拟",但正式的条例中去掉了"立有文契服役之雇工"的部分。如此一来,所有的雇佣人,都不再考虑文契和年限等条件,一律以是否具有主仆名分和是否服役之人为标准,判定其法律身分。自明代万历新题例确立文契和年限等条件以来,虽然跨越了朝代的界限,但官方一直都是以文契和年限等要素的不同排列组合来分别规定"雇工人"和凡人法律身分的。如第三章所述,虽然明代也有人提出了考察是否服役的标准,但并没有被朝廷采纳写入律例之中。而在清代的乾隆朝,经过三十二年条例的铺垫,到了五十三年条例,终于确立了全新的判断"雇工人"法律身分的标准,文契和年限等条件被彻底地舍弃了。曾经出现于律典之中的实际受雇时间的标准也被废止。如此一来,如何判断主仆名分和是否服役就成了一个非常重要的问题。如重田德和高桥芳郎等人指出的那样,"雇工人"身分以文契和

---

① 参见光绪《清会典事例》,中华书局,1991年版,第九册第844页。

年限为断，因此与现实中雇佣人的社会身分并不是完全一致的。但转换了考察标准后，如果主仆名分和是否服役的判断是以雇佣人的实际情况为依据，社会身分低下的雇佣人在法律上也被看作是"雇工人"，社会身分并不低下的雇佣人在法律身分上也是凡人，法律身分和社会身分之间便实现了统一。反之，如果服役和名分的判断依然以朝廷规定的某种条条框框的理论为依据，则依然有可能出现法律身分与社会身分不统一的情况，则身分法的标准看似有所创新，但其实并没有发生本质性的变化。那么，实际情况是否如此呢？

由于文字的暧昧，仅根据条例的内容，并不能完全看出朝廷的意图。在仁井田陞等学者看来，该条例通过举例的方式将雇佣人分成了两类：一类是从事家内劳动的雇工，他们并不是生产部门的承担者，而是听凭主人使唤的服役之人，与雇主之间有主仆名分，因此被规定为"雇工人"身分。另一类则是生产部门的直接承担者，如条例中列举的农业和手工业、商业等雇工，他们靠出卖劳动创造生产力，获得报酬，和被主人呼来喝去的家内服役劳动者不同，与雇主之间不具有主仆等级关系，因此在法律上属于凡人身分。如果按照仁井田氏的理解，则雇工的法律身分取决于其所从事的劳动性质，即是生产部门还是非生产部门的雇工，而与其实际的社会身分无关，一个生产部门的劳动者，即使对主人称仆，且不敢同坐共食，依然是凡人身分。在这种情况下，该雇佣人的法律身分与社会身分依然是分离的。然而，对该条例的文意解读并不应完全依赖今天的语法系统和语感来分析，因为这是清代的条例，它的读者、运用者和适用对象都是清代人，所以理应通过清代的奏文和现存的大量裁判资料来了解时人对于这则条例的认知。在上文论及过的乾隆四十八年"高喜文殴死雇主"案、五十年"王成子强奸雇主妻"案及"齐刚谋杀雇主吕季常"案中，中央官员确实是将职业与主仆名分作为并列的条件进行陈述判断的。但三起案件都是乾隆五十三年条例颁行之前的成案，并不能真正反映出该条例发布后的情况。事实上，该条例发布之后的司法裁判与之完全不同。因此，下文将通过五起具有代表性的裁判来分析和解明乾隆五十三年条例的运用情况和历史意义。

在《江苏成案》卷十三刑律"奴婢殴家长"目下记载了一起题名为"雇工刃伤家长照殴伤本律拟流（刘洪亮）"的成案：

> 一件为报叩验究事：刑部江苏司案呈，据苏抚闵咨称，铜山县刘洪亮刃伤工主郑楷，及刘王氏悔惧自缢身死一案。缘刘洪亮籍隶山阳，幼习木匠营生。乾隆五十一年间，因年岁荒歉，带同子媳逃至铜山，央中说荐，投雇郑楷家雇工。立有文契，每年工钱四千文，素与郑楷主仆称呼，平日饮食起居不敢与共。五十四年十月二十七日，刘洪亮饮入醉乡，用小刀刮

削烟袋。时值郑楷嚷骂伊媳王氏洗衣不净,欲将刘洪亮父子一同赶逐。王氏啼哭,刘洪亮气忿,出言顶撞。郑楷用手殴其腮颊,刘洪亮手携小刀,顺势抵格。郑楷扑殴,刘洪亮收手不及,以致小刀戳伤郑楷右肋。郑楷即令工人宗三等,将刘洪亮用绳拴缚欲行送官。讵王氏见翁被缚,虑及衅由伊起,自怨啼哭,即于是晚乘间投环殒命。鸣保报县,验讯通详,审认不讳。究非有意行凶及另有起衅别情,似无遁饰。查刘洪亮雇与郑楷服役有年,且立有文契,饮食起居不敢与共,是有主仆名分,应照雇工人论。刘洪亮合依"雇工人殴家长伤者杖一百、流三千里"律,杖一百、流三千里。虽事犯在乾隆五十五年正月初一日恩诏以前,但案关雇工刃伤家长,情节较重,不准援减。王氏因衅由伊肇,悔惧轻生,讯无别故,应毋庸议。郑楷伤痕验已平复,无干省释等因,咨达前来。应如该抚所咨完结。乾隆五十五年六月二十七日准咨。①

在这起案件中,刘洪亮自行托中人求雇于郑楷家。关于主雇关系,案卷中提到的事项包括:雇佣人刘洪亮立有文契,议有工价银每年四千文,与雇主之间具有主仆名分,饮食起居不敢与共。在受雇约三年后,郑楷因刘洪亮的妻子王氏没有洗净衣服,与刘洪亮之间发生争执。刘洪亮将雇主刺伤。依据这些情节,裁判官将刘洪亮认定为"雇工人"法律身分,做出了相应的判决。由刘洪亮妻子王氏洗衣的细节可知,其从事的是家内服役劳动。刘洪亮究竟从事家内劳动还是生产劳动,卷宗中并未写明。这也反映出雇佣人的劳动性质并不在裁判官必须考察的事项之内,否则裁判官连文契和年限等情况都毫无遗漏地写入案卷之中,对于雇佣人的劳动性质更应该详加询问,并细细写明才是。由此可见,雇佣人的劳动性质并不影响其法律身分的判定,仅依照主仆名分的有无便足以作出裁决了。那么,这种做法是普遍情况还是特殊情况呢?在《驳案续编》卷三中记述了"拒奸踢伤雇主身死"一案:

> 山东司
> 一起邵兴拒奸踢伤雇主潘濬亭身死一案。
> 先据山东巡抚伊疏称,邵兴于乾隆五十九年六月间雇与潘濬亭家佣工,议定每年工价京钱四千八百文,立有文约,素有主仆名分。嘉庆元年五月初六日起更时分,潘濬亭自外醉酒回归,唤令邵兴进房开铺,潘濬亭

---

① 参见沈沾霖:《江苏成案》,收入杨一凡、徐立志《历代判例判牍》,中国社会科学出版社,2005年版,第八册第152~153页。本书引用时个别标点、文字有所改动。

即在边用手拉住邵兴胳膊，即与亲嘴并向求奸。邵兴不允，潘濬亭拉住不放。邵兴挣不脱身，一时情急，举足拒踢，适伤其肾囊，负痛松手，蹲地喊痛。邵兴畏罪逃逸。潘濬亭唤子潘治平走至，告知被邵兴踢伤。潘治平查问何事起衅，潘濬亭无词以答。扶至床上，调治罔效，延至次日殒命。报验获犯，讯供不讳。查邵兴被年长二十七岁之潘濬亭拉住求奸，情急拒踢肾囊身死。虽无当场见证，但潘濬亭受伤后当伊子查问之时不能供出另有起衅根由，已有情虚气讷情形，而讯尸亲人等佥称并无起衅别情，其为扳奸被踢致伤身死毫无疑义。查律载："雇工人殴家长死者，斩。"又例载"男子拒奸杀人，如死者虽无生供而年长凶手十岁以外，确系拒奸起衅别无他故者，无论谋故斗杀，均照擅杀罪人律拟绞监候"各等语，检查乾隆十二年侍卫厄林保图奸仆妇白姐、被白姐将茎物割伤一案，声明厄林保身为家主，调奸仆妇，已乖主仆之义。若仍依"奴婢殴家长"本律拟斩，似属过重，应减等拟以满流，佥发驻防为奴。又五十一年赵群儿因妻关氏被伊主六十四奸占，谋毒六十四未死，按本律问拟斩决，奉旨"六十四奸占关氏，主仆名分已亏。将赵群儿改为绞监候"。钦遵各在案，是白姐等俱系用刀谋割家长，律应斩立决。因事由拒奸，俱原情减等科断。此案邵兴与潘濬亭虽有主仆之称，但因潘濬亭调奸起衅，名分已亏，即不得以主仆本律定罪。但照男子拒奸所以擅杀罪人条，又与平人拒奸毙命之案无所区别。自应援照白姐等成案问拟，将邵兴依斗杀律拟绞监候等因具题。

臣部查律载……虽此案曾经该署臬司拟及"该犯诬执主奸，以出己罪"，委员覆讯，并非诬奸，尸子亦供无另有起衅别情。但潘濬亭不调奸于邵兴初来之时，而图奸于受雇两年之后，其平日有无向该犯戏谑勾引之处，总未讯明。则所称因奸起衅情由，当场既无确证，死者亦无生供，平日又无形迹，自难据为信谳。即因其子潘治平有询问伊父有"自己原也不好"之语，信为调奸被其拒杀实据，案无可疑。而雇工踢死其肾囊，仍应照本律定拟，声明因奸拒死缘由，恭候钦定，未便遽照斗杀科断。至该抚所引乾隆十二年侍卫厄林保图奸仆妇白姐，被白姐割伤茎物，将白姐减等拟流一案，又五十一年赵群儿因妻关氏被伊主六十四奸占，谋毒杀六十四未死，按律问拟斩决，奉旨改为绞监候一案比较定拟。无论此案未经通行例不准引，即如白姐一案系伤而未死，赵群儿一案原系按本律拟斩，钦奉谕旨改为绞监候，亦不得援以为例。今以雇工殴死家长之案，而引用平常斗杀人之律，名分攸关，罪名悬殊。臣部未便率覆，应令该抚另行研讯致死确情，按例妥拟具题，到日再议等因。

第五章 清代的雇佣人与"雇工人"身分

题驳去后，嗣据该抚疏称，覆加研讯，据邵兴供称该犯受雇两年，系在外边小屋与同伴工人共处。潘濬亭住居内室，从未近身服侍，并无戏谑勾引情事。元年五月间修理内室，潘濬亭移至二门外客房住宿，众工人赴乡收麦，只该犯在家。初六日起更时，潘濬亭醉后回家，唤令该犯进屋开铺，忽被拉要奸。该犯挣不脱身，只知自顾颜面，不及喊救，一时着急举足向踢，以图脱身。潘濬亭被踢松手蹲地，该犯即脱身跑出，委系拒奸情急所致。如果别有衅端，潘濬亭岂肯不向伊子说出，求向其子究明等语。……惟是当场究无见证，死者亦无讯取生供。雇工踢死雇主，名分攸关。诚如部驳，未便依常人拒奸而杀之例拟以绞候，致滋轻纵。将邵兴改拟斩决等因具题。

经臣部照改拟核覆，奉旨："九卿定议具奏。钦此。"经刑部等衙门会议，查邵兴被雇主潘濬亭拉奸，挣不脱身，情急一踢适毙。既有尸子问明其父生前之言足据，是该犯实系拒奸图脱，并非无故逞凶干犯。自应量予末减，将邵兴改为斩候等因。嘉庆三年三月初三日奏，本日奉旨："邵兴依拟应斩，著监候，秋后处决。钦此。"①

在这起案件中，关于主雇关系的描述，包括立有文契、议有年限、工价银为每年京钱四千八百文、素有主仆名分等几项。案卷中虽然提到雇佣人邵兴受雇两年间，一直居住在外院，与同伴工人同住，并不曾近身服侍主人潘濬亭，但案发当晚，工人们都赴乡收麦去了，邵兴却留在家中不曾同住，似乎也不是受雇从事农耕之人。因此，关于邵兴的工作性质究竟属于家内劳动还是生产劳动，如今已经无从判断。但同上一起案件一样，裁判官未对此进行调查并写入卷宗，本身就说明这一情节无关紧要，并不影响雇佣人法律身分的判定，因此才未加注意。此外，本案中，雇主潘濬亭临时起意，欲对雇佣人邵兴行不轨之事，邵兴拒奸心切，将其踢伤身死。按照律例的规定，本应判处斩立决，但山东巡抚援引了此前的成案，将其以绞监候论处。该巡抚所援引的两起案件，一起是乾隆十二年侍卫厄林保图奸仆妇白姐、被白姐将茎物割伤一案，身为主人的厄林保意图调戏强奸奴仆的妻子白姐，被白姐割伤阴茎，按律当斩，但裁判官认为厄林保的行为已经对主仆之间的恩义构成了实质性的损害，恩义既然已经受损，身分约束便也不复最初的强制力，因此最终只对白姐处以流刑。另一起案件是乾隆五十一年发生的赵群儿谋毒六十四一案，赵群儿因其妻子关氏被

---

① 《驳案续编》，收入朱梅臣《驳案汇编》，何勤华、张伯元、陈重业等点校，法律出版社，2009年版，第666~668页。

主人六十四奸污霸占,心生怨愤,意图将主人毒害,虽然最终六十四并未身死,但按律也应问拟斩决。该案的裁判官同样认为,主人因玷污仆妇在先,有违主仆之义,因此判处了绞监候的刑罚。在山东巡抚看来,无论是玷污仆妇,还是本案中的意图调奸雇工本人,其性质都是对主仆关系构成实质损害的行为,因此,减刑处理是符合成案法理的做法。但刑部并不认同这种处理方式。刑部指出,所谓成案也有加以通行和未经通行之别,只有通行的成案才能作为此后同类案件的参照标准,而未经通行的成案只体现个案实现实质正义的结果,并不具有普遍意义上的法律效力。白姐一案并非通行成案,更何况该案中主人并未丧命,与邵兴拒奸踢伤雇主身死案中主人身死的结果完全不同。赵群儿一案判处绞监候则是皇帝矜恤的结果,原判本是按律拟斩的,因此也不能加以援引。在邵兴一案中,雇主身死,名分攸关,不能轻易放纵凶犯。山东巡抚接到刑部的题驳后,遵从了刑部的意见,将邵兴拟为斩立决。题本送至皇帝处,乾隆皇帝下令由九卿会审。九卿会审并未提及主仆恩义已亏等语,只是考虑到邵兴受到主人威胁在先,将裁判的结果改为斩监候,保留了一线生机。综合几起案件来看,即便主人有侵损主仆之义的行为,也未必会带来减刑的结果,至多只能构成量刑时的考虑因素。主人的行为既遂还是未遂,主人受伤还是身死等,都会影响到最终的裁判,此外,皇帝的个人判断也可能改变案件的结果。综上所述,当雇主做出有违主仆之义的行为,雇工人在此情况下杀伤雇主,案件的裁判结果是具有不确定性的。

以上两个案件都是主雇之间具有主仆名分的情况,裁判官均未区分雇佣人的工作性质,便将其作为"雇工人"论处。接下来我们再考察一下与雇主之间没有主仆之分的雇佣人的情况。嘉庆朝《刑科题本》中收录了一起"甘肃秦州民高志升因雇工不做饭争吵将其殴伤致死案":

> 总督陕甘等处地方军务·兼理粮饷·并兼管甘肃巡抚事·兼理茶马臣倭什布谨题,为禀报事。
>
> 据署甘肃按察使司按察使隆兴呈,准巩秦阶道宝升移,据秦州直隶州知州王赐均详称:嘉庆十年五月初二日,据州属三十里铺乡约张得福报,据民人刽作吉投称:本月初一日伊妻苏氏因不与雇主高志升造饭被斥,顶触争扭,高志升用刀将苏氏扎伤身死。往看属实,理合报验等情。据此,随带刑仵亲诣尸所,令将尸移放平明地面,如法相验。……
>
> 据尸夫刽作吉供:案下人已死苏氏是小的女人。小的因家里穷苦,夫妇出外讨乞,合高志升素不认识。嘉庆九年十二月里小的同女人到高志升村里乞食。这高起科向小的问说,你们年壮力强,何不帮人做工。小的原

说没有主雇。高起科问了小的姓名，说他堂弟高志升是个货郎，时常在外，家有祖母吕氏年老，要雇人做饭，叫小的受雇帮工。小的应允。高起科就合吕氏商明把小的夫妇雇下，议定小的与吕氏家拾柴供烧，女人在厨做饭，只管小的夫妇衣食，不给工钱。小的夫妇合高志升、吕氏平日都平等相称，并没主仆名分，也没嫌隙。女人素性懒惰泼悍，高志升合吕氏几次要把小的夫妇打发出去，小的因没处安身，屡次向高志升们恳缓，高志升暂允。十年五月初一日早高志升手拿小刀在院修削烟袋，小的催令女人做饭，一面就往外边取柴。听见女人合高志升嚷闹，小的忙去查看，女人受伤躺地，不能言语。问高志升说因叫女人做饭，女人坐着不理，他就斥说不是。女人不服顶触，他就叫骂，女人扑扭他的胸衣撒泼碰撞。他顺用手拿小刀吓扎，想女人放开，不料女人把身子往前一扑，他收手不及，扎伤左肋的话。不料女人伤重，不多一会就死了，就投约报验的。小的劝阻不及，只求究抵。……

据凶犯高志升供：案下人年二十九岁，祖父、父母俱故，祖母吕氏年七十九岁。兄弟二人，小的居长。兄弟高志学十六岁，出外贸易，没有在家。小的平日货郎生理。合这已死苏氏并他男人刾作吉素不认识。嘉庆九年十二月里小的女人常氏病故，小的因祖母吕氏年老，就托从堂兄高起科雇人做饭。适有刾作吉同他女人苏氏来到小的村里乞食，就雇在家里，议定刾作吉与小的家拾柴供烧，苏氏在厨做饭，止管他夫妇衣食，不给工钱。小的同祖母合刾作吉夫妇平日平等相称，并没有主仆名分，也没嫌隙。不料苏氏懒惰泼悍，小的合祖母几次要把刾作吉夫妇打发出去，因刾作吉屡次恳缓，小的无奈暂允。十年五月初一早晨，小的手拿小刀在院修削烟袋，刾作吉催令女人做饭，一面就往外取柴。苏氏坐着不理。小的斥说他不是，苏氏不服顶触。小的叫骂，他就扑来扭住小的胸衣，撒泼碰撞。小的顺用手拿小刀吓扎，想他放开。不料他身子往前一扑，小的收手不及，适伤他左肋，声喊倒地。刾作吉走来查看，向小的问了情由，不多一会苏氏因伤死。并不是有心要致死他的，求恩典。……

该臣审看得秦州民高志升扎伤民妇刾苏氏身死一案。……查高志升与刾苏氏并无主仆名分，应同凡论。高志升一犯应如该州、道、司所拟，合依"斗殴杀人者，不问手足、他物、金刃，并绞监候"律，拟绞监候，秋后处决。高起科、刾作吉、高吕氏劝阻不及，请免置议，尸棺饬属领埋。无干省释。相应具题，伏祈皇上睿鉴，敕下法司核复施行。……

嘉庆十年十二月初四日

（批红）三法司核拟具奏。①

在这起案件中，剡作吉及其妻子苏氏无力自活，以乞讨为生，后受雇于高志升家。高志升雇佣他们的目的是照顾祖母苏氏，因此，剡作吉及其妻子一个拾柴供烧火，一个做饭，都不属于创造价值的生产性劳动，而是在家内侍奉雇主衣食起居的服役劳动，属于非生产部门的承担者。高家为他们提供衣食给养，但并不给工钱。案件中并未提到文契和年限的信息。裁判官只凭双方供述彼此之间平等相称，没有主仆名分，便判决双方属于凡人关系。由此可以看出，文契、年限等传统的裁判要素已经不对法律身分的判定产生影响，因此裁判官在案卷中可以如前两起案件那样对其加以说明，也可以如本案一般完全省略这些信息。此外，上文中提到，仁井田陞等学者认为雇佣人的法律身分是由其劳动性质决定的，从事家内服役劳动的雇佣人属于"雇工人"身分，在家外从事生产劳动的雇佣人则在法律上视同凡人。在这起案件中，剡作吉夫妻从事的是典型的家内服役劳动，但苏氏并没有被作为"雇工人"论处。无论是地方审级的州、道、司，还是中央刑部，各级问刑衙门的所有官员都一致裁定苏氏与高志升之间属于凡人关系。这充分证明在乾隆五十三年条例颁行后的司法实践中，"雇工人"身分的判断只与主仆名分的有无相关，不需要再去考虑其他因素。另外，在本案中，尽管高志升对于剡作吉夫妇有衣食之恩，但与主人和奴仆的关系不同，主人和雇佣人之间的恩义并没有构成减轻刑罚的酌量情节。高志升有胞弟在世，也无法适用存留养亲的条款，最终被判处绞监候。

再看一例。《比照案件》刑律斗殴"保辜限期"目内记载了如下案例：

> 陕西司　嘉庆二十四年
> 陕抚咨：樊瞒儿并无主仆名分之雇工解辰儿牧放牛只，残食麦苗，该犯斥责不服，用镰柄殴伤解辰儿左胳膊等处。解辰儿被殴之后，饮食行动如常。嗣睡热炕火毒内攻，以致伤痕溃烂，越二十二日身死。将樊瞒儿比照"他物伤、正限外余限内因风身死"例，满徒。②

这起案件的记述比较简单。解辰儿是樊瞒儿的雇佣人，关于雇佣关系中的文契和年限等条件，案卷中一字未提，卷内只有"并无主仆名分"的记述。解辰儿从事的是放牛的工作，而牛是重要的生产资料，因此可以认为解辰儿的劳动性

---

① 杜家骥等：《清嘉庆朝刑科题本社会史料辑刊》之九"主雇关系"，天津古籍出版社，2008年版，第三册第1387~1388页。

② 《比照案件》，收入杨一凡、徐立志《历代判例判牍》，中国社会科学出版社，2005年版，第八册第558页。

质属于与生产部门有关的劳动。与上一起案件同样，本案中主雇双方也是被作为凡人间关系论处的。由此可见无论是生产部门的承担者还是非生产部门的劳动者，只要与雇主之间不具有主仆名分，便属于法律上的凡人身分。

综合上述四起案件的排列组合，雇佣人法律身分与主仆名分之间的关联，已经一目了然了。最后再来看一起与短工有关的案件。《刑案汇览》卷四"老小废疾收赎"目下有一起题名为"衅起索欠被扭吓戮适毙准减"的成案：

> 川督　题邹寅娃戮伤李荣仁身死一案。此案邹寅娃短雇李荣仁家看牛，同坐共食，并无主仆名分。嗣邹寅娃辞工后，因向李荣仁索讨所欠工价，李荣仁嗔其催逼，出言嫚骂。邹寅娃回詈，李荣仁赶拢将邹寅娃发辫扭住欲殴。邹寅娃恐被殴打，情急顺拔身带小刀，吓戮李荣仁咽喉左殒命。查邹寅娃年甫十四，李荣仁年已三十二岁，其强弱已自不同。李荣仁因嗔邹寅娃逼讨工价，即向嫚骂，并赶拢扭住发辫，实属理曲逞凶。邹寅娃恐被殴打，情急拔刀吓戮，适伤致毙，核与被长欺侮应行声请之例相符。该督将邹寅娃依斗杀律拟绞，援例声请减流，尚属照例办理，应请照覆。（嘉庆十七年说帖）①

在这起案件中，邹寅娃受雇于李荣仁家，从事的是牧牛工作，根据上一起案件的分析，属于生产部门的承担者。案卷中并没有提及双方是否立有文契，但记明其属于短工。自万历十六年"雇工人"新题例将日雇、短工明确规定为凡人身分后，在乾隆五十三年条例之前的历次法律修改，都没有对此作出改动。如果本案发生于乾隆五十三年条例颁行之前，只根据邹寅娃的短工身分便可以确定其凡人法律地位。但本案发生于嘉庆年间，乾隆五十三年条例已经在司法中发挥着重要的的作用，裁判官此时并不是根据短工来判断法律身分的，而是考察了双方的力量对比，同坐共食，没有主仆名分，因此将邹寅娃以凡人论处。需要说明的是，判牍中提到的"强弱已自不同"，并非指雇主李荣仁和雇佣人邹寅娃之间的身分地位等对比关系，而是关涉清代对于未成年人的矜恤规定。在清代，十五岁以下都属于未成年人，律例又以十岁和七岁为界，将未成年人分为三个年龄段，分别有不同的矜恤措施。清朝廷通过通行成案并制定附律条例的方式修改了前代对于未成年人杀人犯罪的相关规定，自乾隆朝"刘縻子殴伤李子相身死"案开始，八岁以上未成年人杀人案件均需要考察犯罪双方的强弱对比，一般是通过双方的年龄差来确定的，年龄差在四岁以上即属于强弱有

---

① 祝庆祺：《刑案汇览》，收入《刑案汇览全编》，法律出版社，2007年版，第298页。

别,三岁以下则是强弱相当。十一岁以上的未成年人,在强弱不同的前提下还要符合未成年凶犯受欺凌在先或无心之失等条件,才能援引条例请求皇帝的矜恤,否则只能按照与普通杀人案件一样的程序处理。① 本案中由于李荣仁年长邹寅娃十八岁,所以判牍中表述为强弱不同。又因为李荣仁的行为属于理屈逞凶,所以督抚才能够上请皇帝,请求将邹寅娃减为流刑。

通过这起案件,可以明确看出,如果主雇之间存在主仆名分,即便是短工,也有可能成为法律上的"雇工人"。这一转变是非常重要的。如上文所述,重田德曾经指出,"将短工作为凡人处理是万历新题例以来的一贯原则",在此基础上,他提出了"所谓短工是不发生主仆之分的新型劳动力""明清时代日雇和短工的劳动形态得以发展并不断壮大"②的结论。但从司法实践的情况来看,自乾隆五十三年条例颁行之后,短工并不是必然不具有"主仆名分"的群体,主仆名分的有无并不取决于雇佣人的法律身分是否是"雇工人",而是取决于现实中主雇双方的相处方式和力量对比。换言之,雇佣人的社会身分和与主人之间的实际关系,决定了其法律身分。法律身分与社会身分至此得到了统一。

关于法律身分与社会身分相统一的意义,薛允升在《读例存疑》中说得很清楚:

> 奴婢有定而雇工人无定。屡次修改,遂以起居、饮食不敢与共,不敢尔、我相称者为雇工人,否则无论服役多年,俱以凡论。是有力者有雇工人,而无力者即无雇工人矣。③

对于薛氏的这一论断,经君健提出了"薛允升所说的'有力者',便是我们所说的在政治、经济、社会地位方面居于上层或较上层的人物。他所说的'无力者',即条例中的'农民佃户',或比'农民佃户'更低的社会阶层。我们完全可以说,乾隆五十三年条例充分显示了封建政权所维护的等级制度的阶级目的性"④的观点。为了证明这一观点,经氏详细分析了上述第二起成案,即《驳

---

① 更为详细的讨论,可以参见拙文《清律の「老小废疾收赎」条における司法上の展开——未成年者杀人事案を中心に》,载日本《史林》,101卷3号,2018年5月,第104~121页。
② 参见重田德:《清律における雇工と佃户——「主僕の分」をめぐる一考察》,收入重田德《清代社会经济史研究》,岩波书店,1975年版,第81~97页。
③ 薛允升:《读例存疑》卷三十六刑律斗殴"奴婢殴家长"条,http://www.terada.law.kyoto-u.ac.jp/dlcy/index.htm [2017.10.31]。该书成书于光绪二十六年,电子资源据光绪三十一年刊本整理。
④ 经君健:《明清两代农业雇工法律上人身隶属关系的解放》,收入李文治、魏金玉、经君健《明清时代的农业资本主义萌芽问题》,中国社会科学出版社,2007年版,第245~246页。

案续编》卷三"拒奸踢伤雇主身死"案。经氏认为,雇佣人邵兴属于农业雇工,雇主潘溍亭则是具有一定经济实力的地主阶层,是朝廷赋予特权的对象。因此,邵兴被作为"雇工人"论处。与之形成鲜明对照的是上文引用过的《驳案新编》卷二十一"刑律斗殴"目中的"雇佣之人殴死雇主仍同凡论(高喜文)"案。在该案中,出现了"是陈夫亮不过寻常庶民之家,所以其子盘炕,其工人运坯和泥一同做工,揆此情形,正与农民雇倩耕作之人无少分别"以及"陈夫亮实系庶民之家,该犯雇给佣工系帮同工作,并非服役之人,亦无主仆名分"等语,这说明庶民之家是不会存在"雇工人"的。两案综合来看,可以说,只有具有一定政治、经济实力的家庭才有保有"雇工人"的资格和可能。

然而,笔者认为,经氏的论断是很难成立的。就整个法律体系的立法逻辑而言,在明初,是为了禁止庶民之家存养奴婢,才设立了"雇工人"法律身分。相对于奴婢,"雇工人"的隶属性和服役程度都更低,法律地位也比奴婢高。庶民之家存养"雇工人"从来不曾存在法律上的障碍。随着明末清初的一系列改革,法禁逐渐松动,根据前几章的论述,到了雍正朝,庶民之家已经取得了存养奴婢的资格,托名义男而保有奴婢的行为也逐渐减少。到了乾隆朝,在庶民之家存养奴婢已经完全合法的前提下,朝廷却通过立法禁止其保有"雇工人",这是完全说不通的。此外,"雇佣之人殴死雇主仍同凡论(高喜文)"案的发生与裁决都在乾隆五十三年以前,以乾隆五十三年条例产生之前的案件来阐释该条例的含义,也缺乏足够的说服力。就乾隆五十三年条例颁行后的司法裁判而言,经氏所列举的"拒奸踢伤雇主身死"案中,雇主潘溍亭并不具有政治上的特殊身分,否则成案的题名或者正文中会明确加以说明。例如《刑科题本》中,有身分之人的案件的题名一般写为"广西陆川县贡生黄宝训因口角打死民李潮壮案""湖南永兴县监生熊广祥因债务殴伤曹宸彰身死案""陕西汉阴厅武生刘镇因被索欠致张登科身死案""甘肃高台县文生王正寅因债务纠纷将殷相宗殴伤身死案"等。即便题名中没有标明身分,在卷宗之中也会单独说明。就其经济实力而言,从工人与主人分院而居等情况来推断,潘溍亭是具有一定经济实力的,如经氏所说,可能是地主阶级。但佣工邵兴的"雇工人"法律身分和潘溍亭的经济力量之间是否存在直接因果关系呢?又是否能从这个案件推论出具有经济实力的家庭雇佣的劳动者普遍会被作为"雇工人"论处呢?答案是否定的。《刑科题本》中收录了"广东遂溪县监生梁著琳踢伤工人林那子身死并周老育教唆翻供案",其中一段记述如下:

> 问据梁著琳即梁老四供:革生是遂溪县人,年四十九岁。祖父母、母亲俱故。父亲梁乔,年七十三岁。继母方氏,年四十五岁。弟兄七人……

革生行四。娶妻洪氏，生有三子。革生先于乾隆五十七年正月间，援例捐纳监生。父亲梁乔先于乾隆三十年六月间，援例捐纳监生，加捐贡生，均蒙给照收执。嘉庆十四年正月内，父亲梁乔雇请林那子牧牛，说明每年工钱四千文，并未议定年限，立有文券。平时共坐共食，尔我称呼，没有主仆名分。林那子要制备冬衣，复向父亲支取半年工钱，父亲答俟限满付给。林那子不依，嗔闹起来。①

在这起案件中，梁著琳援例捐纳了监生，其父不仅捐纳了监生，还加捐了贡生。虽然在清代乾嘉年间，卖官鬻爵的现象十分普遍，捐纳监生、贡生等身分也不是多么难得的情形，但所需捐纳的金额也并不是一笔小数目。梁家育有七子，尚有余力捐纳数个监生，可见其经济实力。然而，其雇佣牧牛的林那子却与主人平等相称，同坐共食，不具有主仆名分。由此可见，乾隆五十三年条例并非如经氏所说，具有维护等级制度的阶级目的性，经济上富裕的家庭的雇佣人，也并非都会成为法律上的"雇工人"。再举一例，《刑科题本》中还收录了"浙江山阴县民娄育初因被辞砍伤雇主致死案"：

> 据娄养初供：年三十七岁，山阴县人。父亲娄沅荣年七十四岁，母亲钟氏年七十一岁，并无兄弟。娶妻陶氏，生有四子。小的自嘉庆五年给孙琦典铺帮伙，每年工钱十八千文，彼此平等称呼，并无主仆名分。嘉庆十年三月里小的柜上收下一票当货，原是用情多当钱文，被孙琦看破，村斥争论。闰六月初二日小的又收一票情货，又被孙琦查出，把小的辞复。小的透支他工钱四千文，没有算还。因发卖当满货物有应分规礼钱十千文，初三日小的去叫孙琦扣除透支工钱外还多钱六千文，要他找给。孙琦不允，小的生气回家。后来想到别典帮伙，都被孙琦逢人说短，没有成就。八月十四日小的往乡觅荐生理，又被孙琦绝了生路。小的从此挟嫌怀恨，起意杀害。②

在这起案件中，死者孙琦和他的儿子都是生员身分，能够开设典当铺，可见其家产雄厚。娄养初是其店铺帮伙，因故被辞出后，孙琦能够散播消息，让他不仅无法去其他当铺营生，甚至找不到乡间的工作，孙家在当地的势力也不可谓不大。然而，根据卷宗的记述，娄养初与孙琦父子平等相称，没有主仆名分。

---

① 杜家骥等：《清嘉庆朝刑科题本社会史料辑刊》之七"有身份者与无身份者关系"，天津古籍出版社，2008年版，第三册第1205页。
② 杜家骥等：《清嘉庆朝刑科题本社会史料辑刊》之九"主雇关系"，天津古籍出版社，2008年版，第三册第1395页。

他砍伤原雇主孙琦致其身死，也只以凡人身分论处。这充分证明了雇主"有力"与否不是由雇主的实力、雇工的工作性质等普遍因素决定的，而是由雇主和雇佣人之间的力量对比决定的。娄养初虽然犯错被逐，但从他能在典当铺工作多年，且每年工钱十八千文，远高于上文所引多起案例中提到的三四千文左右，可以推断他是具有一定工作能力的，靠自己的智慧和经验等赚取酬劳。也正因此，即便他的雇主具有一定的政治、经济实力和社会地位，但对于他来说，不是绝对"有力"的存在，所以双方可以不论主仆，平等相待；反之，即便是不那么有实力的家庭，如果所雇佣工对雇主具有严重的依附需求，或者佣工本身比较软弱等，雇主依然可能处于"有力"的地位，主雇之间也依旧可能成立"主仆名分"。在《秋谳辑要》卷五奸盗抢窃门成案中收录了多起与"雇工人"有关的判例，其中有一起题名为"雇工奸拐家长期亲侄女致令自尽（江西南昌县案）"的案件，有男性雇工与家长的期亲侄女"见面不避"等情节，就清代中国的情形而言，稍有社会地位的家庭都不会让自己家庭的未婚女性轻易与男性雇工会面和搭讪，由此可见该雇主不过是普通的庶民之家，但其家中的雇佣人却与其具有"主仆名分"。[①]

通过这几起案件，可知薛允升所说的"有力者"和"无力者"并不是指雇主的政治、经济和社会地位等。其论断的主旨意在说明，"雇工人"法律身分是由主人和雇佣人之间的力量对比决定的，即由私人关系的情况个别地决定。固然，在实际生活中，主人越是具有身分地位，就越有威势，雇佣人也越可能不敢与其平等相称，从而处于"主仆名分"的制约之下。但这并不是绝对的。如果雇佣人的性格比较强势或者能力比较强等，都会对具体的主雇关系产生影响，从而对其法律身分产生影响。

综上所述，乾隆五十三年条例在性质上与之前的"雇工人"律已经截然不同。高桥芳郎曾指出，"明代的雇工人身分，与宋元时代的雇佣人身分相同，是依据以下原理而成立的：……由国家权力从现实多样的'雇佣'关系抽取一定的标准——例如有无订立契约、有无年限、'雇佣'时间的长短、有无衣食给养、是否与主人同居等——据此确定雇工人的身分"，"奴婢是政治、社会身分，也是法律身分，而与此相对，雇工人却仅仅是法律身分。换言之，奴婢是否是奴婢并非由是否接受奴婢律的调整来决定，反而可以说，因为是奴婢所以适用奴婢律。而雇工却并非因为是雇工所以适用雇工人律，而是因为接受雇工

---

① 参见刚毅：《秋谳辑要》，收入沈云龙《近代中国史料丛刊》，文海出版社，1968年版，第二十四辑，第236册第903~904页。

人律的调整方始成为雇工人"。① 从万历新题例到乾隆三十二年条例，高桥氏的结论无疑都是成立的，主雇之间是否具有主仆名分，是由国家法律通过一定的标准来判断的。但是，从乾隆五十三年条例开始，主仆名分不再由国家法律判定，而是由个体关系决定，法律只对现实中具有主仆名分的关系加以确认和规制。换言之，在此之前，一个现实中的雇工，他的法律身分与社会身分是割裂的。他可能短期为奴为仆、卑贱服役，但在法律上，他却是凡人身分；他也可能长期受雇，虽与主人平等相称、不分贵贱，但他的法律身分却是"雇工人"。而从乾隆五十三年条例开始，雇工的社会身分与法律身分在理论上是完全统一的，因为后者本就是由前者决定的。法律不再调整社会中所有的雇佣关系，而是承认私人领域自然分化出来的社会关系，"雇工人"律只对其中的主仆关系发挥效力，与雇主地位平等的雇工则从一开始便被排除于"雇工人"律的适用范围。这意味着清朝廷主动放弃了对一部分人身关系的控制，尽管明初制定的"雇工人"身分依然存在于律典之中，但已经彻底丧失了最初的意义和功能。

---

① 高桥芳郎：《宋至清代身分法研究》，李冰逆译，上海古籍出版社，2015年版，第187～188页。

结　论

　　根据上文所有论述，最后再系统地对明清时代"雇工人"身分法的制定和修改过程来进行综合性观察和梳理。

　　"雇工人"是明初首次出现在法典中的术语，但明朝廷并未对该概念进行定义，"雇工人"的判断标准也并不明确。在司法实践中，被以"雇工人"论处的佣工主要可以分为两类：一是终身且世代服役劳作之人，本书称之为奴仆。奴仆的实际形态多种多样，本书主要对财买奴仆（包括投靠奴仆）以及托名义男的名义保有的奴仆进行了考察。他们的社会地位与奴婢相类。二是有期限的雇佣人。包括长工和短工等。从正德年间开始，地方问刑衙门对短工的裁判出现了松动的趋势，逐渐将其作为凡人论处。但中央刑部一直在纠正这种做法，强调其属于"雇工人"法律身分。先行研究中几乎没有提及这种不同审级衙门之间的立场差异，但这也许是导致万历新题例出台的重要原因之一。

　　万历十六年，朝廷颁行了"雇工人"新题例。该条例设定了"雇工人"身分的判断标准，即立有文契和议有年限两个条件，日雇和短工被明确排除于"雇工人"范畴。对于义男之仆，如果恩养年久且配有室家的情况下，便与真正的义男一样，作为子孙处理；在恩养未久且未配室家的情况下，区别庶民之家和缙绅之家分别规定为"雇工人"和奴婢，缙绅之家终于取得了存养奴婢的法律资格。

　　进入清代之后，需要注意的是，万历"雇工人"新题例最初并未出现于律典之中。在先行研究中，基本的结论是清初几乎全盘继承了明代身分法领域的法律规定，万历"雇工人"新题例自然也包含其中。但实际的情况却并非如此。事实上，直到雍正三年，万历"雇工人"新题例的内容才以附律条例的方式重现于律典之中。而在此之前，由于该条例的缺失，给清初的司法裁判带来了一定程度的混乱。

　　从雍正朝到乾隆朝，奴仆的法律身分发生了深刻且重大的变化。一方面，财买奴仆在一定条件下被归为奴婢身分，从而被排除于"雇工人"律的适用范围。另一方面，囿于庶民之家不能存养奴婢的禁令，社会中的很多财买奴仆只能托名义男进行保有。但伴随着法律的解禁，即便是庶民之家，也可以正当合法地存养财买奴仆，义男之仆也就失去了存在的必要性。相关规定逐渐被修改乃至废止，现实中的义男也回归到传统的作为子孙之义男的情况。自乾隆五十三年开始，司法中所有的义男不再区分财买或者过房，一律以子孙的身分论处。总体而言，随着时代的推移，大部分财买奴仆都逐渐从"雇工人"律的适用对象中脱离出来，"雇工人"律的适用对象也从雇佣人和以"雇工人"论者的两分变成了以雇佣人为主。

乾隆年间，"雇工人"身分法经历了三次修改。乾隆二十四年条例在继承万历"雇工人"新题例主旨的同时，为了适应社会的实际情况，设定了考察实际雇佣期间的新标准，即使未立文契、年限，只要实际受雇达到五年以上，也被认为是法律上的"雇工人"。乾隆三十二年条例是对乾隆二十四年条例的补正性条款，做出了一些更有利于雇主的调整，没有文契、年限但却有主仆名分的雇佣人，如果实际受雇超过一年，在侵犯雇主的情况下，便以"雇工人"论处。即便受雇在一年之内，遇有奸、杀、诬告等重大犯罪，也要以"雇工人"的身分治罪。需要注意的是，这一条例正式引入了"主仆名分"及是否服役之人的新标准。到了乾隆五十三年条例，所有传统的、客观性的标准都被舍弃，"雇工人"身分只由主人与雇佣人之间是否存在"主仆名分"来决定。在私人社会关系领域的自然分化中，有些雇佣关系中主雇双方的地位较为平等，雇佣人的社会地位也相对较高，有些社会关系中主雇之间产生了等级差别，受到"主仆名分"制约的雇佣人的社会地位则相对较低。在乾隆五十三年条例颁行之前，国家并不重视私人领域的分化，通过普遍性技术性的标准，诸如文契、年限等，在所有的雇佣关系中，将其中的一部分雇佣人划定为"雇工人"。这时雇佣人的社会身分和法律身分可能是一致的，也可能是割裂的。但乾隆五十三年条例颁行之后，国家通过法律追认的方式，将具有"主仆名分"的那部分雇佣人确定为"雇工人"身分，对其适用"雇工人"律。雇佣人的法律身分和社会身分终于得到了统一，前者由后者决定。这一变化可以说是身分法上的本质性变革。"雇工人"身分不再由法律"决定"，而是由主雇双方的力量对比个别性地决定。

基于以上法律变化的历史，关于明清身分法的变革及时代连续性问题，可以从三个层面加以综合概括和阐发：

第一，就国家的立法目的而言，由明入清，"雇工人"身分的法理基础发生了根本性变化。明初设立"雇工人"身分并限制奴婢存养主体的目的，在于防止良民奴婢化,从而实现国家对于人身这一重要财政来源的直接控制。进入清代之后,继康熙末年宣布"盛世滋生人丁、永不加赋"的政策后,雍正、乾隆朝也一直致力于推行"摊丁入亩"制度。赋税基础的转变使国家对人身控制的需求大为减弱,乾隆五十三年条例的颁行标志着国家放弃了通过法律直接控制编户齐民,"雇工人"的法律基础也因此发生了根本变化。简言之,明初的"雇工人"由国家法律决定,而乾隆五十三年的"雇工人"由雇工与主人的关系决定。从这个意义上说,"雇工人"律的修改过程并不是很多学者所指出的连续的"身分解放的过程",因为即使是日雇、短工,在乾隆五三十年之后,只要与主人具有主仆名分,也有可能是法律上的"雇工人"。这当然不是说现实中短工的地位又下降了,而是因为"雇工人"律的性质发生了变化。因此,不能仅从经济发展的视角对法律制度的变革进行解读,新条例产生的背后,既有中央与地方在分歧中的逐步摸索,也与赋税、户籍等制度上的变化息息相关,需要综合加以观察判断。

第二,就法律修改的直接目的而言,每一次制定条例的出发点并不完全相同,有时甚至相悖。万历新题例在某种程度上说,是国家权力和缙绅阶层博弈的结果。进入清代之后,雍正、乾隆年间关于财买奴仆的条例,是朝廷为了清肃主仆风气及统一满汉法律之别而做出的努力。乾隆二十四年和三十二年条例体现了朝廷严格判定"雇工人"身分的立场,是针对社会现实而做出的改进性措施。但苛刻的条例又导致雇主权力过大,很多自由劳动力因不愿受压迫而走上起义的道路,为了缓和社会矛盾,朝廷只好转为采取相对宽松的政策,最终颁行了乾隆五十三年条例,使"雇工人"的法律身分与社会身分得到统一。这一发展过程充分说明,"雇工人"律的一系列修改并不是目标明确、线性发展的过程,明初的规定与乾隆五十三年条例之间已有本质之别。

第三,就身分法变革的社会影响而言,不仅社会的发展会反映于法律的制定和修改过程中,反之,法律的引导同样会深刻改变社会生活的各个方面。明初"雇工人"法律身分的设定,一定程度上抑制了"压良为贱"的情况,但也造成了社会中义男、义女的泛滥。判例中所见大部分义子孙的案件,当事人其实都是托名义子孙的奴仆。直到清代法律规定庶民之家也可以存养奴婢,义子孙的相关案件才大幅减少。乾隆五十三年条例中,"雇工人"直接被定义为服役之人,与主人具有"主仆名分",这种标准往往会让人产生卑下、低贱等联想,甚至判例中也常有"甘心下贱"等评价。这导致"雇工人"的法律地位有微妙的下降,甚至在"雇工人"与奴婢发生斗殴的案件中,两者被作为同等身分之人处理。① 更为重要的是，受到法律规定的影响，在社会生活的很多方面，"雇工人"都逐渐受到更重的歧视和更严格的限制。以科举为例，从明初到清代乾隆五十三年前，"雇工人"在科举资格方面并未受到限制。② 但由于乾隆五十三年条例规定"雇工人"与主人具有主仆名分，从嘉庆朝的判例来看，他们已经被认为不具有参加科举考试的资格。③ 目前，与身分法变革的社会影响相关的很多课题还尚未得到充分的重视和阐发，需留待日后逐步进行解明。

---

① 参见祝庆祺：《刑案汇览》卷三十九良贱相殴目"遣奴殴死同主雇工"，收入《刑案汇览全编》，法律出版社，2007年版，第2013页。

② 在《大明会典》中，明确规定了"娼优隶卒"不准应试。当时的学者著述中，也有"义男"不能参加科举的记载。但"雇工人"并不在法禁之列。此外，岸本美绪曾整理过乾隆后半期以后在捐考资格上受限程度不同的四个等级，其中并不包括"雇工人"。参见岸本美绪：《冒捐冒考诉讼与清代地方社会》，邱澎生、陈熙远《明清法律运作中的权力与文化》，广西师范大学出版社，2017年版，第211页。

③ 参见祝庆祺《刑案汇览》卷三十九良贱相殴目"遣奴殴死同主雇工"，《刑案汇览全编》，法律出版社，2007年版，第2013页。

参考文献

[1] 堀敏一. 中国古代の身分制：良と賤 [M]. 東京：汲古書院，1987.

[2] 浜口重国. 唐王朝の賤人制度 [M]. 東京：東洋史研究会，1966.

[3] 滋賀秀三. 浜口重国「唐の官有賤民、雑戸の由来について」[J]. 法制史研究，1961（11）.

[4] 宮崎市定. 宋代以後の土地所有形体 [M] //宮崎市定全集：第十一卷. 東京：岩波書店，1992.

[5] 宮崎市定. 部曲から佃戸へ——唐宋間社会変革の一面 [M] //宮崎市定全集：第十一卷. 東京：岩波書店，1992.

[6] 周藤吉之. 中国土地制度史研究 [M]. 東京：東京大学出版会，1954.

[7] 草野靖. 宋代民田の佃作形態 [J]. 史艸，1969（10）.

[8] 草野靖. 宋代奴僕婢妾問題の一斑 [M] //青山博士古稀紀念宋代史論叢. 東京：省心書房，1974.

[9] 仁井田陞. 中国法制史研究——奴隷農奴法・家族村落法 [M]. 東京：東京大学出版会，1962.

[10] 仁井田陞. 中国身分法史 [M]. 東京：東京大学出版会，1983.

[11] 柳田節子. 宋元社会経済史研究 [M]. 東京：創文社，1995.

[12] 高桥芳郎. 宋至清代身分法研究 [M]. 李冰逆，译. 上海：上海古籍出版社.

[13] 经君健. 明清两代农业雇工法律上人身隶属关系的解放 [J] //李文治，魏金玉，经君健. 明清时代的农业资本主义萌芽问题. 北京：中国社会科学出版社，2007.

[14] 刘永成. 论清代雇佣劳动——兼与欧阳凡修同志商榷 [J]. 历史研究，

1962（4）.

［15］刘永成．论中国资本主义萌芽的历史前提［J］．中国史研究，1979（2）．

［16］裘轼．关于中日学者对明清两代雇工人地位问题研究的评介［M］//中国社会科学院经济研究所集刊：第三集．北京：中国社会科学出版社，1981．

［17］蒿峰．明代的义男买卖与雇工人［J］．山东大学学报（哲学社会科学版），1988（4）．

［18］吴量恺．清代前期农业经济中的短雇与资本主义萌芽［J］．华中师范学院学报（哲学社会科学版），1983（5）．

［19］黄冕堂．清代"雇工人"问题考释［J］．社会科学战线，1988（1）．

［20］罗苍．"农民佃户"所雇"耕作"之人的等级问题——与欧阳凡修同志商榷［J］．学术月刊，1983（6）．

［21］仁井田陞．中国の農奴・雇傭人の法的身分の形成と変質——主僕の分について［M］//中国法制史研究——奴隷農奴法・家族村落法．東京：東京大学出版会，1962．

［22］重田徳．清律における雇工と佃戸——「主僕の分」をめぐる一考察［J］//重田徳．清代社会経済史研究．東京：岩波書店，1975．

［23］小山正明．明清社会経済史研究［M］．東京：東京大学出版会，1992．

［24］西嶋定生．中国古代奴婢制の再考察——その階級的性格と身分的性格［M］//西嶋定生．中国古代国家と東アジア世界．東京：東京大学出版会，1983．

［25］丹喬二．日本学术界关于从宋至清佃户、奴婢、雇工人在法律上身份的讨论［M］．冯佐哲，编译．中国史研究动态，1995（6）．

［26］经君健．关于明清法典中"雇工人"律例的一些问题——答罗仑先生等（上）［J］．中国经济史研究，2007（4）．

［27］经君健．关于明清法典中"雇工人"律例的一些问题——答罗仑先生等（下）［J］．中国经济史研究，2008（1）．

［28］蒋燕玲．论清代律例对雇工人法律身份的界定［J］．社会科学家，2003（5）．

[29] 周邦君.清代四川农村雇工问题：一个乡土角度的考察［J］.古今农业，2005（4）.

[30] 冯永明，常冰霞.从契约到名分：明清雇工人法律形象的衍变［J］.宁夏大学学报（人文社会科学版），2015（4）.

[31] 大明律：卷二十［M］.怀效锋，点校.北京：法律出版社，1999.

[32] 张楷.律条疏议［M］//中国国家图书馆.原国立北平图书馆甲库善本丛书.北京：国家图书馆出版社，2013.

[33] 大明律：卷四［M］.怀效锋，点校.北京：法律出版社，1999.

[34] 高举.大明律集解附例［M］.台北：台湾学生书局，1970.

[35] 明神宗实录：卷一百九十一［M］//明实录.上海：上海书店出版社，2015.

[36] 岸本美绪.明清时代的身份感觉［M］//森正夫，等.明清时代史的基本问题.北京：商务印书馆，2013.

[37] 沈之奇.大清律辑注：卷四［M］.怀效锋，李俊，点校.北京：法律出版社，2000.

[38] 沈之奇.大清律辑注：卷二十［M］.怀效锋，李俊，点校.北京：法律出版社，2000.

[39] 清会典事例：卷八百一十［M］.北京：中华书局，1991.

[40] 全士潮.驳案新编［M］//朱梅臣，辑.驳案汇编.何勤华，张伯元，陈重业，等点校.北京：法律出版社，2009.

[41] 仁井田陞."封建"和封建主义（feudalism）［M］//仁井田陞.中国法制史.牟发松，译.上海：上海古籍出版社，2018.

[42] 陈梦雷.古今图书集成［M］.成都：巴蜀书社，1985.

[43] 谢国桢.明代社会经济史料选编（下）［M］.福州：福建人民出版社，2004.

[44] 周忱.与行在户部诸公书［M］//程敏政.历代文点集·明文衡：卷二十七.北京：社会科学文献出版社，2015.

[45] 冯梦龙.醒世恒言［M］.张明高，校注.北京：中华书局，2014.

[46] 李日宣.谳豫勿喜录［M］.刻本.1632（明崇祯五年）.

[47] 仁井田陞. 明清時代の人売及人質文書の研究［J］. 史学雑誌，1935 (46).

[48] 仁井田陞. （補訂）中国法制史研究——奴隷農奴法·家族村落法［M］. 東京：東京大学出版会，1980.

[49] 明史：本纪第二太祖二［M］. 北京：中华书局，1974.

[50] 李东阳，撰. 申时行，修. 明会典：卷五十九［M］. 台北：新文丰出版社，1976.

[51] 四库全书存目丛书［M］. 济南：齐鲁书社，1995.

[52] 大明律附例［M］. 王樵，私笺. 王肯堂，集释. 刻本. 1612（万历四十年）.

[53] 雷梦麟. 读律琐言［M］. 怀效锋，李俊，点校. 北京：法律出版社，2000.

[54] 大明律［M］. 怀效锋，点校. 北京：法律出版社，1999.

[55] 薛允升. 唐明律合编［M］. 怀效锋，李鸣，点校. 北京：法律出版社，1999.

[56] 张楷. 律条疏议［M］. 刻本. 1544（嘉靖二十三年）.

[57] 傅衣凌. 明清封建土地所有制论纲［M］. 北京：中华书局，2007.

[58] 李陈玉. 退思堂集［M］. 刻本. 1636（崇祯九年）.

[59] 毛一鹭. 云间谳略［M］//杨一凡，徐立志. 历代判例判牍. 北京：中国社会科学出版社，2005.

[60] 浪叟，辑. 新锲萧曹遗笔［M］//杨一凡. 古代折狱要览. 北京：社会科学文献出版社，2015.

[61] 金镇. 条陈光山"叛仆"评议［M］//中国地方志集成：河南府县志辑：五十四册卷十九. 上海：上海书店出版社，2013.

[62] 杨伯峻. 论语译注［M］. 北京：中华书局，1980.

[63] 颜俊彦. 盟水斋存牍［M］. 北京：中国政法大学出版社，2002.

[64] 唐律疏议［M］. 刘俊文，点校. 北京：法律出版社，1999.

[65] 宋刑统［M］. 薛梅卿，点校. 北京：法律出版社，1999.

[66] 应㮮，撰. 大明律释义［M］//续修四库全书. 上海：上海古籍出版社，2002.

[67] 朱敬循. 刻精注大明律例致君奇术［M］. 刻本. 闽潭城：余氏萃庆堂，万

历中.

[68] 冯孜.大明律集说附例：卷七［M］.刻本.博州：刘氏，1591（万历十九年）.

[69] 杨一凡.历代珍稀司法文献［M］.北京：社会科学文献出版社，2012.

[70] 顾炎武.天下郡国利病书［M］.上海：上海古籍出版社，2012.

[71] 陈宏谋.五种遗规［M］.北京：中国华侨出版社，2012.

[72] 明神宗实录：卷三百六十一［M］//明实录.上海：上海书店出版社，2015.

[73] 张履祥.杨园先生全集［M］.北京：中华书局，2002.

[74] 孙之𫘧.二申野录：卷八［M］//杨国宜.明朝灾异野闻编年录——原《二野申录》.合肥：安徽师范大学出版社，2012.

[75] 谢国桢.明清之际党社运动考［M］.北京：北京出版社，2014.

[76] 孙伦.定例成案合镌［M］.刻本.吴江：乐荆堂，1719（康熙五十八年）.

[77] 大清世宗宪（雍正）皇帝实录［M］.台北：华文书局，1969.

[78] 吴坤修，等.大清律例根原：卷74［M］.上海：上海辞书出版社，2012.

[79] 大清律例［M］.田涛，郑秦，点校.北京：法律出版社，1999.

[80] 王志强.法律多元视角下的清代国家法［M］.北京：北京大学出版社，2003.

[81] 龚大器.（新刊）招拟指南［M］.刻本.1577（万历五年）.

[82] 大明刑书金鉴［M］.钞本.明.

[83] 张伯元.律注文献丛考［M］.北京：社会科学文献出版社，2016.

[84] 傅衣凌.明清社会经济史论文集［M］.北京：中华书局，2008.

[85] 海瑞.海瑞集［M］.陈义钟，编校.北京：中华书局，1962.

[86] 魏金玉.试说明清时代雇佣劳动者与雇工人等级之间的关系［J］.中国经济史研究，1986（4）.

[87] 应槚.谳狱稿：卷三［M］//杨一凡.古代判牍案例新编.北京：社会科学文献出版社，2012.

[88] 何良俊.四友斋丛说［M］.北京：中华书局，1959.

[89] 李文治.明清时代中国农业资本主义萌芽［M］//李文治，魏金玉，经君

健.明清时代的农业资本主义萌芽问题.北京：中国社会科学出版社，2007.

[90] 明史：卷九十三［M］.北京：中华书局，1974.

[91] 莫旦.吴江志：卷六"风俗"［M］.刻本.1488（弘治元年）.

[92] 陈威，喻时修，顾清.正德松江府志［M］//天一阁藏明代方志选刊续编.上海：上海书店出版社，1990.

[93] 曹一麟，修.徐师曾，等纂.嘉靖吴江县志［M］//中国地方志集成·善本方志辑第一编.南京：凤凰出版社，2014.

[94] 褚人获.坚瓠集［M］//清代笔记小说大观.上海：上海古籍出版社，2007.

[95] 吴亮.止园集［M］.刻本.1621（天启元年）.

[96] 祁彪佳.莆阳谳牍［M］//杨一凡，徐立志.历代判例判牍.北京：社会科学文献出版社，2005.

[97] 苏亦工.明清律典与条例［M］.北京：中国政法大学出版社，2000.

[98] 研堂见闻杂记［M］//台湾文献丛刊.台北：大通书局，2009.

[99] 孙纶.定例成案合镌续增［M］.刻本.（乾隆）.

[100] 马建石，杨育棠.大清律例通考校注：卷二十八［M］.北京：中国政法大学出版社，1992.

[101] 清会典事例：卷八百一十［M］.北京：中华书局，1991.

[102] 岸本美绪.冒捐冒考诉讼与清代地方社会［M］//邱澎生，陈熙远.明清法律运作中的权力与文化.桂林：广西师范大学出版社，2017.

[103] 清会典事例：卷七百九十二［M］.北京：中华书局，1991.

[104] 祝庆祺.刑案汇览［M］//刑案汇览全编.北京：法律出版社，2007.

[105] 经君健.清代社会的贱民等级［M］.杭州：浙江人民出版社，1993.

[106] 清会典事例：卷八百十三［M］.北京：中华书局，1991.

[107] 潘文舫.新增刑案汇览［M］//刑案汇览全编.北京：法律出版社，2007.

[108] 李之芳.棘听草［M］//杨一凡，徐立志.历代判例判牍.北京：中国社会科学出版社，2005.

[109] 洪弘绪，饶翰.成案质疑［M］.刻本.1755（乾隆二十年）.

[110] 瞿同祖.中国法律与中国社会［M］.北京：中华书局，1981.

[111] 林乾.清代旗、民法律关系的调整——以"犯罪免发遣"律为核心［J］.清史研究，2004（1）.

[112] 胡祥雨.清代法律的常规化：族群与等级［M］.北京：社会科学文献出版社，2016.

[113] 清会典事例：卷八百［M］.北京：中华书局，1991.

[114] 孙鼎烈.四西斋决事［M］//杨一凡，徐立志.历代判例判牍.北京：中国社会科学出版社，2005.

[115] 许梿，熊莪.刑部比照加减成案［M］.何勤华，沈天水，等点校.北京：法律出版社，2009.

[116] 赵吉士.牧爱堂编［M］.郝平，点校.北京：商务印书馆，2017.

[117] 马世璘，撰.谢奎，等辑.（新增）成案所见集［M］.刻本.1793（乾隆五十八年）.

[118] 李文治，魏金玉，经君健.明清时代的农业资本主义萌芽问题［M］.北京：中国社会科学出版社，2007.

[119] 杨伯峻.论语译注［M］.北京：中华书局，1980.

[120] 刑部尚书喀宁阿等奏议改"雇工人"条例折［M］.中国第一历史档案馆.清代档案史料丛编：第十一辑.北京：中华书局，1978.

[121] 军机大臣和珅等奏遵旨议改"雇工人"条例折［M］.中国第一历史档案馆.清代档案史料丛编：第十一辑.北京：中华书局，1978.

[122] 沈沾霖.江苏成案［M］//杨一凡，徐立志.历代判例判牍.北京：中国社会科学出版社，2005.

[123] 驳案续编［M］//朱梅臣，辑.驳案汇编.何勤华，张伯元，陈重业，等点校.北京：法律出版社，2009.

[124] 杜家骥，等.清嘉庆朝刑科题本社会史料辑刊：第三册［M］.天津：天津古籍出版社，2008.

[125] 比照案件［M］//杨一凡，徐立志.历代判例判牍.北京：中国社会科学出版社，2005.

[126] 李冰逆. 清律の「老小廃疾収贖」条における司法上の展開——未成年者殺人事案を中心に [J]. 史林，2018，101（3）.

[127] 薛允升. 读例存疑：卷三十六 [M/OL]. 刻本. 1905（光绪三十一年）[2017－10－31]. http：//www.terada.law.kyoto－u.ac.jp/dlcy/index.htm.

[128] 刚毅. 秋谳辑要 [M] //沈云龙. 近代中国史料丛刊. 台北：文海出版社，1968.

后　记

　　十年前的这个时候，我刚刚博士入学，有了自己的研究室，小小的一方空间，被墙和书架环绕着。拿着博士学生证，可以在京都大学法学研究科的图书馆借阅一百本书，时限是一年。我被这种宽松的规定鼓舞，跃跃欲试要填满书架，便分几波抱了很多经典书籍回去。其中，便包括高桥芳郎先生的几本著作。我本来以为自己会对《宋代中国的法制与社会》更为关注，没想到却对《宋至清代身分法研究》一书中的问题产生了浓厚的兴趣。

　　对于生活在民主时代的人来说，自由平等的理念仿佛是天然地就印在脑海之中的。但对于帝制时代的人来说，等级制和身分制才是他们世界中的常态。在编户齐民之外，还有一部分处于最底层、被社会中的大多数人所排斥所轻贱的群体。他们在法律上也被明确规定为贱民，处于比良民更低的法律地位，受到更严厉的惩罚。如果说，古往今来社会中的歧视现象是人类至今未能解决的社会问题，那么，国家利用公权力，以法律为媒介，堂而皇之地在等级制度之外给与一小部分人更苛刻的差别对待，其缘由以及根据又是什么呢？贱民们的生活又是怎样的呢？

　　带着这样的好奇，我在寺田浩明老师的鼓励和帮助下，开始着手翻译高桥先生的《宋至清代身分法研究》一书。在翻译的过程中，搜集了很多相关资料，有了一些模糊的想法。此外，在日本的历史上，曾借鉴中国隋唐时期的律令体系，建立起了本国的良贱制度。后来在佛教的影响下，日本的贱民群体发生了较大的变化，部落贱民逐渐占据了主流。时至今日，中国已经基本上消除了历史上的等级贵贱的影响，但日本对于部落贱民后裔的歧视依然是严峻的社会和法律问题。有鉴于此，日本学者对部落贱民的历史进行了非常深入且细致的研究，积累了很多成果。比较而言，日本贱民史的研究者们更多地将目光聚焦于社会生活史，中国身分史的研究者们则更关注法律史和制度史。前者偏重描述民间的浮光掠影，后者则偏重阐释官方的严肃记述。

　　在动笔写这本书的时候，我一方面希望自己能够在中国身分法史领域诸多先行研究的基础上有些许的推进；另一方面，也希望能够借鉴日本贱民史的研究经验，对明清时期"雇工人"的生活实态有所描述。虽然努力进行了尝试，但尚有许多不足之处，只能留待日后继续积累和完善了。

在本书的构思和写作过程中，深承恩师寺田浩明先生悉心指导，林晓光兄多方讨论，项巧锋兄帮忙核对资料。复承教育部人文社会科学研究青年基金项目慷慨资助，四川大学出版社王冰老师予以精心编校。谨此深致谢意！

李冰逆
2019 年晚秋